走向未来

——中职教育读本

主编　赵　丽

黄河水利出版社
·郑　州·

师生风貌

每周一举行升旗仪式

新生开学典礼

院领导班子

编辑组合影

党代表合影

班主任合影

省级文明班级

法制教育

从事过学生工作的领导和老师们

奖学金获得者

消防演习

教师讲课

认真听课

学习讨论

主题班会

轻声细语是一种素养
干净整洁是一种习惯

学生宿舍

职工运动会

运动会入场

拔河比赛

篮球比赛

篮球队表演

文艺演出

卫生干部学院2018年秋季

运动会颁奖

河南卫生干部学院职业教育专题研修班
河南卫生干部学院职业教育专题研修班
开班仪式

业务培训

元旦晚会 1

元旦晚会 2

元旦晚会 3

元旦晚会合影

国旗班

军训表演

军训汇演

急救培训

专业特色

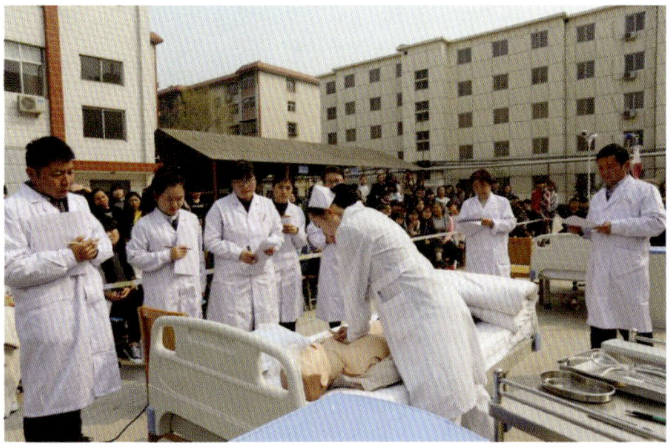

技能操作

技能大赛颁奖

认真实习

知识竞赛

职业规划

志愿者植树

义务献血

技能大赛选手

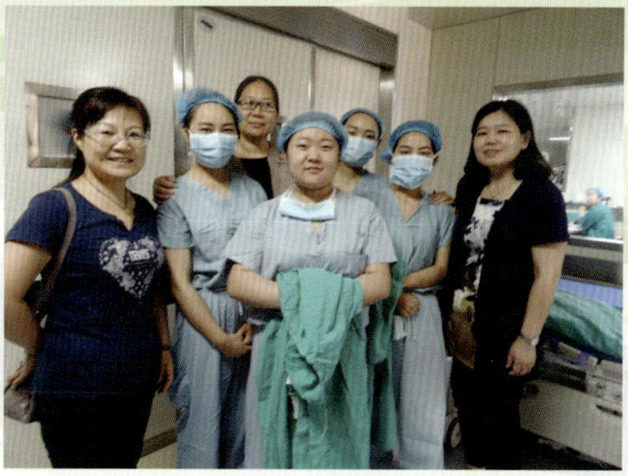

学生在省医实习

辅导员讨论工作

关爱老人

走出校门

作者风采

《走向未来——中职教育读本》
编 委 会

主　　编：赵　丽

副 主 编：魏素琳　罗　青　李　红

编　　者：冯慧娟　梁　巍　张铁良　贾　颖

潘璐艳　刘　锦　孙建党　肖　茹

宋海燕　邹　慧　黄　涛　宁　静

景香芝　朱苑睿　郭丽强　付　静

岳　珍　郅春辉　张　敏　史全乐

李陶钧　解　旺　刘怡凡　周海军

孙宏岩　许运东　熊林高　曹军伟

李耀武　禹文杰　吴玉清　王才昌

王国营　周　翔　刘　珍　闫晔红

王向阳　赵子嘉　肖蒙蒙

把需要工作的人
培养成工作需要的人

序

呈现在我们面前的这个读本，凝聚着河南卫生干部学院教师们的辛勤劳动。它是河南卫生干部学院建校几十年沉淀下来的教育智慧，它是班主任培育学生的温情故事，它是毕业学子奋斗人生的内心感悟，它是职业教育者历史经验的总结和精彩回放，它是走向未来的营养剂。

未来给人以希望。希望是前进路上的一面高高飘扬的旗帜，给人的是无穷的力量和莫大的勇气，指引人们去克服人生旅途中的万苦千辛。就像习近平总书记讲的那样，幸福生活都是奋斗来的，奋斗的过程本身就是幸福的。

我们的责任就是帮助学生走向未来，让希望之灯长明，让奋斗精神常在，让幸福生活常伴。

这个责任是学校的责任，就是要搭建更好的教育平台，让教师、学生共同成长。学校是立德树人、培养人才的地方，是青年人学习知识、增长才干、放飞梦想的地方。2018 年 5 月 2 日，习近平总书记在北京大学师生座谈会上指出，要把立德树人的成效，作为指导学校一切工作的根本标准。他强调，要把立德树人内化到学校建设和管理各领域、各方面、各环节，做到以树人为核心，以立德为根本。一是要给教师成长的平台。把河南卫生干部学院建设成环境好、教师好、学生好、教育好、形象好的“五好”学院，使教师感到教育的神圣，使学生德智体美劳全面发展。要坚持教育者先受教育，让教职工更好地担当起学生健康成长指导者和引路人的责任。二是要给学生成长的平台。对学生实行严格管理，提供优质服务，给予关心关爱，让他们有一个舒适的学习生活环境。加强校企合作，使学生既得到更多的锻炼，又有更多的就业机会。要重视红色教育，教育学生爱党爱国爱家，培养社会主义的接班人和建设者；要重视国学经典教育，教育学生礼义仁智信、温良恭俭让，培养优秀传统文化的传承者；要重视职业技能教育，教育学生有一技之长，把需要工作的人培养成工作需要的人。三是给教学相长的平台。教和学都是能力的提升。能力不是天生具备的，更多的是后天努力的点滴积累。学校应组织丰富多彩的教学实践活动，磨炼人、提升人。孟子讲：天降大任于斯人也，必先苦其心志，劳其筋骨，饿其体肤，空乏其身。每个人做的都是力所能及的事，提高自己的“力”，才显出“能”。凡事预则立，不预则废。有一个野猪磨牙的寓言，一只野猪在大树旁勤奋地磨獠牙，狐狸好奇地问它，你既没有发现猎物，也没有被猎人追赶，没有遇到任何危险，为什么这般用心。野猪说，一旦机会或者危险来临，就没有时间磨牙，现在把牙磨利，等到用的时候就不慌张了。“人活着靠什么？”“呼吸”，呼者，为出一口气；吸者，为争一口气，人的尊严、境界都在这一呼一吸之间。每个人今天的行为，都将深深地影响未来的命运。

这个责任是教师的责任，就是要营造立德树人的环境，让学生积极向上。通过大家的共同努力，“每门课程都有育人功能”“每位教职工都有育人职责”“每个岗位都有育人任务”“人人育人”“处处育人”“时时育人”“事事育人”，成为全校普遍共识和行动自觉，最终实现“立德树人”的根本目标。一是要培养出素质全面的文明人。教师是学生心灵、智慧的双重引路人，要努力使学生政治过硬、思想健康、身怀技能，说文明话、办文明事、做文明人。二是要培养出专心做事的敬业人。工作是一种投资，做事用心的程度决定了回报率。敬业需要尽心，同样是工作，有的人做一遍和做一百遍相仿，没有任何进步，而有的人，凡事会想一想，有没有更好的解决办法，使每做一遍就能比上一遍更精进，这关键在于是否刻意在日常重复的工作中投入创造性的部分。敬业需要务实，无论多么渺小的工作都积极去做，抱着问题意识，解决本质问题，而不是解决表面问题。敬业需要执着，只要专注做好某一件事，那一定会做出令人吃惊的成绩来。马克思写《资本论》花了40年，达尔文写《物种起源》花了20年，哥白尼写《天体运行论》花了36年，歌德写《浮士德》花了60年，徐霞客写《徐霞客游记》花了34年。如果有毅力，很多事情能干得更好。敬业不是别的，就是比别人多下点功夫，就是坚持。正应了那句话：“再长的路一步步也能走完，再短的距离不迈开双脚也无法到达。”三是要培养出持续创新的学习人。知识就是力量，学习改变命运。如果不终身学习，光靠已有的知识，在生活中走不了多远，也不会取得很高的成就。四是要培养出努力奋斗的激情人。激情是什么？激情是努力的人生，努力到无能为力，拼搏到感动自己，人生不努力，就不够精彩。激情是积极的人生，每一件事都会有两面——积极的一面和消极的一面，选择积极面，积极地工作，我们会不知疲倦，能事半功倍。激情是有意思的人生，把人生中所有有意义的事变得有意思，把所有有意思的事变得有意义。激情是坚强的人生，强者不是没有眼泪，而是含着眼泪在奔跑。激情是梦想的人生，梦想是要有的，万一实现了呢。

这个责任是学生的责任，就是要在学校形成优良品格，让自己更加优秀。一是要学会做人。当懂得，规矩第一，人情第二时，就敲开了人与人最难的一扇门。当懂得，团队第一，个人第二时，就已从小的自己走向了大的自己。当懂得诚信第一，聪明第二时，就会明白聪明只是一时，信任才是一世。当懂得，实力第一，人脉第二时，就会明白只有自己做到了，才会真的有人尊重你。二是要学会阳光。永远不抱怨，从来不指责。抱怨是一种毒药。抱怨命运不如改变命运，抱怨生活不如改变生活。每个人生活都有阴影，但若没有这些阴影，我们又如何能知道自己正站在阳光里。生气是因为你不够大度，郁闷是因为你不够豁达，焦虑是因为你不够从容，悲伤是因为你不够坚强，惆怅是因为你不够阳光，妒忌是因为你不够优秀。三是要学会面对。现实生活中，很多人常常无法改变自己在工作和生活中的位置，但完全可以改变其对所处位置的态度和方式。你在这个位置上，不管喜欢不喜欢，都是必须面对的，必须尽心尽力，那是对工作负责，也是对自己负责。

培养人，就是培养他获得未来快乐的前景的道路。我们的责任就是帮助学生努力寻找更满意的自己。孩子们的未来，是个人的未来，是家庭的未来，更是国家的未来，一切的努力都是为了走向更好的未来。

丁树德

2018 年 12 月

目　录

德育养成篇

道德之光照亮前行之路

职业教育是我国实现现代化最重要的智力保障，当然也是广大青年人生发展的一个非常有前途的选择。职业教育今天比以往有了翻天覆地的变化，广大中职学生的成长和发展同样关系到祖国的未来、民族的希望，是中华文明的继承者。习近平总书记对青年人寄予殷切的希望，他提出：青年兴则国家兴，青年强则国家强。青年一代有理想、有担当，国家就有前途，民族就有希望，中华民族伟大复兴中国梦终将在一代代青年的接力奋斗中实现。中职学生正处在人生发展的关健时期，这一时期不仅是他们学技能、长本领的重要时期，也是决定他们人生的特殊阶段。俗话说：人无德不立，业无德不兴，在中职学生品德形成的关键时期，做好其德育工作是每一个教育工作者乃至全社会的重要任务。

德育养成篇从理想、意志、道德、习惯、心态五个方面进行阐述。这里既有故事，又有名人名言，希望从这里能让中职学生看到生存的意义、生命的价值，学会做人，学会做事，以人格养成为目标，做新时代有理想、有道德、有文化、有纪律的社会主义接班人。

坚定理想信念，扬起生命风帆

习近平总书记曾经在北京大学师生座谈会上讲到没有理想信念，就会导致精神上缺钙。青年的价值取向决定了未来整个社会的价值取向，而中职生正处在价值观形成和确立的时期，抓好这一时期的价值观养成十分重要，这就像穿衣服扣扣子一样，如果第一粒扣子扣错了，剩余的扣子都会扣错，人生的扣子从一开始就要扣好。

有了理想信念能使生活贫困的人变得富有，能让黑暗中的人看见光明，使绝境中的人看到希望，让梦想变成现实，若丧失了理想和信念，一个人就形同行尸走肉、衣架饭囊。我们中职生是新时代的建设者，美好生活的见证者，应坚定正确的理想信念，扬起生命的风帆，在目标明确，充满自信中成长。

理想是石，敲出星星之火；理想是火，点燃熄灭的灯；理想是灯，照亮夜行的路；理想是路，引领我们走向黎明；理想是罗盘，给船舶引导方向；理想是船舶，载你出海远行。

红军两万五千里长征是人间奇迹，是中国革命史上不朽的丰碑，是人类历史上前所未有的伟大壮举。长征路上，红军以非凡的智慧和大无畏的英雄气概，四渡赤水，巧夺金沙江，横渡大渡河，飞夺泸定桥，爬雪山，过草地。突破敌人的围追堵截，战胜无数的艰难险阻，终于胜利到达陕北。是什么支撑着红军克服种种的艰难险阻，完成两万五千里长征的？是理想，是实现中华民族之崛起的理想。正如习近平总书记指出：长征是一次理想信念的伟大远征。崇高的理想、坚定的信念，永远是中国共产党人的政治灵魂。

据不完全统计，从 1921 年到 1949 年，我们党领导的革命队伍中有名可查的烈士就达 370 多万名，这在世界政党史上绝无仅有，没有哪个政党能像中国共产党这样，为了完成使命，付出如此巨大的牺牲。中国共产党人的全部努力、牺牲和奋斗，为了什么？习近平总书记说人民群众对美好生活的向往，就是我们的奋斗目标。今天的幸福生活是无数英雄烈士坚定革命理想信念，抛头颅、洒热血换来的。如今，中华民族在伟大复兴目标前进的道路上，在改革攻坚的进程中，还会不断遇到各种各样的“雪山草地”“腊子口”“大渡河”，我们当然要忠于心中那不灭的理想，牢记使命，不忘初心。

古往今来多少政治家、思想家和英雄豪杰，胸怀远大理想，引领光辉人生历程，成就千秋业绩，在人类历史上树立了不朽的丰碑。怀有“先天下之忧而忧，后天下之乐而乐”远大抱负的范仲淹，岳母刺字“精忠报国”的岳飞，替父从军的巾帼英雄花木兰，志在“安得广厦千万间，大庇天下寒士俱欢颜”的杜甫，耻遭宫刑发愤写成千古不朽巨著《史记》的司马迁，为了民族解放事业而不懈奋斗、曾被关押进大狱 27 年，最终在南非建立了没有种族歧视民主制度的南非前总统曼德拉。他们万古流芳，世代相传的事迹印证了这样一个道理：只有胸怀理想才能成就有意义、有价值的人生。

理想是人生航程的灯塔，是人生奋斗的目标，一个人，如果没有理想，生活不仅失去方向，而且会黯然无光。有理想的人生，才是丰富的人生；有理想的人生，才是充实的人生；一生为理想执着追求、奋斗不息的人生，才是有意义、有价值的人生。“做人如果没有理想，那跟咸鱼有什么区别？”这是周星驰在《少林足球》里的台词。有人会说没有理想，我照样活着，认为理想没有什么作用。表面上看来有无理想，都要学习、吃饭、工作，但是有理想的人和没有理想的人，他们的生活态度和人生前程是有差别的。

【故事】

在城市的建筑工地上，三个农民工在砌一堵墙。有个小学生走过来问：你们在干什么呢？第一个人头都没抬就说：没看见吗？我正在出苦力砌墙。第二个人抬头笑了笑，说：我们在盖一幢高楼大厦。第三个人边干边哼着歌曲，他的笑容很灿烂，他很开心地说：我们正在建设一座新城市。十年后，时间将这三个人分出了不同的层次，第一个人依旧在工地上像当年一样出苦力砌墙；第二个人的工作已经是坐在办公室中画图纸，他成了工程师；第三个人呢，是前两个人的老板。

为什么站在同一起点的人，在后来却走出了不同的道路？

是时间将他们分出层次来的吗？

不是时间，而是有无理想信念把人们分出了不同的层次，成就了不一样的人生。有理想信念就有人生规划，没有理想信念也就没有人生规划，起点相同，道路不同，或铸就辉煌，或碌碌无为，这就是理想信念对于我们每个人人生的意义所在。理想是我们在学业成就、未来职业选择、道德人格养成甚至家庭生活质量等方面追求的目标，代表着我们对生命的一种期盼，体现出我们对生活的积极进取态度。人生就是立足现实，不断追求各种具体理想实现的历程。

理想与现实二者是有区别的。

理想来源于现实，是现实的升华；现实是向目标进取的立足点和出发点；理想不等于现实，理想高于现实。

理想是人们经过努力奋斗能够实现的对美好未来的理性追求。包括生活理想（例如买车、买房、周游世界）、职业理想（例如当医生、教师、律师）和社会理想（例如公平正义、社会和谐、实现共产主义）。

理想的实现要从实际出发，切实可行，不能好高骛远。

理想要付诸行动，不能只说不干。

有什么样的理想信念就要按照什么样的期望和方式去改造自己，就会按照什么样的期望和方式塑造自己，最终自己就会成为那个样子。

【故事】

罗杰·罗尔斯是美国纽约州历史上第一位黑人州长。很难让人相信的是，他出生在纽约声名狼藉的大沙头贫民窟。这里环境恶劣，充满暴力，是偷渡者和流浪汉的聚集地。在这儿出生的孩子，耳濡目染，沾染了各种恶习，他们从小逃学、打架、偷窃甚至吸毒，长大后很少有人从事体面的职业。然而，出生在贫民窟的罗杰·罗尔斯却是个例外，他不仅考入了大学，而且成了州长。在就职时举行的记者招待会上，有一位记者对他提出这样的问题：是什么把你推向州长宝座的？面对众多记者，罗尔斯对自己的奋斗史只字未提，只说起他小学时的校长皮尔·保罗。

有一天当顽皮的罗尔斯从窗台上跳下，伸着小手走向讲台时，皮尔·保罗说："哎呀！我一看你这修长的小拇指，就知道将来你是纽约州的州长。"当时，罗尔斯大吃一惊，因为长这么大，只有疼他的奶奶曾让他振奋过一次，说他可以成为五吨重的小船的船长。这一次皮尔·保罗校长竟说他将来可以成为纽约州的州长，着实出乎他的预料。他记下了这句话，并且相信了它。从那天起，纽约州州长就像一面旗帜。罗尔斯的衣服不再沾满泥土，说话时也不再夹杂污言秽语。他开始注重自己的一言一行，在以后漫长的四十多年间，他没有一天不按州长的标准要求自己。终于在他五十一岁那年，成为纽约州的州长。

在就职演说中，罗尔斯说：在这个世界上，信念这种东西任何人都可以免费获得，所有成功最初都是从一个小小的信念开始的。

全国十大杰出学习青年张立勇曾经是清华大学的一名食堂切菜工，因为家境贫穷，放弃了自己的大学梦，高中辍学，来到北京成为千万农民工中的一员，虽然是食堂切菜工，但是他相信学习改变命运，奋斗成就人生，在清华大学校园里，他踏上了漫漫的自学成才之路，因为理想，他坚守初衷，忍受寂寞，最终考上了北京大学。回首自己的成长经历，张立勇说："人在任何环境下，从任何起点学习都不晚。"

理想目标是支撑我们坚持下去的、源自内心的最原始的驱动力。有了理想目标，我们才不会在忙碌的生命旅途中迷失方向。镭的发现者，两次诺贝尔奖的获得者居里夫人，一生忠于科学，厌恶金钱和荣誉；两弹元勋邓稼先，为了祖国的核事业，离别妻儿，隐姓埋名在大戈壁一干就是二十多个春秋，他临终前对妻子说的最后一句话是：我死而无憾！在现实生活中，我们对于生活的激情全部来自于对目标的追求。这里有为了成就事业而坚持，在自己的岗位上忘我地打拼的年轻人；也有为了让儿女上学能够背上个新书包，不辞辛苦，起早贪黑卖茶叶蛋的爸爸妈妈，不管目标是什么，也不管目标的大小，只要目标存在就会有方向、有动力，目标就会离我们越来越近，支撑我们不断前行。

【故事】

浩瀚的撒哈拉大沙漠中，一支探险队在艰难地跋涉，头顶骄阳似火，烤得探险队员们口干舌燥，最糟糕的是，随身携带的水壶里滴不出一滴水，队员们口渴难耐，情绪恐慌，甚至有人想放弃前行了。就在队员们都失去信心的时候，探险队长却像变魔术一样高高举起一壶水说："告诉大家一个好消息，我这里还有一壶水，但是只能用做救命，穿越沙漠前，谁也不能喝。"看到这壶水，队员们好像被注入了新的力量，水壶在队员手中传递，那沉甸甸的感觉使队员们濒临绝望的脸上又露出了坚定的神色，感觉脚下也有力量了，他们加快步伐朝着胜利的方向前进着，饥渴的时候，看到那沉甸甸装满水的壶，似乎干渴的嘴唇有了一丝清凉，坚持、坚持、再坚持，终于探险队走出了沙漠。队员们喜极而泣，用颤抖的手拧开那个支撑他们前进的精神之壶，然而让所有人都吃惊的是，缓缓流出来的却是一壶沙子……

生命里从来没有真正的绝境，只要你心中还怀有信念的种子，那么总有一天你就能够战胜困难走出困境，让生命重新开花结果。那从他们手中传过的沉甸甸的水壶就是他们赖以生存的信念。

生活中很多人迷茫、困惑、没有动力，这种状态，其根源便在于目标信念的缺失。而目标，则是支撑我们前行的力量。第45届南丁格尔奖获得者宋静告诉我们，目标对我们的成长是多么的重要。

【事例】

1981年，18岁的宋静从当时的河南商丘卫校护理专业毕业，戴上了燕尾帽，穿上了白大褂，这对宋静来说是一件“实现了心愿”的高兴事。只要走进医院，她就面带微笑、不知疲倦地忘我工作，给患者倒大小便，为患者洗头、理发、剪指甲；背着重症患者去做检查、转病房；给半夜逝去的人穿衣服，又抬逝者到太平间。在自己的本职工作之外，她还经常走村串户给敬老院的老人量体温、测血压，照顾孤寡老人，关心留守儿童，从不喊累。宋静说：“当年值夜班，我也像南丁格尔一样，提上煤油灯，去查房、换药，从熟睡的患者身边轻轻走过。护士的工作就是这样，往往是无声的，但又特别重要。”看似平凡的工作，宋静默默坚持了30多年，数十年的护理工作，宋静激情依旧，没有倦怠厌烦。这30多年，宋静坚持的就是一个信念，那就是以爱心、耐心、细心、责任心对待每一个病人的南丁格尔精神。

所以，要成就美好的人生，一定要想清楚自己的目标信念是什么。

有一年，美国哈佛大学对一群意气风发的天之骄子进行了一次关于人生目标的跟踪调查。在离开校门前他们的智力、学历、家庭条件等都相差无几。

结果是这样的：

27%的人，没有目标；

60%的人，目标模糊；

10%的人，有清晰但比较短期的目标；

3%的人，有清晰而长远的目标。

25年后，毕业前相差无几的同学们结果却是这样的：

3%的人，25年间他们朝着一个方向不懈努力，几乎都成为社会各界的成功人士，其中不乏行业领袖、社会精英；

10%的人，他们的短期目标不断地实现，成为各个领域中的专业人士，大都生活在社会的中上层；

60%的人，他们安稳地生活与工作，但都没有什么特别成绩，几乎都生活在社会的中下层；

剩下27%的人，他们的生活没有目标，过得很不如意，并且常常在抱怨他人、抱怨社会、抱怨这个“不肯给他们机会”的世界。其实，他们之间的差别仅仅在于：25年前，他们中的一些人知道自己毕业了干什么，而另一些人则不清楚或不很清楚。目标明确，就有努力的方向，朝着目标奋进，才会辉煌的人生。

想一想：对于大多数在校的中职学生而言，也同样要问自己：“我们有为之坚持的目标信念吗？”

附

关于理想的名言警句

◆一个人若是没有确定航行的目标，任何风向对他都不是顺风。

——蒙田

◆理想如星辰——我们永不能触到，但我们可像航海者一样，借星光的位置而航行。

——史立兹

◆理想并不能够被现实征服，希望的火花在黑暗的天空闪耀。

——巴金

◆一种理想，就是一种力！

——罗曼·罗兰

◆生活中没有理想的人，是可怜的人。

——屠格涅夫

◆我们如果没有理想，我们的头脑将陷入昏沉；我们如果不从事劳动，我们的理想又怎样实现？

——陈毅

◆人需要理想，但是需要人的符合自然的理想，而不是超自然的理想。

——列宁

◆理想是需要的，是我们前进的方向，现实有了理想的指导才有前途；反过来，也必须从现实的努力中才能实现理想。

——周恩来

◆无论在斗争中或牺牲中，我们都只对准一个目标，坚守一个信念，这样我们就可以克敌制胜。

——白求恩

◆使人年老的不是岁月，而是理想的失去。

——乌尔曼

◆理想——一串跳荡的音符，奏响了我们心中青春的乐章；理想——一束心灵的阳光，点燃了我们胸膛里的火焰。

——歌德

◆如果一个人的头上缺少一颗指路明星——理想，那他的生活将会醉生梦死。

——苏霍姆林斯基

◆凡事以理想为因，实行为果。

——鲁迅

锲而不舍，金石可镂

大凡成事者必有恒心，既不会浅尝辄止，更不会知难而退。正如两千多年前战国时期荀子的名篇《劝学》中的至理箴言“锲而不舍，金石可镂”，就是告诉我们如何达成自己理想的道理。圣人经典，历经千年，愈久弥香，其中的道理让我们现代人仍然奉为至理名言。只是，当下的青少年似乎少了些传承的意动，忘记了任何理想或梦想都是要付出艰苦的努力和毅力，不会一蹴而就。

青年时期，习近平曾经在陕西梁家河插队锻炼。七年间，他热爱学习，可以说是“焚膏油以继晷，恒兀兀以穷年”。带的书看完了他就到处借书，哪怕要走十几里路。白天干活他随身带书，还充分利用收工、放羊、吃饭的点滴空闲时间读书，夜晚就在煤油灯下挑灯夜读……就是靠着这样的毅力和坚持，我们的习近平总书记当年就读完了能借到的所有书籍。如今习近平总书记的执政理念、治国方略就是在这种持之以恒的读书生活中积淀下来的。

英国科学家法拉第曾经说过：“只有靠意志和坚持的人才能实现理想，这是我人生最宝贵的经验。”

【故事】

在1822年，英国物理学家法拉第正在实验室做试验，有一个叫亨利的年轻人找来想拜他为师，就跟他说：“我一定要跟你学。”法拉第被这个年轻人打动了，就跟他说：“好啊，你来做我的助手吧。”法拉第拿起本子，指着一套设备，告诉亨利说：“我正在研究磁能产生电的效果，你能不能以后每天通上电看着这个磁针会不会动，如果动的话，你把它记下来；不动的话，你也记下来。”亨利这么做了半个月，实验总是失败，没有一天成功。他只能在本子上不停地写“NO”“NO”，就是不成功。有一天，亨利不耐烦地对法拉第说：“这事没有什么意义，你能不能让我做点别的？”法拉第摇头说：“这个事情很重要，如果成功了，那是重大的发现。”亨利又坚持了几天，最后溜走了。

1835年，法拉第被英国皇室授予“爵士”称号，因为他成功了。亨利又来找他，说：“你收留我吧。”法拉第拒绝了他，他说：“亨利，你知道吗？这个荣誉本来应该属于你的。当年我让你做的事情，我坚持了十年，终于在电磁学方面让我得到了突破。”说完，法拉第拿出一本厚厚的本子，那正是当年亨利用过的。这时候，亨利看到他记录的十几个“NO”，但是法拉第在他十几个“NO”的后面，又记录了上千个“NO”，最后是一个大大的“YES”。

人生做成些事情实属不容易，成功的喜悦里总能咂摸出些苦的滋味。我们都知道，曾国藩可以算得上是晚清中兴的一代名臣。在与太平军交战初期，他屡战屡败，鲜有胜绩，以至于他曾经发出过“打掉牙和血吞”的感叹。在历史长河中，不乏此类范例。腥风征途，劲草知疾，人生的一切经历都不会成为多余。我们现在的幸福生活都是爸妈奋斗出来的，我们将来的幸福生活也要靠我们自己的奋斗去获得。

许多成功者，他们与失败者的区别，往往不是机遇，更不在于头脑是否聪明，只在于这些成功者在想放弃的时候多坚持了一年、半年，有时是一天，或者仅仅只是一遍鸡鸣。青年朋友们，一定要努力培养自己的毅力，即使在最困难的时候，也不要放弃，要坚持，而成功有时就在坚持一下之后。

你知道被拒绝了 1850 次是什么感受吗？

【故事】

20 世纪 80 年代的好莱坞动作明星史泰龙，年轻时也曾穷困潦倒，即使把身上全部的钱加起来，也不够买一件像样的西服，但他却全心全意地坚持着自己心中的梦想：他想做演员，拍电影，当明星。

当时在好莱坞共有 500 家电影公司，史泰龙逐一数过，并且不止一遍。接着，他根据自己认真划定的路线，按照排列好的名单顺序，带着自己写好的为自己量身定做的剧本前去拜访他们。但是第一遍拜访下来，这 500 家电影公司竟没有一家愿意聘用他！

面对这种百分之百的拒绝，史泰龙并没有灰心、放弃。从最后一家被拒绝的电影公司出来之后，他又从头开始，一家家地继续他的第二轮拜访与自我推荐。

在第二轮的拜访中，500 家电影公司依然没有一家愿意给他机会。

第三轮拜访结果仍与第二轮相同，同学们，如果是你，是不是就放弃了？！但是史泰龙仍然不肯放弃，他咬牙开始他的第四轮拜访，拜访完第 349 家后，或许是他的举动感动了老天爷，第 350 家电影公司的老板破天荒地答应愿意让他留下剧本先看一看。

几天后，他获得通知，留下了他的剧本的电影公司的老板请他前去详细商谈。

就在这次商谈中，这家公司决定投资开拍这部电影，并请史泰龙担任自己所写剧本中的男主角。这部电影名叫《洛奇》。

1977 年史泰龙就凭借电影《洛奇》获得第 49 届奥斯卡和第 34 届美国金球奖最佳男主角和最佳编剧奖提名。1982 年自编自演《第一滴血》系列第一部，凭《洛奇》和《第一滴血》两个动作电影系列史泰龙成为 20 世纪 80 年代好莱坞动作明星的代表。2002 年，他被授以“千年动作明星奖”。2003 年，以《第一滴血》“兰博”当选美国国家广播公司评出的“影视作品中的十大铁血猛男形象”；2009 年，威尼斯电影节授予“电影人荣誉最高奖”；2010 年，获得好莱坞事业成就奖。

世上从来没有绝对的事。人们通常把做成的事情称作“成功”。静下心来走自己认准的路，花开无言，心潜似菊，盛开而不怒放，凋零却不惨淡，云卷云舒，兀自香苦。但凡取得一定成就的人，都是经过艰苦的努力。天下没有掉馅饼的事，只有通过自身的不懈努力和刻苦钻研才有成功的可能。学习也是一样，谁不是一路考试拼搏上来的？现在的一切努力都是为了以后有更多可以选择的机会。

【故事】

古希腊大哲学家苏格拉底在开学的第一天对他的学生们说："今天咱们学一件最简单也是最容易的事。"他先示范了一下，然后说道："每人把胳膊用力往前甩，然后用力往后甩，这样每人每天 300 下，大家能做到吗？"学生们都笑了，这么简单的事，谁做不到啊？一个月过去了，苏格拉底问他的学生："每天 300 下，都有谁做到了？"有 90% 的人举起了手。

又过了一个月，苏格拉底又问了，这次做到的人有八成。一年过去，苏格拉底再一次问到大家："最简单的甩手运动，还有谁在做？"这时，只有一人举起了手，这个学生就是后来继苏格拉底之后的古希腊又一大哲学家柏拉图。

世界上最容易的是坚持，最难的也是坚持。说它容易，是因为只有你愿意，你就能做到；说它难，是因为真正能做到的，终究只是少数人。

成功在于坚持，坚持是一个并不神秘的秘诀。

可以说，一个人是否拥有意志力，坚持自己的理想，是决定他事业成败的必要前提。在现在的社会里，你面对的是无数的诱惑，一不小心，这些诱惑就会使我们的行为偏离正轨。对我们大多数中职生来说手机就是最大的诱惑，手机对我们学习的负面影响，大家是深有体会的。很多人就是因为缺乏意志力，把自己的时间和精力浪费在手机和各种小事上，造成我们的学习和工作效率低下，甚至失败。

那么该如何培养自己的独特意志力，做的"锲而不舍，金石可镂"呢？

现将疯狂英语的创始人李阳培养意志力的方法与大家分享：

第一，每天都要让自己做一件自己不愿意做的事。只有先做自己不愿意做的事，才有资格做自己愿意做的事。这是我教育我孩子最重要的一个原则。你吃完饭以后就想去看电视，但不行！你先把碗洗了才有资格去看电视！

第二，把每一件小事做好，做完美！只有这样的人才可能把大事做好，做完美！比如说：扫地就要把桌子底下、窗底下也打扫得干干净净！

第三，刷牙一定要刷够三分钟！小时候换了牙之后，牙一生只有一副！中国人的牙齿健康状况是全世界倒数的。牙齿的疾病会导致全身的疾病！

第四，每天要坚持读一篇难文章！读难文章不仅对智商有很大的提高，对情商也有巨大的提升！如果中学生能做到这一点，他的英语高考成绩一定可以突破 140 分。

第五，每天坚持爬 100 级楼梯。你一定会心情好、精神爽、身体棒！马上去行动吧！

第六，美国人饭前祈祷，那我们就要饭前、饭后快速读一篇文章，可以是中文，也可以是英文！因为饥饿、因为别人都在看着你，所以你的阅读速度会非常快！用不了一年的时间，你吸收知识的速度会远远超过别人！

第七，每天坚持用冷热水交替洗澡！你会发现自己的梦想会更远大、精神会更集中、能量会更强大！另外，你的皮肤也会越来越好！

第八，每天坚持对十个人微笑和表扬！微笑和赞扬才是全世界最有威力的武器！功夫大师李连杰都认为微笑比他一身的武艺更强大！

第九，每天坚持做一件不求回报的善事！如果你能坚持日行一善，那你的意志会有巨大的提升！如果13亿人民都能日行一善，那中国的力量将会十倍、百倍地增长！

第十，自我肯定也非常重要。要经常对自己说：我是一个有意志力的人！我能圆满地完成自己每天的任务，获得应有的成长。我能控制我的情绪和欲望，让它们朝着积极的方向发展！

想一想：你最崇拜的人的谁？他（她）成功的奥秘是什么？

附

关于意志的名言警句

◆立志不坚，终不济事。

——朱熹

◆富贵不能淫，贫贱不能移，威武不能屈。

——孟子

◆生活是一场艰苦的斗争，永远不能休息一下，要不然，你一寸一尺苦苦挣来的，就可能在一刹那间前功尽弃。

——罗曼·罗兰

◆意志坚强的人能把世界放在手中像泥块一样任意揉捏。

——歌德

◆有了坚定的意志，就等于给双脚添了一双翅膀。

——乔贝利

◆培养意志是我们生存的目标。

——爱默生

◆耐心和恒心总会得到报酬的。

——爱因斯坦

◆要在这个世界上获得成功，就必须坚持到底：至死都不能离手。

——伏尔泰

◆如果我坚持什么，就是用大炮也不能打倒我。

——巴甫洛夫

◆没有伟大的意志力，就不可能有雄才大略。

——巴尔扎克

◆宝剑锋从磨砺出，梅花香自苦寒来。

——陆游

◆人最凶恶的敌人，就是他的意志力的薄弱和恩惠。

——高尔基

◆天行健，君子以自强不息。

——文天祥

◆成大事不在于力量的大小，而在于能坚持多久。

——约翰生

◆无论做什么事情，只有肯努力奋斗，是没有不成功的。

——牛顿

◆追两只兔子的猎人，将会一无所获。

——陀思妥耶夫斯基

◆无论头上是怎样的天空，我都准备承受任何风暴。

——拜伦

重道德，讲文明

用道德的绿洲滋润生命的灵魂，不以善小而不为，不以恶小而为之。

【故事】

很久以前，有一位聪明的国王，他决定从王国的众多孩子们中间挑选出一个做自己王国的宰相。国王的方法很独特，他给每个想做宰相的孩子发些花种，并宣布谁能培育出最美丽的花，谁就能够成为宰相。孩子们得到种子后，开始精心培育，浇水、施肥、松土，不敢有丝毫怠慢，他们都希望自己能够成为王国的宰相。有一个出身贫穷的小男孩也分到了一些花种，虽然每天尽心尽力地培育，可是花盆里的种子始终没有一丝动静，更别说发芽开花了。最后，比赛的日子到了。富人家的孩子们个个都穿着漂亮衣服，捧着盛开的鲜花走向街头，盼望得到国王的垂青。国王乘着马车缓缓地巡视在花海中，眼中的这些色彩缤纷、争奇斗艳的朵朵鲜花，他一点都不高兴，直到他看到有个捧着空花盆的小男孩，国王的脸上才露出了欣慰的笑容。这位捧着空花盆的小男孩得到了宰相的职位。因为，国王发的花种全部都是煮过的，根本就不可能发芽、开花。

道德没有重量，却可以让人有泰山之重；道德没有标准，却可以让人的灵魂高贵；道德是做人的准则，让我们追随道德之光，让道德在生命中绽放绚丽的光彩吧。

古往今来社会发展的道路上，我们不难找到道德规范的实践者。这里有“人必其自爱也，而后人爱诸；人必其自敬也，而后人敬诸”的陶母拒鱼，有“躬自厚而薄责于人”的朱冲还牛，也有“老吾老，以及人之老；幼吾幼，以及人之幼”的杜环侍老。

【故事】

陶母拒鱼

古代晋国时有一名叫陶侃的大将军，他在青年时代做过管理渔场的小官。为了孝敬母亲，有一天他把装满干鱼的坛子，悄悄派人送到家里。陶母打开坛子，看到是一坛干鱼，非常生气，又把坛子封好，交还给送鱼的人，同时还让他带给陶侃一封信，陶侃打开信看到：“你在当官，把公家的东西送来给我，这不仅对我没有好处，还增加了我的忧虑。”

朱冲还牛

生活在晋代的朱冲，从小就养成了心胸平和、待人宽厚的性格，但由于家境贫寒，没钱上学读书，只好在家种地放牛。村里有个爱占小便宜的邻居，三番五次地把牛放到他家的地里吃庄稼。朱冲看到后，不但不发脾气，反而在收工时带一些草回来，连同那吃庄稼的牛，一起送回主人家，并说：“你们家里牛多草少，以后我可以给你们多拔些草拿回家。”那家人一听，又羞愧又感激，从此再也不让牛去糟蹋庄稼了。朱冲的待人厚道，赢得了乡邻的一片赞扬。

杜环侍老

明代有一个名叫杜环的人，非常乐于帮助他人。杜环的父亲有一个老朋友，名叫常允泰，常允泰去世后，常母就来投奔杜家。当时杜环的父亲已经不在人世了。可杜环想常母远路来投奔我，虽然父亲已经不在了，但我也要把老人家照顾好。于是，杜环把常母安顿在自己家中，像对待亲生母亲一样对待她，常母性情急躁，经常发脾气，杜环不但不生气，还经常告诉家人，尽量顺从常母。常母患病，杜环还亲自为她煎药，照料她服下。常母去世前对杜环说：“你对我比亲生儿子都要好啊！”

杜环亲侍常母的故事广为流传，杜环也由于敬老爱老而名扬天下，还得到了人们的爱戴。类似的故事还有“凡人之所以贵于禽兽者，以有礼也”的孔融让梨。

今天在中国改革开放的大地上，道德模范人物丛飞、魏青刚、袁隆平、洪战辉、郭明义、杨善洲、孟佩杰、廖俊波……这些在我们身边看得见、摸得着、学得到的模范人物，层出不穷。他们善行无疆，舍己为人，一诺千金，恪尽职守，大爱无声，体现着我们这个社会公民的道德水平，彰显着一个民族的道德力量，是我们学习的榜样。我们要学模范，积德行善，弘扬社会正气，向道德模范看齐，坚决抵制诚信缺失、道德败坏、是非不分、荣辱颠倒、文明底线失守的行为。从我做起，从现在做起，从身边小事做起，遵守道德规范，争做文明小公民。生活中有很多小事，只要你信手拈来，就是一种善行。当你可以帮助别人时，不要吝啬。世界将因你的举手之劳而变得更加美好。

俗话说：人无德不立，国无德不兴，道德建设的好坏体现着一个国家民族的精神状态，影响着一个民族事业的兴亡盛衰。

作为人们共同的行为准则和规范，道德是构成社会文明的重要因素，也是维系和谐人际关系、良好社会秩序的基本条件。“三鹿奶粉”事件，瘦肉精事件，地沟油事件，现在还有胆大包天、伤天害理的疫苗造假案，这些都是对人们道德底线的践踏，是我们这个社会所不能容忍的，当事者最终都遭到了法律的制裁。

社会道德规范存在于社会（校园）生活中的方方面面，例如保护环境、爱护公物；遵守交通规则；讲文明、懂礼貌，不随地吐痰、不随手乱扔垃圾，不说脏话；节约粮食、文明用餐；文明上网不信谣、不传谣。做一个重道德、讲文明的中职生，而不是一个有知识、没文化、缺道德的人。

习近平总书记强调：青年要自觉践行社会主义核心价值观，自觉修德，加强道德修养，注重道德实践。“德者，本也。”道德之于个人、之于社会，都具有基础性意义，做人做事第一位的是崇德修身。这就是我们的用人标准为什么是德才兼备、以德为先，因为德是首要、是方向，一个人只有明大德、守公德、严私德，其才方能用得其所。修德，既要立意高远，又要立足平实。要立志报效祖国、服务人民，这是大德，养大德者方可成大业。同时，还得从做好小事、管好小节开始起步，“见善则迁，有过则改”，踏踏实实修好公德、私德，学会劳动、学会勤俭，学会感恩、学会助人，学会谦让、学会宽容，学会自省、学会自律。

想一想：在重道德、讲文明的道路上中职生应该如何做?

附

关于道德的名言警句

◆人的美德的荣誉比他的财富的名誉不知大多少倍。岂不见多少人在钱财上一贫如洗，但在美德上却是富豪呢?

——达·芬奇

◆那些立身扬名出类拔萃的，他们凭借的力量是德行而这也正是我的力量。

——贝多芬

◆名誉和美德是心灵的装饰，要没有它，那肉体虽然真美，也不应该认为美。

——塞万提斯

◆美德好比宝石，它在朴素背景的衬托下反而更华丽。同样，一个打扮并不华贵，却端庄、严肃美德的人是令人肃然起敬的。

——培根

◆美德大多存在于良好的习惯之中。

——佩利

◆没有情感，道德就会变成枯燥无味的空话，只能培养出伪君子。

——苏霍姆林斯基

◆良心是一种根据道德准则来判断自己的本能，它不只是一种能力；它是一种本能。

——康德帝

◆对于美德，我们仅止于认识是不够的，我们还必须努力培养它，运用它，或是采取种种方法，以使我们成为良善之人。

——亚里士多德

◆对于道德的实践来说，最好的观众就是人们自己的良心。

——西塞罗

◆点燃了的火炬不是为了火炬本身，就像我们的美德应该超过自己照亮别人，否则等于没用。

——莎士比亚

◆道德准则，只有当它们被学生自己追求、获得和亲身体验过的时候，只有当它们变成学生独立的个人信念的时候，才能真正成为学生的精神财富。

——苏霍姆林斯基

◆道德应当成为科学的指路明灯。

——布夫勒

◆道德行为训练，不是通过语言影响，而是让儿童练习良好道德行为，克服懒惰、轻率、不守纪律、颓废等不良行为。

——夸美纽斯

◆道德衰亡，诚亡国灭种之根基。

——章炳麟

◆道德是永存的，而财富每天在更换主人。

——普卢塔克

◆道德是一种获得——如同音乐，如同外国语，如同虔诚扑克和瘫痪——没有人生来就拥有道德。

——马克·吐温

◆道德普遍地被认为是人类的最高目的，因此也是教育的最高目的。

——赫尔巴特

◆道德能帮助人类社会升到更高的水平，使人类社会摆脱劳动剥削制。

——列宁

◆在社会中穿梭忙碌的人们身上一定要需要两种最重要的东西，一种是知识，而另一种是道德。如果说知识是进入社会、贡献社会的法宝，那么，道德就是立足于社会的身份证。没有道德，就不能在社会中生存。人不能像走兽那样活着，应该追求知识和美德。

——旦丁

好习惯益终身

【小实验】

有个苏格兰科学家，把一群马放在一个周围栅满电网的圆圈草地里，开始马儿们总是不耐烦地往铁丝上撞，希望能冲出电网，吃到外面新鲜的草，但是只要马儿一碰到电网，电网就会放出电，几周过后，科学家把电网悄悄地撤了。但是马儿们却没有一个走出那个范围，因为他们已经习惯了，习惯有电网在周围了。

1978年，75位诺贝尔奖获得者在巴黎聚会。其中，有人问一位白发苍苍的获奖者：你在哪所大学、哪所实验室里学到了你认为最重要的东西？获奖者的回答出人意料：在幼儿园。那人又问：在幼儿园里学到了什么呢？获奖者说：把自己的东西分一半给小伙伴，不是自己的东西不要拿；东西要放整齐，饭前要洗手，饭后要休息；做了错事要表示歉意；学习要多思考，要仔细观察大自然。从根本上说，我学到的全部东西就是这些。这位获奖者的回答代表了与会科学家的普遍看法。把科学家们的普遍看法概括起来，就是他们认为终身所学到的最主要的东西，是小时候老师给他们培养的良好习惯。英国哲学家培根深有感触地说：习惯真是一种顽强而巨大的力量，它可以主宰人的一生，因此人从幼年时就应该通过教育培养一种良好的习惯。好习惯越多，个人能力就越强。养成了好习惯，就如同梦想插上了翅膀。

人们常说习惯成自然。任何一种好习惯的形成，都不是一朝一夕的事。

中职教育时期是养成教育的最佳时期，我们应该抓住这样一个最佳的时期培养良好的生活习惯。现实生活中有好习惯，也有不好的习惯。好习惯有利于人们身心的发展，而坏习惯只会妨碍我们的健康成长，甚至成为我们前进道路上的绊脚石。当习惯成为一种生活的惯性时，它带来的影响，有时候连自己都难以掌控，所以我们要用好习惯来替代坏习惯，在点滴的积累之中迈向成功。培养好习惯，让我们的人生道路走得更为顺畅有力，而放任坏习惯，只会成为阻碍我们自身前进的拦路虎。

好习惯，造就了多少辉煌成果，而坏习惯又毁掉了多少美好的人生。

【故事】

从前有一个小和尚要学剃头，老和尚让他先在冬瓜上练习。小和尚每次练习完剃头后，将剃刀随手插在冬瓜上，后来小和尚的技艺越来越高，但他随手插剃刀的毛病依然没改。看到小和尚这样的坏习惯，老和尚告诫他，不要这样做，容易出人命。看到师傅生气的样子，小和尚安慰到："没事的师傅，你不要担心，等到真正为人剃头的时候我就不会这样了。"有次，尽管为自己的师兄剃发时心里想着这是人不是冬瓜，但手却不听使唤，习惯性地把刀插了上去，正是因为日积月累养成的恶习才酿成了最后的恶果。

养成好习惯可以受益终身，坏习惯却可能毁掉一生，不要以为一个小小的习惯无关紧要，人们正在和将要面临的许多成就或祸患，其实就是由这些看似不起眼的习惯形成的。

虽然小和尚剃头的故事有几分夸张，我们也不可能会是一个为别人理发的小和尚，可是同学们有没有自己感觉不到的坏习惯呢？诸如懒惰、自私、不守时、不讲卫生、随地吐痰、说脏话、随手乱扔果皮纸屑、不尊重别人，公共场合大声喧哗、在楼道里追逐打闹、没有礼貌，不爱劳动、不爱护花草，上课迟到、课堂上随意说话、缺乏纪律观念，总喜欢按自己的意愿行事、缺乏组织观念，习惯熬夜……这些都是生活中的不良习惯。

【案例】

一家要求很高的跨国公司招聘员工，一些学历水平、身高相貌等客观条件都很不错的年轻人，过五关斩六将，进入最后一关——面试。可是，未曾想到，没有提问，没有出题，短短10分钟，他们都失败了。原来总经理借故离开了5分钟，这些年轻人便围着总经理的大写字台，看看这个材料，翻翻那个资料。5分钟后，总经理回来了，他宣布："面试结束。"大家很纳闷，总经理解释说："很遗憾，你们没有一个被录取，因为公司从来不录取那些乱翻别人东西的人。"

好的习惯能为你插上成功的翅膀，不经意间，助你一臂之力；而一个坏习惯也会让你从悬崖上重重地摔下。正所谓，播下一个行动，收获一种习惯；播下一种习惯，收获一种性格；播下一种性格，收获一种命运。

【案例】

一家招聘公司对一群应聘者进行复试，尽管应聘者都很自信地回答了考官们的简单提问，可是结果却都未被录用，只得怏怏离开，轮到中职生王新月了，她吸了口气自信地走了进去，看见干净的地面上很不协调地扔着一团废纸，平时养成的文明习惯使王新月走上前捡起了纸团，正准备往废纸篓放的时候，招聘人员对她说："先别忙着处置你手里的纸团，请把它展开看看再说。"王新月疑惑地打开纸团，看到纸上写着几个大字："祝贺你，你被录取了！"原来这是一个被特意安排的试题，意外吗？其实，习惯是在生活中养成的，一个不经意的动作，就可以看出你的习惯养成、人生态度。

都说习惯决定人生，但是养成一种习惯与告别一种习惯都绝非易事，因为习惯的力量是巨大的，它无时无刻不在影响着我们的思维方式和行为模式。拿破仑·希尔说：习惯能成就一个人，也能摧毁一个人。每个人都有各种各样的习惯，在我们众多的习惯当中能够成就一生的自然是那些好习惯，正如俄国教育家乌申斯基所说：良好的习惯乃是人在神经系统中存放的道德资本，这个资本在不断地增值，而人在其整个一生中就享受着它的利息。但是，那些坏习惯，就像一堵玻璃墙，把我们与成功隔离开来，让我们的人生停留在原地甚至倒退。好习惯让我们的人生道路顺利，开满鲜花、欢歌笑语，坏习惯让我们的人生处处碰壁，人生失意，道路坎坷。

1961年4月12日，苏联宇航员加加林乘坐东方1号航天飞船进入太空遨游了89分钟，成为世界上第一位进入太空的宇航员。他为什么能够从20多名宇航员中脱颖而出，原来在确定人选前一个星期，航天飞船的主设计师罗廖夫发现在进入飞船前，只有加加林一个人脱下了鞋子，只穿袜子进入了座舱。加加林的好习惯，使他成为遨游太空的第一人。

古往今来，多少人因为自己的坏习惯含恨终生，又有多少人因为自己的坏习惯找不到人生的幸福，更有甚者，因为自己的坏习惯葬送了最弥足珍贵的生命。《三国演义》中的周瑜，纵使有英雄气概，终究逃不过气量狭小恶习的惩罚，被诸葛亮三气之下，一命归西。

习惯的影响十分深远，科学研究表明，一个人一天的行为中大约只有5%是属于非习惯性的，而剩下的95%的行为则是习惯性的。这表明人的行为是按习惯进行的，如果不加以控制，习惯将影响我们生活的方方面面。

【故事】

亚历山大帝王时期，有一个做梦都想发财的穷人，无意中得到一本书。书本身不是很有意思，但书里面却藏着一样非常有趣的东西，一张薄薄的羊皮纸，上面写着可以点铁成金的石头的秘密。所谓点铁成金石，是一块小圆石，它能把任何普通的金属变成纯金。这块奇石在黑海边可能找到，但是奇石的外观跟海边成千上万的石头没什么两样。谜底在于：奇石摸起来是温的，而普通的石头摸起来是冰凉的。于是这个穷人变卖了家当，带着简单的行囊，千辛万苦来到黑海岸边，开始寻找点铁成金石。

他知道，如果他把拣起来的冰凉的石头随手就扔掉的话，那么他可能会重复拣到已经摸过的石头，而无法辨认真正的奇石。为防止这种情况的发生，每当拣起一块冰凉的石头，他就往海里扔。一天过去了，他没有拣到书中所说的奇石。接下来的一个月、一年、两年、三年，他还是没找到那块奇石。但是，他不气馁，继续捡石头、扔石头，没完没了，有一天早上，他拣起一块石头摸，是温的，但他仍然随手扔进了海里，因为他已经养成了往海里扔石头的习惯。这个扔石头的动作太具习惯性了，以至于当他梦寐以求、苦苦寻觅的奇石出现时，他仍然习惯性地把它扔到了海里。

英国教育家洛克说：习惯一旦养成，便用不着借助记忆，很容易、很自然地就能发生作用了。事实确实是这样的。就拿那个穷人来说，他多少年风餐露宿，苦苦寻觅，为的就是那块点铁成金石。可是当他找到后，却随手扔到了海里。不是他不想要那块奇石，而是往海里扔石头的习惯性动作迫使他做出了令人遗憾不已的蠢事。他的多年点石成金梦，也就像肥皂泡一样顷刻破灭了。习惯真是一种顽强而巨大的力量，它可以主宰人生。培根的话就像是对那个穷人说的，准确、深刻。

在我们的身上，好习惯与坏习惯并存着，唯一能够有效改变我们生活的手段便是有效地、最大限度地改变我们的不良习惯，养成好习惯，这不是一蹴而就的事情，它需要我们用毅力、恒心和不断地自我提醒才能达成。幸运的是，我们每个人都具备这些能力，只要你肯用心！

好的习惯贵在坚持，坏的习惯源于惰性。看上去只改变了点点，但如果每天都坚持这样，你不仅会惊叹自己的改变，更会因为良好的生活习惯受益终身。如果半途而废，只能让人生的可能变成不可能。

让我们时刻用下列名言警句进行对照，帮助自己养成良好习惯，成就美好人生。

想一想：我要养成 ______、______、______ 的好习惯，从今天开始，立即行动！

附

关于习惯的名言警句

◆思想引导行为，行为养成习惯，习惯造就性格，性格决定命运。

——约·凯恩斯

◆习惯是智者的祸患，蠢货的偶像。

——托马斯富勒

◆好习惯是一个人在社交场中所能穿着的最佳服饰。

——苏格拉底

◆人就应支配习惯，而决不能让习惯支配自我。

——奥斯特洛夫斯基

◆习惯不加以抑制，不久它就会变成你生活上的必需品了。

——奥古斯丁

◆习惯实际上已成为天性的一部分。

——亚里士多德

◆播种行为，能够收获习惯；播种习惯，能够收获性格；播种性格，能够收获命运。

——萨克雷

◆习惯支配着那些不善于思考的人们。

——华兹华斯

◆根深蒂固的恶习绝非一朝一夕就能养成的。

——玉外纳

◆如果人们已经忘记了他们在学校里所学的一切，那么所留下的就是教育。让咱们想一想，什么是一个人忘不掉的呢？显然，习惯是忘不掉的，正因习惯是一种相对稳定的自动化了的行为。

——爱因斯坦

◆习惯是社会的巨大的飞轮和最可贵的维护者。

——威·詹姆斯

◆习惯是行为的女儿，但是女儿反过来养育母亲，并按母亲的模样生下自我的女儿，但是更漂亮，更幸运了。

——杰泰勒

◆事实上一切教育归根结底都是为了培养人的良好习惯。

——洛克

◆不良的习惯会随时阻碍你走向成名、获利和享乐的路上去。

——莎士比亚

◆既然习惯是人生的主宰，人们就应当发奋求得好的习惯。习惯如果是在幼年就起始的，那就是最完美的习惯，这是必需的，这个咱们叫作教育。教育其实是一种从早年就起始的习惯。

◆起先是咱们造成习惯，之后是习惯造成咱们。

——王尔德

◆孩子成功教育从好习惯培养开始。

——巴金

美好人生从微笑开始

人生，心态好，一切安好。人，原本没有什么差别。人与人做事情之所以效果迥异，说白了就是一个“心性”。

苏轼——唐宋八大家之一，大家非常熟悉。人们惊叹于他诗词歌赋的成就，更佩服他能在坎坷曲折人生之路成就自己。苏轼一生经历了三次重大政治打击，先贬黄州，再贬惠州，卒贬儋州。一生颠沛流离，命运多舛。他的足迹到过今天的山东、河南、安徽、江苏、湖北、浙江、广东、海南等地。在地图上，有人曾经把他被贬之地以及所到过的地方标注出来，发现他几乎走遍了大半个中国。

他一再被贬谪，甚至下狱，被贬的路途上，他痛失自己的幼子。然而，豁达的苏轼无论在什么样的逆境下，都不悲声叹气、怨天尤人。无论处在何时何地，他总是保持浓郁的生活情趣，登山览胜，临渊赋诗，总是努力寻找人生的快乐，寻找人生的休闲感，而这种寻找反过来又提升了他诗词文章乃至做人的境界，很多流芳百世的诗词都是他在逆境中创作出来的。

被贬黄州（今湖北黄冈）做一小官，因俸禄低少不足以养家，不得不在其居住的城东开垦坡地以补生计，并得一别号“东坡居士”，写出了流传后世的名篇《赤壁赋》《后赤壁赋》和《念奴娇·赤壁怀古》；他曾到杭州任职，率众疏浚西湖，开除葑田，恢复旧观，并在湖水最深处建立三塔（今三潭印月）作为标志。他把挖出的淤泥集中起来，筑成一条纵贯西湖的长堤，堤有六桥相接，以便行人，后人名之曰“苏公堤”，简称“苏堤”，后来成为著名的西湖十景之一“苏堤春晓”。以后多次回京、外调、被贬，所到之处，苏轼皆是很快适应当地的生活，像建杭州的苏堤一样，苏轼后来又在颍州（今安徽阜阳）、惠州（今广东惠阳）也建了“苏堤”；在他六十二岁的时候，苏轼又被放逐海南的儋州，当时的海南可是蛮荒之地，他把这里当成他的“第二故乡”，“我本儋耳人，寄生西蜀州”。他在这里办学堂，介学风，以致许多人不远千里，追至儋州，跟随苏轼。在宋代100多年里，海南从没有人进士及第。但苏轼北归不久，这里的姜唐佐就举乡贡。为此苏轼题诗：沧海何曾断地脉，白袍端合破天荒。人们一直把苏轼看作是儋州文化的开拓者、播种人，对他怀有深深的崇敬。在儋州流传至今的东坡村、东坡井、东坡田、东坡路、东坡桥、东坡帽等，表达了人们的缅怀之情，连语言都有一种“东坡话”。还有我们所熟知的“东坡肉”，也是苏轼最早在徐州创制，在黄州进一步提高，在杭州时闻名全国。我们可以看出苏轼无论身处何种境地，都能平和乐观，并有了“日啖荔枝三百颗，不辞常作岭南人”的快意吟唱，并不因一时的失意而失去人生的乐趣。

心态好，你会成为命运的骑手。“要么你去驾驭生命，要么是生命驾驭你，你的心态决定了谁是坐骑，谁是骑师”。

【故事】

春秋战国时代，一位父亲和他的儿子出征打仗。后来父亲做了将军，儿子还只是一名小卒。又一阵号角吹响，战鼓雷鸣了，父亲庄严地托起一个箭囊，其中插着一支箭。父亲郑重地对儿子说：“这是家传宝箭，佩戴身边，力量无穷，但千万不可抽出来。”那是一个极其精美的箭囊，用厚牛皮打制，镶着幽幽泛光的铜边儿。再看露出的箭尾，一眼便能认定它是用上等的孔雀羽毛制作的。儿子喜上眉梢地推想箭杆、箭头的模样，耳旁仿佛嗖嗖的箭声掠过，敌方的主帅应声折马而毙。果然，佩戴宝箭的儿子英勇非凡，所向披靡。当鸣金收兵的号角吹响时，儿子再也按捺不住得胜的豪气，完全背弃了父亲的叮嘱，强烈的欲望驱赶着他呼的一声就拔出箭，试图看个究竟。骤然间他惊呆了。一支断箭，箭囊里装着一支折断的箭。

“我一直带着支断箭打仗呢？”儿子吓出了一身冷汗，意志仿佛顷刻间成为失去支柱的房子轰然坍塌了。

结果不言自明，儿子惨死于乱军之中。

没有改变不了的命运，只是你的选择是否指引你到达彼岸。心态决定了生活的方向。

【故事】

一位心理学家想知道人的心态对行为到底会产生什么样的影响，于是他做了一个实验。首先，他让十个人穿过一间黑暗的房子，在他的引导下，这十个人皆成功地穿了过去。然后，心理学家打开房内的一盏灯。在昏暗的灯光下，这些人看清了房子内的一切，都惊出一身冷汗。这间房子的地面是一个大水池，水池里有十几条大鳄鱼，水池上方搭着一座窄窄的小木桥，刚才，他们就是从这座小木桥上走过去的。心理学家问：“现在，你们当中还有谁愿意再次穿过这间房子呢？”没有人回答。过了很久，有3个胆大的人站了出来。

其中一个小心翼翼地走了过去，速度比第一次慢了许多；另一个颤颤巍巍地踏上小木桥，走到一半时，竟只能趴在小桥上爬了过去；第三个刚走几步就一下子趴下了，再也不敢向前移动半步。心理学家又打开房内的另外9盏灯，灯光把房里照得如同白昼。这时，人们看见小木桥下方装有一张安全网，只由于网线颜色极浅，他们刚才根本没有看见。

“现在，谁愿意通过这座小木桥呢？”心理学家问道。这次又有5个人站了出来。“你们为什么不愿意呢？”心理学家问剩下的两个人。“这张安全网牢固吗？”两个人异口同声地反问。

很多时候，成功就像通过这座小木桥那样，失败恐怕不是力量薄弱、智力低下，而是周围环境的威慑——面对险境，很多人早就失去了平静的心态，慌了手脚，乱了方寸。

同样的起点，不一样的终点，这就是积极心态的力量。想法决定活法！心态决定命运！狄更斯说：一个健全的心态比一百种智慧更有力量。人与人最大的不同，其实不在于聪慧愚笨、富贵贫贱，而在于心态的不同。你有什么样的心态，就会成为什么样的人。想要走好这一生，首先要有一个好心态。

【故事】

一个老太太，生了两个女儿，大女儿嫁给了卖雨伞的，二女儿嫁给了卖草帽的。

一到晴天，老太太就唉声叹气，说：“这么大的太阳，雨伞不好卖，大女儿的日子肯定不好过了。”

一到雨天，她又想起了二女儿：“这么大的雨，我二女儿的草帽咋卖得出去噢。”

所以，无论晴天还是阴天，老太太总是一脸愁云。

后来，有一个智者听了老太太的担忧，劝慰道：“老人家，你应该高兴才是。你想，雨天你家大女儿的伞就好卖了，晴天你家二女儿的草帽生意就好得很。”

老太太一想，是啊，从此再也不伤心了。

很多时候，我们遇事总是这样，喜欢钻牛角尖，把自己绕到死胡同里。但其实换种心境，一切问题都能迎刃而解。你不能改变天气，但你可以左右自己的心情；你不可以控制环境，但你可以调整自己的心态；你不能延长生命的长度，但你可以扩展它的宽度。

心态的“态”字，拆解开来，就是心大一点。凡事看开了，目光所及之处，也必是满目欣然。

人生起落是常事，生活的好坏应接不暇。在遭遇委屈或不幸时，绝望和颓废于事无补，不如微微一笑，和生活握手言和。

【故事】

有一个人只有三根头发。一天，他到一家非常有名的发型设计店准备做个造型。店员：“请问你要设计什么样的发型呢？”顾客：“嗯……我没什么意见，你拿主意好了。”店员：“那我帮你编辫子。”在编辫子的过程中不小心掉了一根头发。店员：“先生，先生，有一根头发掉了，怎么办呢？”顾客：“哦，不要紧，那你帮我梳个中分的发型好了。”在梳头发的过程中，又掉了一根头发。店员：“先生，先生，又掉了一根头发。”顾客：“那算了，我披头散发地回去好了。”

在乐观人的眼中，无论发生什么事，后果都可以接受，并且因为接受而坦然。

正如罗曼·罗兰所说：世界上只有一种真正的英雄主义，就是认清了生活的真相后还依然热爱它。相信自己，一定能把一地鸡毛处理得当，一定能望见雨后的那道彩虹光。每个人都有疲惫的时候，你要学会哄自己开心。

开心过好每一天，多取悦自己，才能收获命运的更多馈赠。

想要幸福更长久，就要学会宽慰自己，多些退让。让，不是一种屈服，而是一种大度；让，可能一时委屈，却能减少冲突。会让，你才是赢家，让了，你才是智者。

面对最亲的人，多些体谅。花时间争论谁对谁错，并没有太大的意义。想和最爱的人走到最后，就要在争吵时懂得适度退让，在得到爱情过后，依旧好好珍惜，好好感恩。

俗话说，退一步海阔天空，让三分心平气和。大家都互相谦让一下，事情就好办了。再说，遇到事情要多动动脑筋，想出解决的办法，千万不要由着自己的性子来，那样不但伤害了朋友感情，还会酿出不必要的悲剧。俗话说：

君子让小人，让的是礼；好人让坏人，让的是品；男人让女人，让的是情；女人让男人，让的是爱。

笑着低下头的，都是真正的聪明人。让一让，让你的生活减少不必要的烦恼，让你的人生多一份看得见的美好。

若用平和的心态，看凡间一切，简单明了。若用复杂的心态，看万丈红尘，则为世相所迷。

正所谓：物随心转，境由心造，烦恼皆由心生。人生的痛苦，源于跟自己过不去。心是收藏快乐的，别把你的心困于计较中，最后都盛了痛；别总执迷于困境，挤走原本属于你的快乐。

【故事】

一天，草莓小姐们正在吹泡泡，“咕噜咕噜”，一个个五彩的泡泡在阳光的照耀下，美丽极了！草莓小姐们欢乐的笑声响彻天空。杏子先生走上前去，问：“快乐是什么？”

草莓姐姐笑着说：“快乐就像吹起的泡泡，在阳光下快乐地飞翔。”杏子先生摇了摇头：“这算什么快乐？太简单了。”

草莓妹妹笑着说：“快乐就是这么简单的。”

杏子先生又去书店转了转，无花果女士捧着书本，微微笑着。

杏子先生问：“快乐是什么？”无花果女士放下书本，说：“快乐就是读喜欢的文字。”杏子先生撇了撇嘴：“太简单了吧，一点也不深刻。”

无花果女士笑了笑说：“快乐就是这么简单的！”

杏子先生苦恼极了：“不对，他们的回答不对。”

杏子先生茶不思、饭不想，一个月后，瘦了整整一圈。他决定放下这个问题，出门旅行。

他看到了蓝色的大海，觉得愉快极了，他张开双臂，迎着微微的海风，大声喊：“哇，真快乐啊！”

他这才知道，快乐原来就是这么简单。

你的心态就是你心情的向导。人生长河中，掌握不了自己的遭遇，却可以选择自己的航向；载不动别人，却可以豁达自己。

学会平静地接受现实，学会对自己说声顺其自然，学会坦然地面对厄运，学会积极地看待人生。记住没有过不去的事情，只有过不去的心情，心若晴朗，人生便没有雨天。

愿你时刻保持好心情，做一个幸福的人，读书、跑步、努力工作、关心身体，成为最好的自己。

想一想：你是如何看待心态对生活的影响的？

附

关于心态的名言警句

◆自信人生二百年，会当击水三千里。

——毛泽东

◆人生应该如蜡烛一样，从顶燃到底，一直都是光。

——萧楚女

◆世界如一面镜子：皱眉视之，它也皱眉看你；笑着对它，它也笑着看你。

——塞缪尔

◆默认自己无能，无疑是给失败制造机会。

——拿破仑

◆最惨的破产就是丧失自己的热情。

——阿诺德

◆态度决定成败，无论情况好坏，都要抱着积极的态度，莫让沮丧取代热心。

——吉格斯

◆乐人之乐，人亦乐其乐；忧人之忧，人亦忧其忧。

——白居易

◆用不存在偏见的心情和人交往，才可以交到朋友。

——罗曼·罗兰

◆心情愉快是身体和精神的最好卫生法。

——乔治·桑

◆什么是失败？无非是迈向更好境界的第一步。

——温迪尔·费利普斯

◆永远以积极乐观的心态去拓展自己和身外的世界。

——曾宪梓

◆笑，就是阳光，它能消除人们脸上的冬色。

——雨果

◆只有把抱怨环境的心情，化为上进的气力，才是成功的保证。

——罗曼·罗兰

◆我们醒来的每一天都是一个新的开始，又一个机遇。为什么要把时间浪费在自怜、懒散、自私上呢？

——卡西·拜特

◆乐观主义者总是想象自己实现了目标的情景。

——西尼加

（魏素琳　冯慧娟）

传统文化篇

弘扬传统文化，成就美好人生

中华传统文化是中华民族所特有的、在五千年历史发展进程中绵延流传下来的道德规范、思想观念、价值取向、心理特性、审美情趣、风俗习惯等的集中体现，如同中华民族的精神命脉，是中华民族生生不息、薪火永续的精神源泉。中华传统文化以儒家价值体系为核心，融合了道家和佛家文化的部分价值观念，创造了规范深刻的道德伦理、天人合一的智慧哲学、浩如烟海的文化典籍、独具特色的语言文字、璀璨夺目的文学成就、举世闻名的工艺科技，等等，博大而精深，渊远而流长。

当今时代是中华民族走向复兴的伟大时代，中华民族更加需要中华优秀传统文化提供坚如磐石的理想信念及空前的凝聚力。党的十九大以来，以习近平同志为核心的党中央高度重视中华优秀传统文化的传承与发展。通过学习中华优秀传统文化，我们青年学生可以更加深入地了解中华民族的悠久历史和民族精神，感悟文化背后所蕴含的深厚含义，体味中华优秀传统文化所具有的独一无二的价值，继而传承和弘扬中华传统美德与中华人文精神。

谁言寸草心，报得三春晖

在中国传统文化中，孝作为最基本、最重要的伦理观念，影响深远。孝亲就是子女对父母及长辈的尊敬、顺从、赡养及照顾，是家庭中晚辈在处理与长辈的关系时应该具有的道德品质和必须遵守的行为规范。

什么是孝？简单地说，是指孝敬父母。从字形上看，“孝”是小子搀扶着长着长胡须的老人。东汉学者许慎在《说文解字》一书中对“孝”字解释为：善事父母者，从老省、从子，子承老也。“善事父母者”是说儿女好好侍奉父母就是孝，“子承老也”是说子女承接老人的血缘。据许慎解释，承者，奉也，受也。这是说所有人的生命都来自父母，养育来自父母，长大成人后自然应该报答父母生养的恩情。

孝是做人最基本的良知和道义。孝亲是子女的本分，是子女对父母应尽的最基本义务，是基于人的报恩观念而产生的，这应该是一份深入骨髓、融入血脉的亲情和关爱。“不当家不知柴米贵，不养儿不知父母恩”，其实，很多人都是自己为人父母时，才能真正感受到父母对儿女的付出可谓恩重如山。“慈母手中线，游子身上衣”“临行密密缝，意恐迟迟归”“不为己身苦，常怀儿女忧”，儿女的点滴成长，无不浸透着父母付出的心血、汗水，包含着父母的百般呵护、千声叮咛、万种眷顾。就算我们付出全部去孝顺父母，也难以回报父母生儿育女经历中的含辛茹苦。明代的《增广贤文》里说“鸦有反哺之义，羊有跪乳之恩”，就是说小乌鸦能反过来喂养老乌鸦，小羊吃奶时知道跪着。小动物尚且有这般报恩的行动，更何况万物之灵长的人类？因此，饮水必要思源，知恩定当图报。父母是生命的起源，父母的恩情比山高，比海深，也是我们在社会中最密切、最突出的人际关系。一个人如果连给予自己生命的父母都做不到爱之敬之，自然也不会有健全的人格，对他人、社会乃至国家也不可能有深切的情感。试想，一个对父母的养育恩情都做不到尊敬、孝敬的人，谈何能跟他人建立诚信关系，谈何能遵守社会道德规范，谈何能去效忠祖国母亲，谈何成为国之栋梁、挑起民族的重担。

孝亲是维系家庭、社会和谐稳定的纽带。俗话说“百善孝为先”，在封建社会中，儒家一向把“孝”视为德之根本，把“孝”视为最高美德。儒家经典《孝经》指出，夫孝，始于事亲，中于事君，终于立身。意思是说，孝从侍奉父母开始，然后效力于君王国家，最终建功立业、成就自身，这才是孝的整个过程及结果。

比如说远古时代的舜帝，堪称中华孝道最早的杰出代表。舜本是普通平民，母亲去世，父亲再娶，后母刁蛮，因偏爱自己生的儿子把舜视作眼中钉，常劝说舜父杀舜。弟弟受宠生骄，也敌视舜。面对父母不疼惜、兄弟不友爱的复杂家庭关系，舜毫无怨言，一方面承担了全部劳动，另一方面孝顺父母、善待弟弟，即使后母及弟弟多次加害他，他只是设法避开，但丝毫不记恨。正是舜极尽了孝道，家庭最终和睦，事业由此兴旺，尧帝正是发现舜的品德无人能及，因此把帝位传给了舜。在他的影响推动下，全天下的老人都得到儿女的奉养，舜就由小孝跨越到大孝，由身边的近孝推及疆土内的远孝，呈现出不独亲其亲的和乐景象，国家由此安定。

可见，古人已经充分认识到只要牢牢抓住孝道这个根本，家庭关系的和睦团结、个人功业的奋斗拼搏、社会秩序的和谐良好，就能得到维持保障。因此，为提振社会风气，自西汉起，我国历代大多奉行“以孝治天下”的国家治理方针。

孝亲是中华民族的传统美德。在中华上下五千年的历史长河中，先辈们流传下来的孝亲故事代代相传、不绝于耳。比如王祥卧冰求鲤、孝女曹娥投江寻父及花木兰代父从军等都是人们非常熟悉的典型事例。

比如湖北省孝感市是我国唯一一个以孝命名的城市，原因就是在封建社会最著名的二十四孝故事中，孝感就出了三大孝子，包括扇枕温衾的黄香、哭竹生笋的孟宗及卖身葬父的董永。在我国，董永与七仙女的故事家喻户晓，被称作中国古代第五大爱情传奇、第五大民间传说，当然，七仙女这一形象是虚构出来的，但是东汉孝感孝子董永卖身葬父确是事实。

再比如，很多人都知道义乌是我国著名的小商品集散中心，但是恐怕不知道“义乌”这个地名源自古代一个孝亲的故事吧？据说古代有一对姓颜的父子乞丐，父亲颜凤已经年老体衰，儿子颜乌非常懂事，因为他们住在山洞里，夏天蚊子多，为了不让蚊子吸父亲的血，每晚颜乌都先进洞任蚊子叮咬，用自己的血把蚊子喂饱后，再背父亲进去休息，久而久之，周围的乌鸦都为他的孝顺而感动，乌鸦就帮忙吃光了附近所有的蚊子。感恩不尽的颜乌也想办法回报乌鸦，每次要饭都省点东西给乌鸦吃，一来二往双方就成了好朋友。后来颜父病逝，颜乌掩埋父亲的时候，周围的乌鸦都来帮助衔土，衔得嘴破血流也不休息。最后颜乌也死了，乌鸦依然重情重意，集体赶来衔土安葬他。老百姓感念乌鸦为安葬孝子嘴巴衔土而受伤，从此把此地叫作乌伤，秦始皇统一全国以后在此设置乌伤县，公元624年乌伤县改名为义乌，其意还是纪念乌鸦的义气，一直沿用到现在。这就是义乌这座城市名称的由来。

由此可见，孝亲一直是我国自古以来的优良传统，历朝历代都常兴孝亲之风、常显孝亲之举，我们的先人们都常怀孝亲之心、常做孝亲之事，上演过一幕幕质朴生动、感人至深的孝亲故事。

新时代我们如何尽孝？当今时代，尽管几千年来社会变革日新月异，传统的“愚孝”“不孝有三，无后为大”等旧观念也早已过时，但以孝为核心的最基本的道德观念依旧深入人心。作为年轻一代，我们理应要继承孝亲这一美德，学会感恩，人人争做新时代孝亲敬老正能量的传递者。我们一方面要把父母装在心里，不让父母牵挂，让父母放心。在家时可以为年迈的爷爷按按肩，为体弱的奶奶梳梳头，为辛劳的父亲捶捶背，为疲惫的母亲捏捏脚，捧上一杯热茶，送上一声问候，用自己的爱心和能力去关爱理解父母，精神上时常慰藉，物质上大力支持，尽力为他们排忧解难。另一方面，我们要力争做到品德高尚、努力上进、学业有成，让父母想到我们就感到高兴、自豪，这才是对父母养育的最好报答。

【故事】

二十四孝故事之一百里负米

周代的仲由，字子路，他是生活在春秋时期的鲁国人，是孔子最著名的弟子之一，性格粗豪，有勇有谋。他早年家境贫寒，常采野菜充饥。可是他却十分孝顺，曾经多次从百里之外背米回家侍奉双亲。后来，父母死后，而他有了一定的职务，有一次奉命到楚国去，随从的车马有一百辆那么多，所带的粮食有万钟之多。当他坐在层层垒叠的精美锦褥上，吃着无比丰盛的筵席，想起早已经过世的双亲，非常伤感地说："即使我现在非常想吃野菜，为父母亲跑很远的地方去背米，可是人哪里能够再回到当年呢？"

作家毕淑敏说过，孝是稍纵即逝的眷恋，孝是无法重现的幸福，孝是一失足成千古恨的往事，孝是生命与生命交接处的链条，一旦断裂，永无连接。可见，儿女的尽孝一定要及时，应该在父母还健在的时候做到尽心尽力。所谓"树欲静而风不止，子欲养而亲不待"，不要光想着等到自己生活条件好了后，再去报答父母养育自己的恩情，有可能到那时父母早就已经离开人世了。这个时候再想尽孝，机会已经不可再得，必将成为一生的追悔。

【事例】

全国孝老爱亲道德模范曹于亚：献肾救父携父上学

全国孝老爱亲道德模范曹于亚，只是一个很普通的19岁的四川农村女孩，但她不怕风险，勇于割肾救父的事迹深深地感动了很多人。

2006年11月，曹于亚正读高三。突然听说父亲曹州德被确诊尿毒症，双肾已经衰竭。要想保住性命，必须尽快接受肾移植手术。在肾源稀少且价格极其昂贵的情况下，她说服父母及医生，将自己的一个肾移植给了父亲，从而挽救了父亲的生命。为此，她家卖掉了唯一的住房，才凑齐了20多万元的医疗费。

可是，父亲手术后仍然有每个月4000多元的持续医疗费，这仍然让曹家在经济上陷于困境。母亲只好带着弟弟妹妹南下打工。曹于亚毕竟就要高考了，在学校的大力支持下，曹于亚带着父亲回到了校园。学校减免了她的学杂费、住宿费，老师给她父亲腾出宿舍，学生们纷纷给她捐款。曹于亚一边在课余时间照顾父亲，一边坚持完成了高三一年繁重的学习任务。2007年曹于亚参加了正常高考，还获得了"思想品德突出加20分"的嘉奖，最终她被成都纺织高等专科学校录取，喜圆自己的大学梦。

曹于亚获奖时曾感言：父母为子女，天经地义；子女为父母，也是天经地义。我只是尽了一个女儿应尽的本分。

想一想：你认为，在日常生活中，我们应如何向全国孝老爱亲道德模范曹于亚学习？

愿得此身长报国，何须生入玉门关

民国学者蔡元培说过，爱国之心，实为一国之命脉。在中华民族的传统文化中，爱国主义思想作为民族凝聚力和向心力的巨大源泉，一直占有重要地位，渗透到国人社会生活的方方面面，成为直接影响国家和民族前途命运的重要因素。每当国家被内忧外患所困扰而陷于民族危亡的时候，国人都能从这一精神源泉中汲取巨大力量，同仇敌忾，共渡难关，再铸辉煌。

爱国是中华民族最重要的传统。儒家经典《论语》中曾记载“子张问政”之事，孔子有个弟子名叫子张，他曾经向孔子请教如何处理政事，孔子对此的回答是：居之无倦，行之以忠。这就是说，居官位不能倦怠，推行政令要态度忠诚。这其实就是主张士大夫必须要忠于国事，后来逐渐演变为儒家“忠君报国”的思想。《礼记》更是直接提出了“苟利国家，不求富贵”的观点。孟子等推崇的“正气”“节操”，强调为国献身、舍生取义。汉代儒家“大一统”的政治倾向，孕育了倡导统一，反对分裂的民族追求。在儒家爱国思想的助推下，中华民族深厚、强烈、持久的爱国主义情感逐渐形成，在中国历史上产生了深远而巨大的影响。无论是蔺相如的“先国家之急而后私仇也”，还是曹植的“捐躯赴国难，视死忽如归”，无论是李白的“国耻未雪，何由成名”，还是陆游的“位卑未敢忘忧国”等，都是爱国主义情感的升华。数千年来，在这种情怀的潜移默化下，无数英雄志士怀抱着报效祖国的一片丹心，赴汤蹈火，无所畏惧，一往无前。屈原、霍去病、辛弃疾、文天祥、戚继光、于谦等一批批中华儿女“苟利国家生死以，岂因祸福避趋之”，因其爱国表现，他们的美名在历史的星空中永放光彩。

爱国的三个层面。我们每一个人，都热爱自己的祖国，我们亲切地称呼她“祖国母亲”。但是究竟该如何去爱我们这位“祖国母亲”，却往往让人无所适从。我们要给心中的这份拳拳之情确定一个清晰的目标，那就是：

首先，维护祖国尊严——“明犯强汉者，虽远必诛”。有尊严地活着，这是我们生而为人的最基本要求。尊严对于个人尚且如此，更何况对于一个国家。一个没有尊严的国家，不可能获得他国人民的敬重。比如春秋末期，齐国的晏子奉命出使楚国。傲慢无理的楚国人想显示威风，知道晏子个头矮小，不怀好意地在城门旁边开了一个小门请晏子进去。善于辞令的晏子说：只有出使狗国的人，才从狗洞中进去。今天我出使的是楚国，应该不是从此门中入城吧。自作聪明的楚国人无言以对，只好请晏子从大门中进去，晏子凭借他的聪明才智赢得了自己和国家的尊严。

2017 年由吴京导演并主演的电影《战狼 2》一度火爆，其中有一句电影台词让无数中国人听了热血沸腾，那就是“犯我中华者，虽远必诛”。其实，这句话最初的原话是“明犯强汉者，虽远必诛”，出自西汉名将陈汤。西汉元帝时，匈奴分裂为南北两部。因为汉朝支持了呼韩邪单于，导致郅支单于怀恨在心，斩杀了汉派去的使者，甚至还拒绝把使者尸体归还汉。后来郅支单于实力不断壮大，威胁到西汉边疆的稳固。西汉名将陈汤调动屯兵及西域一些国家的军队共四万余人，只用了两天时间就大败郅支单于。战后，陈汤向汉元帝写了一份奏章，其中就有这句流传千古的名句：明犯强汉者，虽远必诛，意思是“敢于侵犯强大汉帝国的人，即使再远，我们也一定要杀掉他们”。随奏章一起送到京城的，还有郅支单于的首级。陈汤大快国人之心的这句话，喊出了中国不能任由周边国家侵犯的强大气魄，在两千年的历史长河中，始终振奋国人精神，这是我们民族的自信，更是国家振兴的基石。

在和平年代，所谓爱国，已经不同于在战争年代扛着枪去保护国土了。这个时代的爱国是从生活的点点滴滴出发维护国家的尊严，在国内工作、生活时，认真履行个人职责，为国家建设尽心尽力。若有机会到国外去，也应该以自己的一举一动让外国朋友感受到东方礼仪之邦的文明风范。在国家荣誉、形象受损时，更是要坚决维护国家尊严。2018 年 8 月 20 日亚运会赛场，我国游泳名将孙杨在男子 200 米自由泳比赛中获得金牌。在赛后颁奖仪式上，却发生了一幕小插曲。工作人员给孙杨颁过奖后，在升旗仪式中，由于工作人员失误，竟然使我国国旗在升起的过程中从升旗杆上掉了下来，而此时国歌已经正常奏放完毕。孙杨见此情景，立即上前交涉，要求重新升起我国国旗、再奏我国国歌，组委会后来同意重新举行了升旗仪式。孙杨坚决维护祖国尊严的这一举动，备受人们的称赞。可见，国家的尊严需要每一个中国人来维护，只有这样，祖国才能真正傲立于世界民族之林，每一个中国人才有永久的依靠。

其次，维护祖国领土——凡我国土，寸土必争。“国”的本义指疆域、地域，后来才泛指国家。“爱国”除要珍视我们的国家荣誉，还要有对国土的一腔热爱。我国是典型的农耕文明，中国人依靠土地而存活。以前很多商人赚了钱，多半要回家买田置地。许多游子到异国他乡常常带上家乡的一抔黄土，寄托思乡之情。可见，土地在人们心中的地位绝非他物可比。20 世纪 40 年代费孝通先生形象地将中国称为“乡土中国”，认为中国人“是黏着在土地上的”。所以，土地自古以来就是中国人的“命根”。纵观历史上的战争，也多半是为了争夺国土而战。如果国家土地沦丧、山河破碎，人民谈何安居乐业？所以，疆土安危历来是国之根本。历代统治者最重视，也往往最头疼的事情就是边防问题。当外敌入侵国土时，历朝历代的爱国志士们都能以国事为己任，前仆后继、舍己为国、御侮安邦。传世的绝大多数爱国主义诗篇的主题都是表达为国而战的无比决心。比如清代诗人黄遵宪有一首写给梁启超的小诗《赠梁任父同年》，诗里说：

寸寸山河寸寸金，侉离分裂力谁任。
杜鹃再拜忧天泪，精卫无穷填海心。

诗人先无比自豪地赞美祖国的大好河山，面对当时中国被列强瓜分的社会现实，坚定地表达要力挽狂澜，待从头收拾破碎河山的强烈心愿，诗结尾豪迈地表示，为挽救国家民族的危亡而甘愿鞠躬尽瘁，死而后已。爱我中国，就要从热爱祖国的每一寸国土开始，守好我们脚下的这片“土”、尽好每一个中国人的这份“责”。

最后，坚守民族文化——自信人生二百年，会当水击三千里。

我国古代，由于北方游牧民族经常入侵，中原王朝因此在边境线上利用地形修建了防御的重要军事工程——长城。这座由一块块青砖砌成的万里长城，一直默默无闻地守护着我国疆土的完整。

长城也曾经是良将的代名词，我国历史上有一个成语叫“自毁长城”，讲的是东晋末年南朝宋国大将檀道济战功卓著，即所谓功高震主，皇帝对他心有猜忌，在奸臣的挑拨下，把檀道济关进大牢准备杀害，檀道济气得大吼一声：你们这样做是自毁你们的万里长城啊！

在国歌《义勇军进行曲》中，提到“用我们的血肉筑成我们新的长城”，这其实就是说，国家每次到了危难时刻，无数爱国志士同仇敌忾的血肉之躯便会众志成城，团结一致，共闯难关。可见，中华民族历史上有着多重意义上的长城，共同护卫着我们国家的金瓯永固。

其实，我们还有一道万里长城，那就是我们不朽的文化长城。五千年来，它虽无形却遍布九州，虽悠久却老而弥坚，守护着中华文明绵延不绝。古人爱国，不仅包含对有形疆土的重视，同样包含着对国家民族文化的爱护。比如《孝经·开宗明义章》明确提出“身体发肤，受之父母，不敢毁伤，孝之始也”的观念，因此削发演变成对犯了不可饶恕的错误的人的一种严厉处罚。就像三国时的曹操，有次行军途中刚刚颁布了践踏麦田当斩的军纪，但是他的马受惊冲入麦田毁坏了麦苗，不得已以剑削发谢罪。桑田沧海，世事多变，朝代会更迭、社会会发展、历史会前进、时代会变迁，但任潮起潮落，繁荣昌盛的文化才是一个民族赖以生存的精神家园，生生不已、壮大发展的根本关键，也是一个国家别具一格、傲然屹立的力量源泉。假如盲目媚外，弃民族自身文化而不顾，这才是最为可悲的无家可归。

在中西长期的文化交往中，我国的国家形象一向被西方媒体所误读、丑化与矮化，西方影视文化产品输入多，我国自身文化传统也逐渐淡化。当下，我们应该养成文化自觉、文化自信，了解、欣赏、坚守自己的民族文化，介绍、传播、推广我们的民族文化，让更多的人知晓它的价值。同时，还应兼容并蓄，不盲目排外，合理融入时代元素，既能包容舶来品又不失自我个性，不割裂传统与现代的精神纽带，让传统文化焕发现代光芒，以文化品质赢得世人青睐。

新时代如何爱国？新的时代，为实现祖国的大团结、大统一、大振兴，我们必须大力弘扬爱国主义传统，才能汇集巨大精神力量去实现民族复兴的中国梦。新时代昭示新未来，新时代的青年既要博学古今，又要心怀天下。饮水必要思源，每一个炎黄子孙都不能忘本、忘祖，我们每个人都与我们整个中华民族血脉相连，我们每个人的前途命运都与国家、民族的前途命运紧密相连，所谓“国强则民强，国富则民富，国家昌盛则民族昌盛”，这是每个中国人都应该牢记于心的信念坚守。

多多了解祖国。如果对祖国缺乏深切了解，绝不会对祖国产生强烈的归属感及深厚的爱国情感。不走遍中国的名川大山，如何知道祖国的壮丽河山、风景无边；不走进中国的历史画卷，如何知道祖国的光辉岁月、沧桑巨变；不了解旧日百姓的命运悲惨、心酸苦难，如何珍惜今天生活的来之不易、富足平安。这些积淀，既是我们更加热爱祖国的情感基础，也可避免出现一些妄自菲薄、数典忘祖的不良表现。

用行动来诠释爱国。做过毛泽东老师的徐特立说过，人民不仅有权爱国，而且爱国是个义务，是一种光荣。爱国是我们的权利，也是义务；是责任，更是荣誉。战乱年代无数先辈“金瓯已缺总须补，为国牺牲敢惜身”，生逢盛世，我们不需要再像他们那样为了祖国去牺牲自己了，但仍然要有“以天下为己任”的意识，从身边的小事做起，从自我做起，从今日做起，做好自己的本职工作，过马路遵守交通规则，坐公交地铁为老人让座，等等，这些看似普通的行为，其实同样也是爱国，总之，我们就是要把爱国情感、报国之志融入日常的工作学习、行为举止之中，以实际行动争当新时代的爱国青年。

理智看待祖国不足。尽管我国近些年国民经济持续高速发展，人民生活水平日益提高，但我们毕竟与西方发达国家存在一定的差距。因此，总有人崇洋媚外，认为“外国的月亮比中国圆”，也有人对国家目前存在的腐败、贫富分化等问题，抱怨“但得官清吏不横，即是村中歌舞时”，也有人对一些见死不救、见利忘义、见危不扶等现实情况感慨世道险恶、人心不古。但我们无须讳忌就医，这恰恰说明了我们当前更需一同携手，不断努力改变落后、改进不足。

理性表达爱国情感。一说起爱国，年轻人最容易热血沸腾、激情飞扬。比如中日关系因钓鱼岛问题导致摩擦、形势紧张时，一些青年人纷纷走上街头，举行抗日游行活动，激情澎湃时，就把理性抛到脑后了。比如有的人看到街头有国人开着日系车就怒从心头起，不管三七二十一，甚至从过激过火的一些行动演变成了“打、砸、抢”行为，出发点本是爱国行动，最终成了非法损害同胞利益的恶劣行径，也有损国体。

【故事】

苏武留胡节不辱

在西汉年间，汉朝和匈奴之间摩擦、战争不断。有一年，汉武帝派苏武出使匈奴，走时还亲自把代表国家的一支旌节赐给苏武。

苏武带队来到匈奴，完成自己的外交任务后就准备回国。可是突遇匈奴发生内乱，匈奴王认为苏武也参与谋划此事。苏武手握旌节说：“我此次前来，代表大汉，我宁死也不能在此受辱！”说完他就拔出腰刀自尽，幸亏被人及时救下，只受了一点轻伤。

匈奴王非常欣赏苏武的英雄气概，很想收服他，就派之前已经投降匈奴的前汉使卫律过来劝降。苏武丝毫不给卫律情面，骂道：卫律！你也是汉人，也是汉朝的臣下，现在你却忘恩负义，背叛了父母、朝廷，你还有什么脸面开口和我说话？！一番话骂得卫律无言以对，只好一脸羞愧地离去。

匈奴王见苏武不肯屈服，又想出一个鬼主意。他告诉苏武说：“给你一群羊，你去北海边放牧。只要你的羊群生出小羊羔，就放你回大汉。”苏武被押到千里之外的北海边后，当他查看羊群，才发现匈奴王给的羊居然全是公羊。

但苏武丝毫不以为然，他早就把生死置之度外，心如磐石，随遇而安。北海边冰天雪地，一片荒凉，条件恶劣。苏武吃不饱，穿不暖，只能以野菜充饥，渴了捧一把雪，冷了和羊群挤在一起取暖。他唯一在意的就是那支象征国家的旌节，早晚他都拿在手中，从未放下一刻。

这样的日子整整过了 19 年，后经汉朝多次交涉，匈奴王终于同意放苏武回国。苏武最初出使的时候，还是年富力强的中年人，这时却已是白发苍苍。当他回到京城时，无数听闻他事迹的人赶来迎接。苏武含泪坐在车上，手里依旧紧紧地握着那支早已脱光了毛的旌节。此情此景，人人敬仰，众口称赞他是个有气节的大丈夫。

首获科学类诺贝尔奖的中国人——“青蒿素之母”屠呦呦

屠呦呦，女，浙江宁波人，出生于1930年，我国著名药学家。1951年就读于北京大学医学院药学系生药专业。毕业后多年从事中药和中西药结合研究，突出贡献是研发新型抗疟药——青蒿素和双氢青蒿素。曾任中国中医研究院终身研究员兼首席研究员、青蒿素研究开发中心主任、博士生导师。

屠呦呦职业生涯中最杰出的医学科研成就是开创性地从中草药中分离出了青蒿素，这种由她分离出的药物被用来治疗疟疾这种疾病，挽救了全球数百万人的生命。2011年9月，屠呦呦因此荣获了拉斯克临床医学奖。2015年10月又荣获了诺贝尔医学奖。屠呦呦也因此被人亲切地称作“青蒿素之母”。

从科技史上来讲，一名科学家如果没有对国家、民族、人民，以及对人类的文明进步舍我其谁的情怀，没有对国家和人民的热爱，就没有科学创新的动力。屠呦呦说过一句话：国家需要我做什么，我就应该努力去做好。20世纪80年代她曾在全国综合性学术期刊《中西医结合杂志》上发表《继承发扬祖国医药学，为国争光》一文，当时的她就立志在未来的本职工作中心怀祖国，默默耕耘，披荆斩棘，勇攀高峰。在她荣获诺贝尔奖的演讲中几乎没有提及自己如何，她一再强调自己代表中国，要为国争光，一再强调获奖是科研团队共同的荣誉，一再强调中国中医药的博大精深，热情洋溢地表达了自己的爱国之情，这样的科学家是我们学习的楷模。

想一想：你认为，在日常生活中，我们应如何爱国？

君子修道立德，不为窘困而改节

立德，是指树立德业，也就是说，培养崇高的思想品德，使自己的心灵得到净化、纯洁。古代儒家的道德体系划分相当完备细致，对个人，要求做到“仁、义、礼、智、信”；对家庭要求做到“孝、悌、和、勤、俭”；对社会，则要求做到“忠、恕、恭、惠、耻”。而我们当代所说的“德”，主要是指思想品德及文明礼貌。

万事德为本。我国素来有“百行以德为首，做人以德为本”的说法，《尚书》中强调过“皇天无亲，惟德是辅”。《易经》里提出了：天行健，君子以自强不息；地势坤，君子以厚德载物。即使是道家的《庄子》也说过“以天为宗，以德为本”，而《左传·襄公二十四年》指出：大上有立德，其次有立功，其次有立言，虽久不废，此之谓不朽。更是把立德放在首位。文明社会对人才的要求是德才兼备，但如果拿“德”与“才”相比较的话，国人往往把品德看得比成才更为重要。就像三国时诸葛亮一心为国效力，鞠躬尽瘁，死而后已，因为没有过多的时间教育自己的儿子诸葛瞻，于是他写下《诫子书》给八岁的儿子，教育他要正直做人，今后要为国效力，做一个有用的人：夫君子之行，静以修身，俭以养德，非淡泊无以明志，非宁静无以致远。其中的“静以修身，俭以养德”就是指恬静以修善自身，俭朴以淳养品德。诸葛亮的这些名言流传至今，对后世影响很大。

高尚的品德人人推崇。一个人如果处处能做到以德为先，就会受到人们的无比敬佩。比如被后人尊称为“药王”的唐代医药学家孙思邈，少年时天赋极高，自幼勤奋好学，7岁就能“日诵千言”，20岁就通晓了诸子百家的著作学说。他虽学识渊博，却对仕途毫无兴趣。主要是因为他幼时体弱多病，家人为他治病几乎耗尽家产，尤其是他目睹无数穷苦百姓得病后变得穷困潦倒，甚至有些人得不到治疗最终凄惨死去的社会现象，因此他无心仕途，一心学习医术为百姓解除病痛之苦，无论朝廷怎样征召他出来做官，他都坚辞不受。孙思邈最看重医德，他在《大医精诚》一文中，专门指出德是为医之根本：凡大医治病，必当安神定志，无欲无求，先发大慈恻隐之心，誓愿普救含灵之苦。孙思邈是这样说的，也是这样做的，他行医一生，对所有的病人从来都是一视同仁，如待家人一样亲切，从不管对方身份贵贱贫富，他高尚的医德流芳千古，令人敬仰。

卑劣的灵魂人人唾弃。品德卑劣的人即使权势熏天、盛极一时，最终总要被钉到历史的耻辱柱上。比如说北宋时代曾多次担任宰相的蔡京素有才子之称，尤其书法造诣“冠绝一时”“无人出其右者”，本来他和苏轼、黄庭坚、米芾共同名列北宋四大书法家，但因蔡京作恶多端，被世人视之为国贼、奸臣，后人因此把他从北宋四大书法家中撤掉，换成了另一位北宋著名书法家蔡襄，其实蔡襄的书法与蔡京相比略微逊色，但他做官却是品德高尚、深得民心。声名狼藉的奸臣蔡京最终的下场非常凄惨，他被逐出京城，发配他乡。虽然临走时带了不少金银珠宝，但老百姓都恨他入骨，他就像过街老鼠，每到一个地方，甚至有钱也买不到食物，因为老百姓人人唾弃他，没人愿意卖给他食物，最后活活饿死。据说蔡京死前几个月曾留下《西江月》词一首：八十衰年初榭，三千里外无家，孤行骨肉各天涯，遥望神京泣下，金殿五曾拜相，玉堂十度宣麻，追思往日漫繁华，至此翻成旧话。儿子们死的死，抓的抓，逃的逃，真是国破家亡。对比他当年的把握朝政、呼风唤雨、贪赃枉法、为所欲为，蔡京肯定想不到自己最终会有如此境遇，可惜悔之晚矣。

如何才能“立好德”？立人先立德，树人先树品。

首先，要有坚定的理想信念、正确的价值观。人生观是青年学子成长成才的基本支柱和精神底色。青年学生应当是有朝气、最富有梦想的群体。2014年5月4日，习近平总书记在北京大学师生座谈会上指出，人生的扣子从一开始就要扣好。“凿井者，起于三寸之坎，以就万仞之深。”要树立远大的理想，敢于有梦、勇于追梦、勤于圆梦，以中国梦激励青春梦，勇敢地肩负起时代赋予的光荣使命。

其次，要保持高尚的道德情操。有道德的人，即使在众人看不见的地方，也会严于律己。有些人总是在别人面前，就像一个绅士一样。但在没有人的时候却完全成了个痞子。同学们，当老师不在时，你能否像老师在场一样严格要求自己？在没有人看见时，是否也能自觉遵守校纪校规？我们要成为道德高尚和思想品质优秀的人，就要把高尚品德当成一种习惯，不断地提升道德修养。

其次，要知行合一，注意行动。也就是说，在实践中立德。知行合一，讲究的是踏踏实实、不虚夸，敢说敢为，始终如一，有志气，有抱负，不怕困难，敢于付出。“道不可坐论，德不能空谈”，要“笃行之”。品德不可能在封闭的环境中形成和发展，需要广泛地参与社会实践。积极、健康的实践与交往活动有利于青年形成客观的自我意识，优化个性品质。所以，我们应该多与他人友好交往，在实践中更好地认识自己。

最后，要增强担当意识。今天的中国正处于爬坡过坎、转型发展的关键战略机遇期，高度的责任感、强烈的使命感和勇于负责、敢于担当、善于开拓的品格是新时期对优秀人才的基本素质要求。优秀的青年要自觉地把个人的理想追求融入实现中华民族伟大复兴的中国梦中，成为对国家、对社会、对人民有用的人才。

【故事】

六尺巷的佳话

清代康熙年间，有一位大学士名叫张英，他是安徽桐城人。他桐城老家的府第有一年扩建房子，因和一个邻居隔墙而居，两家地界相挨，对方要求张家腾出一点空地做出入的道路，张家人则要求对方也退几尺的距离，双方因此发生了纠纷，两家彼此互不相让，于是到县衙告状。因为事情闹大了，张英的家人就写信向张英告知此事，想让在京城当大官的他给家中撑撑腰。

张英看完书信，提笔在上面以诗句形式批示自己的意见：一纸书来只为墙，让他三尺又何妨，长城万里今犹在，不见当年秦始皇。家人接到信后，明白张英虽寥寥数语，却是在寓意深长地反对家人与邻居争夺地界的行为，立即拆了自家的新建围墙，向后退让了三尺地，再重修围墙。对方见此情景，深受触动。没想到张英如此有权有势，却“宰相肚里能撑船”，随即也效仿张家拆了自家围墙，也向后退让出了三尺地。

两家之间，从此多了一条六尺宽的小巷，乡里百姓赞扬双方能互敬礼让，为纪念此举，就给这条小巷取名“六尺巷”。由此，六尺巷的佳话传遍华夏。

六尺巷，从纠纷中走来，最终归于和谐，成为我们中华民族崇尚以德服人、彰显礼让包容的重要见证。同学们，在我们的日常学习和生活中，彼此之间产生一些矛盾或者摩擦是很正常的现象，如果我们不依不饶，或恶语相加，或拳脚相向，恰恰暴露出的是自己在品德修养方面的缺失。因此，我们应该学会在摩擦中克制自己，保持谦让的胸怀，这并非懦弱无能的表现，这从中体现出的是品德的高尚。

【事例】

一生行医的自律和自省——以心灵温暖心灵

吴孟超（口述）

我的座右铭是一句很简单的话：医学是一门以心灵温暖心灵的科学。

我入医学院之初，我的老师——被誉为“中国外科之父”的裘法祖院士就讲过这样一句话：医术有高有低，医德最是要紧。当时听来，不过是一句训诫。如今，在我自己走过近70年的行医生涯后，我越来越认识到，医本仁术，医生之于病人，其首要不完全在于手术做得如何流光溢彩，而是在于如何向病人奉献天使般的温情。

几十年来，我冬天查房时，都是先把手搓热，然后再去接触病人的身体。每次门诊，都要与病人拉拉家常……这些细节对我来说不过是举手之劳，但病人的感觉就完全不一样了。

医学不是冷冰冰的学科。孙思邈说，大医精诚。为医者，医术当“精”，自不必说，而“诚”，就是医生的“仁爱之心”。因为，我们既要治“病”，更要治“心”。

这些年来，我总会面临名声与责任之间的抉择。1975年，安徽农民陆本海挺着如怀胎十月一样的大肚子找到我。他得了肝脏巨大血管瘤。没有医院敢为他动手术，做，还是不做？2004年，湖北女孩王甜甜的肝部长了足球大小的血管瘤，她负担不起肝移植的费用，又没有医院敢为她切除肿瘤。她找到我，做，还是不做？

这两例手术都成功了，之所以让我记忆犹新，并不仅仅因为手术的困难程度，也因为我经历了激烈的思想斗争。医生总会不断遇到各种风险挑战，如果过多考虑名利得失，那么无数的病人就可能在医生的犹豫和叹息中抱憾离开人世。如果说，生死之间是一条河，医生就要用责任心，把病人一个一个背过河，延续生的希望。

这个时代，医患关系成了社会热点。面对疾病本应戮力同心的医生和患者，为何如此剑拔弩张？作为一个医生，我深知医生的难处，也多次呼吁有关部门要坚决打击“医闹”。但作为医生，我们是不是也该自省：除去那些制度的、政策的制约和影响，我们是不是也有不足？

我看病，从来不开什么大处方，也没拿过红包、回扣。我手术时，用的麻醉药和消炎药都是最普通的。平时，我要求大家不用价钱贵的抗生素，做检查时也尽量为病人省钱。

我觉得，医生对病人要一视同仁。做医生的不能患上“富贵病”！如果连治病救人的医生都嫌贫爱富的话，那整个社会就不可救药了！

《光明日报》让我谈谈我的座右铭，我就把这句话与大家分享。这不是训导或劝诫，只是一个老人将一生行医的自律和自省与大家共勉。在我看来，“医生”是个崇高的称谓，希望每一位医者都能带着这种荣誉感和自豪感，对待每一位病人，以心灵温暖心灵。

注：吴孟超，1922年8月生于福建省闽清县，马来西亚归侨。肝胆外科学家，中国科学院院士，2005年度国家最高科学技术奖获得者，被誉为“中国肝胆外科之父”。

博学而后成医，厚德而后为医
——感动中国 2011 年度获奖者　吴孟超

感动中国推选委员胡占凡这样评价吴孟超：吴孟超总以无尽赤忱善待病人，以赤子之爱对待肝胆外科事业。医者仁心，一个伟大的医者，不仅凭医术，更凭仁爱感动世人。吴孟超先生，是当之无愧的医学泰斗。

推选委员任卫新说：吴老以九十高龄，与患者肝胆相照。作为医生，作为军人，他都是一座丰碑。

吴孟超的颁奖辞如下：

六十年前，他搭建了第一张手术台，到今天也没有离开。

手中一把刀，游刃肝胆，依然精准，心中一团火，守着誓言，从未熄灭。

他是不知疲倦的老马，要把病人一个一个驮过河。

他的名字总是和“奇迹”相连，被无数病人称为“当代神医”，是国家最高科学技术奖获得者。他就是吴孟超，中国肝胆外科的顶级专家。

96 岁的他，没有赋闲在家，颐养天年，却仍然穿着他的工作服，每天 7 点吃完饭去上班，96 岁每周坚持三台手术，而且都是难度极高的手术。

吴孟超，是当之无愧的“中国肝胆外科之父”。75 年的从医生涯里，他拯救了超过 16000 名患者的生命。

96 岁的吴孟超这样说道：“如果有一天我要倒下去，就让我倒在手术室吧，这是我一生最大的幸福。”

他用自己的一生践行着身为医生的责任与坚守。

想一想：你认为，在日常工作学习中，作为医学生的我们应如何立医德？

修身岂为名传世，作事惟思利及人

修身，是指修养身心。换句话说，就是提高自身的修养。修养包括修身养性、反省自新、陶冶品行和涵养道德。这些内在的魅力可以陪伴一个人一辈子，是成就一个人的无价之宝。

中国人历来讲究修身。《周易》中有云“君子厚德以载物”，意思是君子应增厚美德，容载万物；若要增厚美德，则需要提高自身的修养，否则无法承载万物。《大学》一书强调“自天子以至于庶人，壹是皆以修身为本”。儒家提出的所谓“修身、齐家、治国、平天下”，只有“修好身”方可“治国、平天下”。自古有很多名人写出来放在座位右边的修身箴言，谓之座右铭。从鲁迅先生少年时代刻于三味书屋课桌上的“早”，到毛泽东同志青年时期以“贵有恒何必三更起五更眠，最无益只怕一日曝十日寒”为座右铭，都激励着国人成长进步。

修身的本质是长期与恶习做斗争的过程。一个长期的不良习惯要想完全改掉是非常困难的，甚至会令人痛苦。比如生活中，有的人喜欢吸烟喝酒，有的人做事拖拉，有的人热衷买买买，有的人倾向吃吃吃，当欲望得到满足后，我们内心会有满足的喜悦感，但是，这种满足从我们自身修养方面并不利于我们自身思想素质的提高。

比如清代的曾国藩非常注重改正恶习，正是勤于修身的好习惯，让他成为很多人心目中的完人，有人曾用对联总结曾国藩的一生：“立德立功立言三不朽，为师为将为相一完人。”这可以说是对他的极高评价。曾国藩的很多事迹非常值得我们思考和学习。普通人都有七情六欲，都兼具善恶两种本性。曾国藩也一样，他三次会试才考中，可见天资一般。年轻时的曾国藩身上有着很多年轻人都有的通病，心胸有点狭窄，私欲较重，心浮气躁，喜欢热闹，常与人争强好胜，容易沾沾自喜，这些性格中的缺陷和不足，如果不能加以克制、改善，日后难成大器。幸运的是，他遇见了理学名师唐鉴。唐鉴谆谆告诫他：“检摄于外，只有‘整齐严肃’四字；持守于内，只有‘主一无适’四字。”也就是说，要想大有作为，首先在外在形象上一定要做到“整齐严肃”，要让人觉得你可以委以重任；其次，内心要做到“主一无适”，也就是心无旁骛地去做一件事。“整齐严肃”和“主一无适”这八个字说得简单，真能做到实属不易。难得的是，曾国藩做到了，而且是在身体条件极差的情况下做到的，比如说他肺病严重到大吐血，差点死掉；35 岁时得了牛皮癣，痒起来痛苦不堪；50 多岁血压高得经常眩晕。如此多病的曾国藩并没有因病而放弃对自己的严格要求，而是极力压抑自己人性中恶的一面，事事躬身自省，最终成为一代楷模而青史留名。

修身绝非一日之功。一个人最大的敌人往往不是别人，而是自己，所以，修身要耐得住寂寞、经得起诱惑、受得了挫折，最重要的是坚持，由易到难，逐渐完善。古人往往把修身视为一门功课，每天必须花一定的时间进行专门反省。从前有一种“功过格”，古人每天做完事情之后，在临睡觉之前，要专门留点时间来一番静坐思过，如果当天确实有做错的事情，就用笔墨在格中点一个黑点来警诫自己；如果做了好事、善事，则用朱笔在格中点一个红点，这样天天反省，持之以恒地坚持下去，最后达到“修身力行”的圣贤境界。我们现代人倒不必刻意地也专门找一个时间来修身，可以把修身和力行结合到一起，比如开车要遵守交通规则，银行、剧院、商场、公园、地铁等公共场所，都要注意遵守公共秩序，这其实都可以算是修身。

最后，让我们看一下曾国藩总结自己的修身诀窍，其实只有五个字，即“诚、敬、静、谨、恒”。诚，诚实，诚恳。表里如一，光明磊落，没有私心，凡事均可公之于世。敬，就是敬畏。人不能无法无天，要心有畏惧。心不存邪念，举止端庄严肃。静，是指人的身心安宁放松。谨，指言语谨慎，不说假话、大话、空话。恒，指生活有规律，饮食有节，起居有常。曾国藩的成功离不开他自身孜孜不倦的努力和严格的自律，我们应该好好学习借鉴。

【故事】

赵康靖公择豆修心

南宋文人徐度编辑的《却扫编》一书中记载了这样一个故事：宋代的赵康靖公，即使是已经退休在家，依然不忘修身养性。他曾经在桌子上放了两个瓶子，专门让人准备了两样黑白分明的豆子，用以记录内心深处的善恶两念。在日常生活中，每当他产生一个善良的念头并付诸行动后，他就拿一颗白豆放入瓶中。每当产生一个不好的邪念时，他则取出一颗黑豆放入瓶中。这个方法实施的最初，两个瓶子中，黑豆的数量明显比白豆多很多。但是，随着他每天有意识地自我督促、努力行善，慢慢地瓶子中白豆的数量突飞猛进。再往后，他往瓶子里投放黑豆的举动，只是偶尔出现那么几次。

注：赵康靖公，原名赵槩，字叔平，是河南省虞城县人，他是北宋仁宗天圣年间经过科举考中的进士，做的最高的官职是枢密使、参知政事（相当于副宰相）。在他去世后，朝廷赐给他“太子少师”的职位和“康靖”的谥号，所以世人称他赵康靖公。

人们常说：“善恶就在一念之间。”有时善恶就在我们的举手之间、点滴之中。赵槩正是十分注重行善断恶，他积极地严格自律、自我剖析，自重、自省、自警、自励，真正经受住了内心欲望的各种考验。可见，只要坚持积小善、去小恶，小善终能成大德。

【事例】

地铁车厢捡蒜皮的女孩火了：
“爸妈就是这么教我的呀！”

小孟是天津某校初中部八年级学生，2018 年 5 月 7 日 17 点左右，身穿校服的她背着红书包乘坐地铁回家。当她准备下车时，看到靠近门边的座位上一名身穿蓝色上衣、六十岁左右的男子正在剥蒜，剥下的蒜皮他随手就丢在整洁的车厢地板上。小孟觉得地铁地板上有垃圾显得很碍眼，影响城市文明形象。她随即蹲下身，伸手把地上的蒜皮全部聚拢在一起捧在手中。剥蒜的男子诧异地跟她说，“你不用捡，等会儿有人打扫。”小孟没吱声，这时地铁到站了，门一开，她就下了车，把手里的蒜皮扔进了车站垃圾桶。谁也没想到地铁上发生的这一幕被有人用手机偷偷录了下来，传到网络上，网友们纷纷转发，记者也闻讯赶来调查采访，大家都为女孩的良好品格喝彩。

视频火起来后，同班的很多同学们都激动不已：“这不是我们班小孟嘛！”“真想告诉全世界这是我的同学！”“我们要向小孟学习！”孩子们纷纷对小孟爱护环境的行为大加赞赏。而小孟却觉得自己所做的再平常不过，不必大肆宣扬，从小爸爸妈妈就是这么教育她，要自觉维护环境卫生的，她在家时也经常做像擦地、刷碗这样的简单家务。

的确，小孟并没有做什么大事，但她在这件小事上的行为却显示出一定的自律、服务精神。与她相比，扔蒜皮的男子及众多同车厢却无视地板上蒜皮的其他乘客都应该好好反思一下。而更多不在现场的、事后纷纷为小孟叫好的人，也应该思考一下，假如我们自己当时在现场，又会有怎样的行动呢？

想一想：你认为，在日常工作、学习和生活中，我们应如何修身？

孩儿立志出乡关，学不成名誓不还

立志，是指立下志愿，树定志向。也就是确立目标，然后就可以朝着这个目标前进，达到自己的梦想。

中国传统文化非常强调立志。墨子说："志不强者智不达"，诸葛亮道："志当存高远"，苏轼则强调：古之立大事者，不惟有超世之才，亦必有坚忍不拔之志。人生如果没有明确的目标，梦想就会一片渺茫，不知下一步应该干什么，从而浪费宝贵的光阴。纵观古今，人无志不立的例子比比皆是。越王勾践，卧薪尝胆，终成霸主，陈涉"燕雀安知鸿鹄之志哉"的反问穿越千载，杜甫少时就立志要"至君尧舜上，再使风俗淳"，可见，立志是事业成功的前提和基础。

有大志，才能成大业。古人说："非志无以成学。"志向是漫漫人生路上指引前行的明灯。2017 年"五四"青年节前夕，习近平总书记参加中国政法大学民商经济法学院某班团支部主题团日活动时，对同学们畅谈各自远大的志向表示赞赏。他说，立志是一切开始的前提，青年要立志做大事，不要立志做大官。青年立大志，就是要把个人的理想同国家的前途、民族的命运紧密结合起来，树立与这个时代主题同心同向的理想信念，做有利于人民利益的事，有利于国家和民族的事，以梦为马，志存高远，斗志在心，不忘国家，不负年华。

立何之志？按照孟子的说法，人人皆可为尧舜，其实，我们立尧舜那样的圣贤之志，也并不能像尧舜一样统领万民。但是，正如我们看到孔孟、老庄诸子这些先哲，他们道德学说的光辉犹如日月星辰一样照耀后人，颜渊赞颂孔子之道时说："仰之弥高，钻之弥坚。"我们就像小草，即使再力求达到极高水平也到不了大树的高度。也许我们终其一生也难以与他们相比，但这也并不妨碍我们向他们学习。

诸葛亮《诫外甥书》一文，为后人提供了立志的方法，也就是"慕先贤，绝情欲，弃疑滞"。

"慕先贤"指的是我们要见贤思齐，应以古代先贤为榜样。凡是有大成就的人，一般自幼都有自己仰慕的古代先贤。比如孟子仰慕孔子，最终也成为一代大儒。诸葛亮未出茅庐时在南阳躬耕，渴望自己有朝一日也能像管仲、乐毅一样成为一国的贤相良将。

"绝情欲"即节制男女欲望。诸葛亮当时的这位外甥正值年少，所以他告诫外甥此时要以立志求学为重，就像如今学校禁止学生过早恋爱如出一辙。

"弃疑滞"就是放弃阻碍，学会轻装上阵。立志也必须学会有所取舍。如果你立志成为一名学者，就得耐得住寂寞，坐得住十年冷板凳，必须要与交游广阔擦肩而过。如果你立志要成为一名舞者，就得在辛苦练习的同时注意保持形体，必须忍得住美食佳肴的诱惑。人生需要适当放弃，舍得舍得，不舍如何有得?

清代桐城古文派名家姚鼐在文学上的成就和他善于放弃密不可分。年轻时候的姚鼐兴趣广泛，诗词歌赋，他样样都通，见到别人擅长什么，就年轻气盛、争胜好强地一心想和人家比，他也确实多才多艺。然而做学问这种事，最关键的就是功夫要下足，但凡集中精力攻读某一领域，时间久了功力自然就会精纯。如果今天翻翻这个，明天瞧瞧那个，浅尝辄止，学问很难能有所精进。姚鼐后来被人点醒，不再把精力放在其他方面了，一门心思钻研写作古文，最终成为古文大家。

最后让我们记住清代作家蒲松龄写的一副对联：有志者，事竟成，破釜沉舟，百二秦关终归楚；苦心人，天不负，卧薪尝胆，三千越甲可吞吴。立志当如此。

【故事】

“为中华之崛起而读书”

1911 年，周恩来在沈阳东关模范学校上学。当时的中国正处于剧烈变动的时期。清朝政府刚刚被孙中山领导的辛亥革命推翻，中国两千年的封建统治就此宣告结束。骤逢时局大变，导致很多人，尤其是一些年青的读书人在思想上产生困惑，不知道未来何去何从。

这一天，校长亲自为学生上了一堂题目是“立命”的修身课，就是想给学生讲讲人生应该有明确的理想追求以及怎样立志。校长讲到精彩处突然停顿下来，向学生提出问题：“请问你们为什么读书？”

校长走下讲台，指着前排一同学说：“你为什么而读书？”这个学生站起来挺着胸脯说：“为光耀门楣而读书！”

“就是为了光宗耀祖。”校长又向第二个学生，这个学生的回答则是：为了明礼而读书。

而第三个被问的学生是一个靴铺掌柜的儿子，他很认真地回答说：“我是为家父而读书的。”同学们听了哄堂大笑。

校长对这些回答都不满意，摇了摇头，又来到周恩来面前，问道：“你呢？”

当周恩来站起身来的时候，教室里顿时安静下来，大家都侧目而视，注视着这个在辛亥革命刚刚成功之际就在同学们中率先剪去长辫子的人。毕竟满清政府曾有规定，不留辫子就要杀头。所以，大家都用钦佩的目光注视着他，期待着他的回答。只听到周恩来略一思索，随即以响亮的声音回答道：“为中华之崛起而读书！”回答得多好啊！一句话，表达了周恩来从小立志振兴中华的伟大志向，同学们纷纷为此鼓掌叫好。

校长没有想到，自己的学校里竟然有这样志向远大的学生，异常高兴。他连连说：“有志者，当效周生啊！”意思是说，有志气的青年，都要向周恩来学习啊！

同学们，你们都有什么样的志向啊？我想，我们应该向敬爱的周总理学习，从小立志。我们只有首先树立一个崇高的人生目标，然后，终其一生地为实现这个目标而努力奋斗，最终为国家、为人民做出一定的贡献，这样的一生才有意义。

【故事】

李时珍立志编药书

说起我国历史上的名医，很多人可能会想到扁鹊、华佗，以及张仲景、李时珍等人。这些名医中，有些人一生医术精湛、救人无数，还有些人在行医基础上，著有医学研究典籍留存于世，更是功德无量。李时珍就是其中的一位佼佼者。

李时珍是我国明代著名的医药学家，出生于医学世家，其祖父、其父均为名医，从小的耳濡目染使他年纪轻轻就能识别药草，医学知识十分丰富。但是由于当时医生的社会地位不高，整个李家都寄希望于资质聪颖的李时珍，期待他“学而优则仕”，从此让家族改换门庭。起初，发愤读书的李时珍十四岁时参加科举考试便中了秀才，按说前途本不可限量。然而李时珍由于年幼时身体病弱，常年的生病吃药坚定了他从小萌生的以后当医生为百姓解除病痛的心愿，使他无心再去死背儒家经书、作八股应试文章，以至于在以后九年中参加的三次乡试都名落孙山。李时珍的父亲看他果然志不在此，只好无可奈何地同意让他从医。

李时珍得偿夙愿，欣喜若狂，随即把全部精力都用来钻研医学。李家毕竟行医多年，家学渊博，他一方面阅读了大量医学书籍，一方面继承了父辈多年行医累积的不少临床经验。24 岁正式行医后，李时珍既勇于实践，又勤于思考。他在实际应用和深入钻研中，收集了大量单方验方，既在对病人诊治时加以验证，又细心观察、总结各种药物的药性和疗效。随着他行医日久，他逐渐发现前人所编的各类医药书籍中，由于年代久远，后人传抄难免出现纰漏，再加上医药界素来保守，迷信权威、轻视考察，使当时的医药学书籍存在着不少缺陷或错误，有的记载不清不全，有的即使是同一种药物，但不同医书中说法不一、名称混乱，还有的存在分类混杂等现象。实践中如果照此抓药，不仅不能有效地治疗病痛，甚至还会加重病情。

李时珍顿觉重任在肩，他绝不能听任这些医药著作的谬误流传于世。为了减少医生的用药错误，他决心以铁肩担起道义，但凭一己之力，编修出一本名称统一、科学详尽、图文相符的医药书籍，以供他人参考。

为了实现心中理想，李时珍做了大量准备工作，先是在理论基础上深下功夫，大量收集相关书籍进行对比阅读，并将自己一家在医疗实践中的经验与收集到的丰富素材加以对照研究。在此基础上，他还不畏艰险、四处长途跋涉，十三年的时间，他的足迹几乎遍及大半个中国，采集多种药物标本，收集民间验方，向人请教，增长知识，解决了以往积累的不少书本上的疑难问题。他甚至冒着生命危险，多次亲身试吃药物，只是为了把药草的药性研究清楚。比如说“曼陀罗”这种草，常生长于路边草地，很多人不知道其有毒，往往误食，严重者甚至死亡。李时珍为了研究出解药，因为试吃一次不能得出准确的结论，他就多次、分不同量地来试吃“曼陀罗”的种子及其嫩叶，再随即根据经验进行解毒，最终研究出了相应解药，由此也更加明确了“曼陀罗”的药性。

1561 年，从 44 岁起李时珍计划编写《本草纲目》，历经 20 多年沧桑，他三易其稿，终于完成巨著。但因为他多年自费考察，资产殆尽，生前无力出版。在他死后三年，家人终于凑钱使他半生心血——《本草纲目》一书正式问世。此书除为国人们造福之外，还被翻译为多国文字，先后流传到日本、朝鲜和欧洲，赢得无数赞誉。当我们慨叹这部医药典籍的厚重价值时，更应该佩服李时珍为此呕心沥血所付出的种种努力。

【事例】

君子一诺，10 年不忘
——汶川地震幸存女孩成为“白衣天使”

2008 年 5 月 12 日下午，汶川地震突发。在四川什邡市蓥华中学二楼的一间教室里，14 岁女孩陈雨秋正在讲台上给同学们发试卷。瞬间房屋垮塌，陈雨秋被甩到了教室外的走廊，随后她和另一位同学被掉下来的砖块和楼板压住不能动弹。第二天，处于昏迷状态的陈雨秋被救援人员救出送往医院治疗。77 岁的张泮林教授和医院其他医生对陈雨秋进行了手术。经过全力抢救，14 岁的陈雨秋被挽回了生命。而在地震中，她班上 42 名同学均不幸遇难，陈雨秋成为全班 3 名幸存者之一。

手术后躺在病床上的陈雨秋了解到给自己做手术的张教授其实退休已久，但地震发生后，他不顾年事已高、身体不好，不顾劝阻，毅然赶到灾区救援，不吃不喝地在手术台上一干就是十几个小时，后来甚至突发心脏病昏倒在手术台上。但他只略微休息了一下，觉得身体好了点就着急地给伤员继续做手术。当重伤的陈雨秋被送过来时，还没康复的张教授是抱着“就是死在手术台上也值得”的信念坚持做完了手术。深受触动的陈雨秋深知，自己的幸免于难离不开救援人员的努力搜救、离不开张爷爷和其他医生的全力救治。“女孩子体力有限，我可能做不了救援队员。长大了，我要当医生，这样我也能救人。”

后来，陈雨秋报考了四川大学附设华西卫生学校护理专业。在学校里她认真学习医学知识，毕业后回到了家乡成为一名护士。她把满腔的热情，自己的爱心、细心和责任心融入临床护理工作中去；用娴熟的护理技术、良好的服务态度，为患者提供优质的护理服务，得到了同事和患者的一致好评。

2017 年 4 月 23 日中午，陈雨秋所在的医院突然接到派出所打来的求救电话，原来当地一名采药人不慎失足坠入早已废弃多年的深井中，急需营救并治疗。其实当天陈雨秋并不值班，但她闻讯后主动请缨。深达十余米的废井随时有可能会垮塌，但她临危不惧，与在场人员争分夺秒地给被困人员固定吸氧、包扎，当救援人员将其成功营救出了后，身材弱小的她立刻冲上前抬担架运送伤员。2 个小时的抢救，她的身影始终活跃在最前线。

其实，诸如此类情况在她身边屡见不鲜。比如说，曾有这么一个夜晚，一位 3 岁小患者要做穿刺治疗，可孩子因为恐惧而哭闹不止，当天值班的护士束手无策，家属也非常发愁。陈雨秋听说后，迅速来到孩子身边蹲下来，她微笑与孩子交谈，她一边哄着小孩玩玩具，一边讲童话故事，对其进行心理疏导，半个小时后，被她耐心安抚的孩子情绪稳定下来，顺利完成了穿刺。

汶川地震距今已十年。陈雨秋每当回忆起当年，一直心怀感恩："是医护人员让我在地震中重生。"陈雨秋说，她会记得每一个帮助过她的人。她经常会去看望自己的恩人，张教授曾送给她自己亲笔书写的一幅毛笔作品，上面是"素心如雪"四个大字，这是老医生在谆谆教导，鼓励她永远做一个全心全意服务患者的优秀白衣天使。

想一想：说一说，你未来的志向是什么？

书山有路勤为径，学海无涯苦作舟

勤学，是指努力学习。人要生存就需要学习，学习是人类进步的阶梯，是一个人成长的必然要求，是提高文化素质水平的基本途径。在儒家经典《论语》一书中，"学"字出现高达64次之多，足见孔子对学习的重视。而《荀子》一书的第一篇文章即《劝学》，也是极力鼓励人们学习，成为社会栋梁之材。而学习离不开勤奋，中华民族自古以来就崇尚勤奋的美德，千百年来无数与勤学有关的事例不断为人们所津津乐道，无论是苏秦的悬梁刺股，还是匡衡的凿壁偷光，无论是车胤的囊萤夜读，还是孙康的映雪读书，无论是祖逖的闻鸡起舞，还是张芝的临池学书，正是勤学，才使这些先哲最终成就了一番伟业。

习近平总书记在2007年出版的《之江新语》一书中指出：我们一定要强化活到老、学到老的思想，主动来一场"学习的革命"，切实把外在的要求转化为内在的自觉，让学习成为自己的一种兴趣、一种习惯、一种精神需要、一种生活方式。他还将学习提到了前所未有的高度，他指出：学习是文明传承之途、人生成长之梯、政党巩固之基、国家兴盛之要。

勤学是一种受益终身的品质。勤学不仅仅是一种个人行为习惯，更是一种重要的非智力因素，与意志、毅力、恒心等其他的非智力因素紧密相关。一个智力水平并不突出的人，如果在非智力因素方面有比较优秀的发展，必定会有助于提高其智力因素，弥补其他方面的不足，进而帮助其取得事业上的成功。比如晚清名臣曾国藩年少时就曾遭遇一件尴尬事：小时候的曾国藩天资一般，有天深夜，因为他背不下来一篇古文而不能睡觉，只好在房中诵读不止。一小偷伏在房上，想等他睡下偷东西。可左等右等，曾国藩始终背不下来。小偷等得心焦，气得索性跳出来说："我听了几遍都记下来了，就你这种水平还读什么书啊？"然后小偷居然大声将那古文一字不差地背诵了出来，然后扬长而去。这小偷的天赋肯定比曾国藩高许多，但是他最终碌碌无为，而被他嘲笑的曾国藩却一生坚持刻苦治学，不懈努力，后来成为历史上少有的立德、立功、立言"三不朽"之奇才。可见，一个人有了勤学的品质，在走上工作岗位后也会勤于钻研，不断追求卓越，成功的机会自然就更胜一筹了。因此，从学生终身发展的角度来说，在学生时代拥有了勤学的品质，那就是成为一支"绩优股"，在今后人生的道路上是会不断拥有惊喜的。

勤学是应对未来竞争的法宝。任何时代，任何社会，只要有人，就会有竞争。而如果想在这种竞争环境中成为一个出众之人，你就要比别人学得快、学得多，才能在激烈残酷的竞争中脱颖而出。因此，唯有勤学方是一个人的立足之本，勤学是促使人们达到高水平、高素质的一条很好的途径。在当前强调终身学习的现代社会里，现代化进程对人的基本素质提出了更高的要求。学习不再单指在学校，无论年纪几何，身在何处，都需学习。如果有人选择了安逸，放弃了进步，无异于“缴械投降”，将在激烈的竞争中不战自败。从更高的角度来讲，勤学是我们国家能否屹立于世界民族之林的重要保证。

因此，学习是人一辈子的事情，勤学对我们则显得尤为重要。宋朝诗人黄庭坚说：士三日不读，则其言无味，其容可憎。这就是说，一个人如果多日不肯读书、不肯学习的话，那么就会显得胸无点墨，说起话来，肯定没有什么生动有趣的、吸引人的内容，而且也缺少风度、气质、修养，人就显得非常丑陋、粗俗。

正如习近平总书记所强调的，现在，青春是用来奋斗的；将来，青春是用来回忆的。对青年而言，奋斗就要勤学。非学无以广才，非志无以成学。青年人要想有所作为，要跟上时代前进的步伐，就必须以只争朝夕的紧迫感，勤奋学习，就要始终保持一种勤学的状态，真正把学习作为一种觉悟、一种修养、一种责任，作为长期的乃至终身的任务，学以致用、学用相长。通过学习，全面提高自身的理论素养、知识水平、业务本领，达到立德、增智、学以致用的目的。

书山有路勤为径，学海无涯苦作舟，这是亘古不变的真道理，学习没有捷径，唯有勤奋、勤奋，再勤奋。青年学生应该认真总结学习经验，养成良好的学习习惯，专心致志、心无旁骛地去丰富自己的学识、增长自己的见识，把自己最大的潜能挖掘出来，把自己最好的状态发挥出来，用自己的艰辛付出去收获未来的幸福。

【故事】

吴下阿蒙

三国时代，吴国名将吕蒙小时候家穷，读的书很少，所以学识浅薄，见识也不广。

有一次，吴国国君孙权对他说：“你现在担任的官职很重要，不能不多读点书，增长自己的见识，这样才能把自己的事情做好。”

吕蒙很为难地说：“可是我军务工作很忙啊！”

孙权说：“难道我的工作不忙吗？但我平时只要有点空，就会读史书和兵书，这对我的工作很有帮助。读书是一辈子的事情呀！”

吕蒙深受启发。从此开始抓紧时间读书，收获颇丰。一天，吴国大臣鲁肃和吕蒙讨论国家大事。吕蒙居然讲得令鲁肃连连称道，鲁肃又惊讶又佩服地轻拍着吕蒙的背说：“以前我看不上你，觉得你不过是一个武夫，今天才知道原来阁下学识这么渊博，你不是以前那个吴下阿蒙了啊！”

后来孙权赞扬吕蒙：“天下有几个人到了老年还能像吕蒙那样坚持读书呢？一个人富贵荣华在身，更要看重义节，认真学习，如果沉溺于财富之中，必然堕落。吕蒙真是我们的楷模啊！”

韦编三绝

孔子一生好学，即使是年纪大了，仍然不放松学习。《易经》是很难读懂的一部古书，孔子到了晚年才开始学习，而且很感兴趣，读一遍不懂，他就反复再读，直到读通、读懂为止。

孔子所处的年代，还没有发明造纸。当时的书是用竹片做成的，这种竹片，叫作竹简；古人用漆（代替墨水）在竹简上写字，再用皮带子（“皮带子”是一种柔软的熟牛皮做的）把一片片的竹简，像帘子似的编起来。相传孔子读《易经》的时候，因为反复读、反复钻研，竟然皮带子都磨断了。断了一次，修好后，又磨断了，再修，前后断了多次，所以说是“韦编三绝”。

“韦编三绝”，后来成为一句成语，人们用它来称赞刻苦读书的好学精神。

注：“韦”是熟牛皮；“三”是多的意思，是虚指不是实指。

王亚南读书

我国民国时代的经济学家王亚南从小就志向远大，他上中学时，为了挤更多的时间读书，特意想了个另类的主意。他把自己睡的木板床的一条腿锯短半尺，这样他每天读到深夜疲劳时上床去睡觉，如果一旦翻身，三脚床就会向短脚的方向倾斜，他就会被惊醒下床伏案夜读。他每天如此，从未间断，优异成绩由此得来。

1933年乘船去欧洲，客轮行至红海，突然巨浪滔天，船摇晃得使人无法站稳。这时，戴着眼镜的王亚南，手上拿着一本书，走进餐厅，恳求服务员说：“请你把我绑在这根柱子上吧！”服务员以为他是怕自己被浪头甩到海里去，就照他的话，将王亚南牢牢地绑在柱子上。绑好后，王亚南翻开书，然后聚精会神地读起来。船上的外国人看见了，无不惊异，连声赞叹说：“啊！中国人，真了不起！”

想一想：说一说，你对勤学有什么样的计划？

春蚕到死丝方尽，蜡炬成灰泪始干

敬业爱岗、尽忠职守历来是中华民族传统美德。早在《论语》一书中，孔子就多次强调“事思敬”“执事敬”“修己以敬”及“敬事而信”等，就是要求人们做事时要心存敬畏，勤奋努力，认真专注。相传为孔子的七十二弟子及其学生们所做的《礼记》中也有“敬业乐群”的说法，意思是要对自己的事业尽职，与朋友相处融洽。韩愈《进学解》一文中提出“业精于勤，荒于嬉；行成于思，毁于随”的观点，则告诉我们做事就怕嬉戏，勤勉方可精进。民国时代的学者梁启超曾有一次名为《敬业与乐业》的演讲，他演讲的对象是当时上海中华职业学校的学生。梁启超在演讲中对何为“敬业”作了专门的阐述，他指出，凡做一件事，便忠于一件事，将全副精力集中到这事上头，心无旁骛。这就是说，做任何事情，我们只有“畏而不敢怠慢”，忠实于要做的这件事或要担任的这个职务，全身心地投入其中，才能把工作做好、做圆满。

敬业是人们对待自身本职工作的一种献身精神。《左传·襄公二十五年》记载了春秋时期最著名的一桩弑君案：大史书曰：“崔杼弑其君。”崔子杀之。其弟嗣书而死者二人。其弟又书，乃舍之。南史氏闻大史尽死，执简以往。闻既书矣，乃还。这段历史的发生，是由于齐庄公无德，大臣崔杼就杀之泄愤。但由于时代原因，崔杼虽大权在握，也怕落个弑君的名头而遗臭万年，所以他要求史官把这段历史改写成齐庄公是自己病死的，但史官坚决要秉笔直书。被惹恼的崔杼索性杀死了史官，可这个史官死了，他的弟弟也是史官，依旧接着客观书写，崔杼一狠心又杀了这个弟弟，可史官的下一个弟弟还是初心不改，以至于最终崔杼也望而生畏，终于明白史官众兄弟忠于职守的决心，不敢再杀害那最后一个弟弟了。更令人拍案叫绝的是他国的一个史官，这个史官一听说这家人因为此事要死绝了，毅然决然地拿着竹简赶奔而来继承遗志。由此可见，古人在对于坚守职责方面，有着把生死置之度外的超然态度。而诸多后人耳熟能详的历史典故，比如大禹治水三过家门而不入、汉代大儒董仲舒治学三年目不窥园、大将军马援为国甘愿马革裹尸誓不生还、诸葛亮鞠躬尽瘁死而后已等，都是对敬业精神的生动注解。

敬业是社会对于世人的一种道德上的要求。比如我们拿医生和护士来说，他们肩负着救死扶伤的神圣职责，工作中容不得半点马虎。所以，必须要有良好的医德医风和崇高的敬业精神，才能成为优秀的医生、护士。如果一个人明明占据了重要的工作岗位却无所作为，就应该为此感到羞愧。成语“尸位素餐”就是用来讽刺某些人空占着职位而不做事，只会吃白饭。比如说，唐朝就有一个高级官员卢怀慎，他曾担任唐玄宗时代的宰相，还兼任过吏部尚书。做到如此高官，卢怀慎并不搜刮钱财，而是清正廉洁，是公认的清官，有人曾去他家探病，发现他家里吃饭也就只有两瓦盆蒸豆和几根青菜而已。但清官并不意味着就是好官，卢怀慎最大的问题就是不作为，由于他工作能力相对较差，他自认为才能比不上另一个宰相姚崇，索性把一切事务全推给姚崇处理。以至于有一次姚崇儿子突然死了，姚崇不得已请了十几天假料理丧事，结果大量公文竟因无人处理，堆积有如小山。很多人因此看不起卢怀慎，私下给他起了个绰号叫“伴食宰相”，意思是他只会陪着人家一道吃饭。如此恶名远播，千古流传，卢怀慎永远地被划入庸官的行列，再难翻身。如果一个人丧失了责任感，那么这个人的恶名也就成了必然。当一个单位人人都丧失了责任感，那么这个单位的衰败也就成了必然。当一个国家人人都丧失了责任感，那么这个国家的衰亡也就成了必然。

敬业是一个国家发展进步的强大动力。敬业精神不仅关系到一个国家的精神风貌，更关系到国家的富强及民族的兴衰。不同时代有不同的敬业精神，无论严肃恭敬，还是勤奋努力，或者专心致志，都是敬业的代名词。比如说在烈火中永生的邱少云、“两弹一星”功勋获得者邓稼先、“拼命也要拿下大油田”的铁人王进喜、“宁肯一人臭换来万户香”的淘粪工人时传祥、献身我国妇产科学的奠基者和开拓者林巧稚、世界排球史上第一支连续五次夺冠的队伍中国女排、世界“杂交水稻之父”袁隆平、进入太空的第一个中国人杨利伟等，他们都从人民利益出发，在自己的岗位上认真负责、一心一意、任劳任怨、精益求精，书写了一个个大写的自我，看似平凡，实则伟大。正是有了这些各具特色的敬业典范、民族脊梁，才激励着我们的人民不断奋勇向前，使我们民族跻身于世界民族之林。

当今世界，国际竞争异常激烈，不敬业的民族，肯定立于常败之地。鲁迅先生曾入木三分地指出，中国4亿人生着一种病，就是马马虎虎，不医好这个病，是不能救中国的。胡适也曾写过“差不多先生”，这都是批评当时的国人缺少认真敬业的精神。无论时代如何变迁，社会如何发展，无论从个人角度还是国家层面，任何一个行业，无论是官员、警察还是医生，无论是教师、司机还是服务员、保安、保洁员，每一个行业每一个人都需要敬业精神。官员是人民的公仆；警察要维护正义；医生要救死扶伤；教师要育人育德；司机要严格遵守交通规则，对生命负责；服务员要体察客户需求，提供优质的服务；保安要杜绝一切可能的危险；保洁要力所能及地保持卫生干净……如果社会上的每个人都是敬业的，我们就能从尽职尽责提升到尽善尽美，就能从优秀提升到卓越，这个社会将会无比和谐美好，我们的国家一定会迅速走向繁荣昌盛。

【故事】

一日不作，一日不食

百丈怀海禅师是唐代高僧，因其后半生常住于洪州百丈山（位于江西奉新县），故世称百丈禅师。史书记载怀海“凡日给执劳，必先于众”。意思是说，怀海每次劳动，做任何事情，都是自己亲自带头去做。他亲领四五百人严规修道，同甘苦，共患难。

有一次，负责管理劳务的执事僧觉得百丈禅师年纪已高，实在不忍心再让他天天劳作，便悄悄地将老禅师的劳动工具藏了起来，心想没了工具，老禅师肯定可以坐下歇歇了。可没承想，怀海四处寻找工具却不得，无法参与到劳动中去。因为这天没有参加劳动，他就以拒绝吃饭的方式表示自己的愧疚之情，这个意想不到的结果吓得这个执事僧赶紧把工具发还给他。

百丈怀海就以这样的方式告诫弟子：要做到“一日不作，一日不食”。

把风险留给自己　把安全留给病人

——为“非典”献身的白衣天使叶欣

2003年3月24日凌晨，因抢救非典型肺炎病人而不幸染病的广东省中医院急诊科护士长叶欣光荣殉职，终年46岁。

叶欣，1976年参加工作，由于业务拔尖、品行端正，四年后就出任全院最年轻的护士长。在每一分钟都与死神赛跑的急诊科，她一干就是23年。23年来，她有“三突出”：腰椎突出、颈椎突出、成绩突出。她多次被评为“优秀共产党员”“先进工作者”“优秀护士”“优秀护士长”。她曾获广东省中医药科技进步三等奖，多次在全国、全省的学术交流大会上宣读论文。无论是现场急救跳楼的垂危民工，还是带头护理艾滋病吸毒者，还是最终冒死抢救非典型肺炎病人，她从未“瞻前顾后，自虑吉凶”，她用生命书写了中国大医之“精诚”。

2003年2月起，广东省中医院二沙分院陆续接诊非典型肺炎病例。由于此前在大德路总院已经有一线医护人员被传染病倒，叶欣护士长尤其小心。每天早上，她提前半小时回科室，给大家准备预防药物，派发到每位医生、护士、护工手里，连清洁工也不例外，还要亲自监督大家用开水服下。进病房前，叶欣反复强调各项预防措施：换工作服、鞋子、袜子；戴好口罩、帽子、眼罩；进隔离病房前要更换隔离衣；出隔离病房要洗手、漱口。每天只几小时的睡觉时间，她仍不忘临睡前煲一锅老火靓汤，要么冬虫草，要么花旗参，第二天带给同事们喝，以提高抵抗力。

没人能确定，叶护士长是在哪一天、哪一次感染到非典型肺炎的。每次有疑似或者确诊病人送到，她和急诊科主任就一马当先，承担起繁重的医护工作，有时甚至关起门来抢救，不让太多同事介入。“我已经给这个病人探过体温、听过肺、吸了痰，你们就别进去了，尽量减少感染机会。”叶欣这番话曾令很多护士为之落泪。

据护士小容回忆，一位40岁的急腹症肠梗阻患者，在外科紧急手术后，发现还合并高烧、肺部阴影等非典型肺炎症状，于是送急诊留院观察，很快呼吸衰竭。叶护士长冲在第一线，配合医生进行气管插管、上呼吸机。当时患者的分泌物很多，可能在抢救时喷在护士长身上了……叶护士长可能就是那天被感染的。

据护士小佘回忆，2月底科里发生第一例护士感染后，叶护士长一直冥思苦想，一定要找出让病毒有机可乘的漏洞。她亲自给每台电话、每个门把手消毒清洁，连工作服放在哪里、在哪里换工作鞋、鞋垫的位置，都一一巡视并消毒。小佘认为，叶护士长在消毒时接触过这么多可疑带毒物，没准就是那时给感染的。

据同样病倒的急诊科主任张忠德回忆：3月1日早上8时10分，急诊科正在交班。一位87岁非典型肺炎疑似病人的家属冲进医生办公室：病人不行了！等火速奔到病人床前：只见病人面唇发紫、呼吸微弱，心电图形变成了紊乱的波浪。叶护士长等立即疏散了病房里其他三位病人和家属，然后紧急进行胸外按摩、人工呼吸、心脏电击、建立静脉通道，反复推注急救、强心药物，插管上呼吸机……这例病人高度危险，谁都知道应当换上隔离衣再抢救。在一个多小时的抢救中，谁都不肯离开病人，哪怕是几分钟去做好自我保护。早上9时15分，病人抢救无效死亡。三天后的3月4日中午12时、下午6时、晚上10时，急诊科叶护士长、张主任和江医生分别发烧接受隔离，同一天麻醉师也发病了。以上四个医护人员都在抢救那位病人后病倒。

隔离治疗早期，叶欣还能打电话。她每天打电话给科里，叫大家记得吃预防药，叫和她接触过的同事注意体检，叫护士给7床的病人记录尿量、给9床的病人翻身、拍背……发病第四天，她出现了呼吸困难，和急诊科主任一起被送进了重症监护室ICU。大家都戴上了氧气罩，只能靠发短信息和写纸条互相鼓励。为了减少同事接触她被传染的机会，她给自己接补液。医生、护士靠近她听肺、吸痰时，她艰难地在纸上写：“不要靠近我，会传染。”院长和其他同事来探望时，她写着：“我很辛苦，但我顶得住。谢谢关心，但以后不要来看我，我不想传染给大家。”

3月11日，急诊科张主任收到叶护士长写的最后一张字条：“我实在顶不住，要上呼吸机了。”同样呼吸困难的张主任颤抖着写字回复她：“护士长，你一定要坚持住！全院的医生护士都在支持我们！”可是，这次之后，再也没有等到叶护士长的回信。她在插上呼吸机后，就被注射了镇静药物进入“冬眠”状态，避免因为躁动使呼吸机脱落。3月24日凌晨，叶欣在平静中辞世。

同一天，ICU有一位病人康复出院，他就是2月24日晚叶欣冒死抢救的那例肠梗阻合并非典型肺炎的病人。为了不给他将来的生活留下阴影，出院时谁都没有告诉他：抢救他的护士长，现在已经长眠在她奉献了半生的医院里。

丈夫和儿子说，她敬业、尽责，面对非典型肺炎时不退缩，和千千万万的医护人员一样，可敬，可爱。同事和同行说，她已经不是第一次把危险留给自己，把健康让给同事。我们心痛、心服，她的精神将鼓舞我们战胜一切病魔。

这是无私奉献医务工作者的崇高精神境界，正是有了这样一大批白衣战士的顽强奋战，非典型肺炎蔓延的势头才得以遏制，人民群众才得以安享宁静的生活。

想一想：你打算如何培养自己的敬业精神？

洛阳亲友如相问，一片冰心在玉壶

儒家经典书籍《礼记》有云：莫见乎隐，莫显乎微，故君子慎其独也。所谓“慎”，即谨慎小心、随时警惕；所谓“独”，即独处、独自做事。慎独着力培养高尚的道德情操，极具中国文化特色，几千年来对国人的修身养性起着突出的教育作用。

慎独是儒家独有的、针对自我进行修身的方法。儒家所提倡的“慎独”，是说当一个人独处时，也要按照一定的道德规范行动，自觉严格控制自己不正当的欲望、意念。也就是说，我们应该随时随地看重个人品行的操守，提高个人道德水平，讲究个人风范。一般来说，在有人看见的地方，人们即便喜欢做不好的事情，由于种种因素，行为常常会有所收敛。而到了在无人看到的地方，人们常常会放下伪装，变得肆无忌惮起来。生活中常有这样的现象：过马路时，如果有人员指挥交通，人们就能遵守相关法规。如遇马路上无人值守，闯红灯就成了家常便饭；在集体、小圈子中可以做到谦恭有礼，可一旦置身于相对陌生的环境，总觉得没人认识自己，就把遵守公德抛之脑后；在众目睽睽下不敢乱扔废弃物，独自一人时就随手乱丢；随意摘取无人看管的水果和蔬菜。以上种种，都是道德情操低下的表现。

慎独是衡量一个人道德水准的试金石。人人都知道，在众目睽睽之下，伸手做坏事必定被抓。而在四周无人时，也能像有人监督一样，不做任何违反道德准则的事，必然需要具备很高的道德修养。1939年7月，刘少奇同志在延安马列学院做《论共产党员的修养》的演讲时曾指出：一个人在独立工作，无人监督时，有做各种坏事的可能的时候，他能够不做任何坏事，这就叫慎独。

想做到“慎独”的境界，着实不易。私下里，在无人看到自己时，谨慎自己的行为，这一层倒也罢了。其实，更难控制的是个人的一些不合理、不合法、不合规的意念想法，对于这些，不能因为别人无从知晓，就埋于心中，这同样也需要谨慎思考、明辨是非。要达到“慎独”的境界，简言之，必须树立远大理想和抱负，不断提高个人修养。

第一，要注意“慎心”。世间各种物欲的诱惑纷纷扰扰，必须要靠“心”来管住自己——咬定青山不放松，任尔东南西北风，但凡“吾心有主”，不做欲望的奴隶，就能不为诱惑所动。

第二，要注意“慎始”。好的开始往往意味着成功的一半，做任何事从开头一定要十分谨慎，如果开始时就不谨慎，还怎么能保证有好的结局呢？

第三，要注意“慎终”。老子说过，“慎终如始，则无败事”，意思是说，如果做事做到最终，还能像开始时一样谨慎，就不会出现失败和差错。生活中，大多数人往往都是开头能做得很好，却不能坚持到最后。人一旦在某个时候放松了对自己的要求，那么这个时候就是滋生失败的最初苗头。

第四，还需要用礼来约束自己，做到“非礼勿视、非礼勿听、非礼勿言、非礼勿动”。

第五，还要克服每个人身上源自动物性的“利己”主义倾向。

【故事】

梨虽无主，我心有主

宋元这两个朝代更迭的时期，世道纷乱，人心不古。大学者许衡有一年夏天外出，只见烈日炎炎，行人大都口渴难当。当经过一条大路时，看到路旁种有许多梨树，大家都立刻伸手摘梨吃以缓解口渴，只有许衡一个人坐在树下，一动不动。

有人奇怪地问：“你不渴吗？为什么不摘些梨来吃呢？”

许衡答道：“这些梨不属于我，所以我自然不能摘。”

那人一脸不以为然：“现在兵荒马乱的，这梨哪还有主人啊？！”

许衡郑重回答：“虽然梨树没有主人，可我的心岂能没有主人？”

许衡就是这样，做任何事情，无论是婚葬嫁娶抑或是芝麻绿豆的小事，都深守礼法。渐渐地，在他高尚品行的影响下，很多同乡的人纷纷以他为榜样，他的家乡民风民俗也渐渐变好。即使小孩子走在路上遇见成熟的果子掉落地面，也不会看一眼，更不会出现去拾取的现象。

许衡的美德之名后来被皇帝听说了，皇帝想请他出来当宰相，许衡不愿做官，以自己身体有病为由坚决推辞掉了。许衡逝世之后，各地仰慕他品行的学子都赶来为他送行，哀悼他的离世，甚至还有人不远千里前来祭拜。

杨震拒金

有这样一个人，你也许并不知道他姓甚名谁，但他说过的一句话，很多人都能张口就来，那就是“天知地知你知我知”。说这句话的人就是东汉名臣杨震。

据《后汉书·杨震传》一书中记载，杨震从小博览群书，为官正直，为人清廉，品行高洁。他一心为公，不徇私情，除了应得薪饷，不属于自己的东西，分文不取。

有一次他在去任地做官的途中，路过山东省昌邑县，当地县令王密是杨震以前提拔推荐上来的。王密为了表达感激之意，秘密地携带了十斤黄金，在深夜去拜访杨震并以金相赠，杨震没想到王密居然这样做，很诧异地问："作为故人，我因为了解您的才干，才向朝廷推荐了您做官，可您却不了解我的品行啊，这是为什么呢？"王密没听出杨震的婉拒之意，连忙说："现在夜已深，您尽管放心收下，这事并没有外人知道。"杨震一脸严肃地回答说："此事天知地知你知我知，为什么说没有人知道呢？"杨震这次的话语明确地表示了拒绝这份厚礼的态度，王密只好一脸惭愧地回去了，杨震因此被后人称为"四知先生"。他的清廉自律确实给后代树立了榜样，其儿子、孙子、曾孙子都做过太尉，被世人称为"一门四太尉"。

杨震拒金这个历史故事其实体现的就是"慎独"的含义，杨震的言行为我们树立了"慎独"的典范。可以说，杨震的道德修养已经达到了"慎独"的境界。

【故事】

护士与慎独精神

有这么一名临床护士，学历不低，基础理论与操作技能也很娴熟，可她在一次换药的过程中，随手就把患者余下的2毫升液体给丢掉了，主管领导发现后，给了她一句评价：没有慎独精神！因为假如该患者是婴儿的话，用药剂量本来就小，浪费这2毫升，极有可能会影响治疗效果。

细小的错误极有可能会导致大的事故。正如《尚书》里所说，不矜细行，终累大德。也就是说，平时如果不拘小节的话，累计久了，必然会有损于一个人的品行修养，最终会在品德上出现大的过错。

在大多数情况下，护士的工作都是单独行动，患者对护士的许多业务行为并不了解，无法判断对错。还有一些对昏迷患者、精神疾病患者、婴幼儿患者的护理，患者更无能力对护士的行为做出监督。因此，慎独精神是护士必备的职业素养。

为什么要对护士如此强调慎独精神呢？请看以下三个案例：

案例一：某护生独自给患者加药，由于一不小心捏碎了装有贵重药品的安瓿瓶。她害怕带教老师知道后让自己赔偿贵重药品，索性贸然签上"已加药"的字样。

案例二：某老年患者告知护士自己头很痛，要求护士为其测量血压。可护士正忙得不可开交，觉得患者没啥问题，随口回答一句，"没事，你好好休息一下就好了"，没有为患者测量血压，但该患者当晚由于高血压突发脑溢血抢救无效死亡。如此结果，能说这名护士没有一点责任吗？

案例三：某患者在一家三甲医院术后输液，某护士不慎把排气针掉到地上，竟然又插回输液瓶。输液后该患者一直处于低热状态，这就有可能是该护士由于无菌观念不强而导致患者感染。

护士的工作，可以说，就是日复一日由无数的小事累积起来的。工作中偶然的差错，虽然说不可能完全避免。但是，只要努力培养自身的慎独精神，严格要求自己，深切关注工作中的细节问题，把日常的一点一滴都做好，日积月累就可以减少不必要的差错，从而养成严肃的工作态度、严谨的工作作风和良好的职业素养。

想一想：在今后的学习、工作中，你打算如何培养自己的慎独精神？

（罗　青）

法律实用篇

法律相伴成长，保驾护航

青少年是祖国的未来，民族的希望。作为21世纪的青少年，不仅要有坚定崇高、追求真知的信念，科学远大、正确牢固的世界观、人生观和价值观，更要努力提高自身知法、用法、守法和护法的水平，让法律为自己的成长保驾护航。

综　述

“法”字在汉语中多用来表示“法律”“刑法”等义，它的含义古今变化不大。后来由“法律”义引申出“标准”“方法”等义。

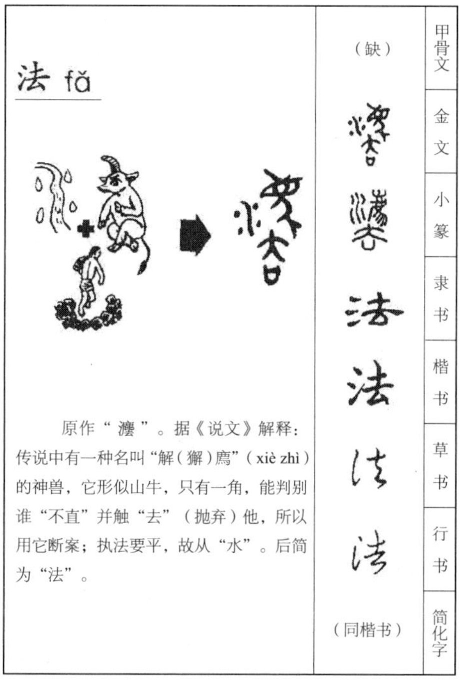

中文“法”字的来源，古代曾有神兽决狱的传说：相传在很久很久以前，有一个部落联盟生息在黄河流域。该部落联盟首领舜委任皋陶为司法官。皋陶正直无私，执法公正，非常受人爱戴。他在处理案件时，若有疑难，就令人牵出一头神兽，该神兽名廌，又名獬豸 [xiè zhì]。獬豸具有很高的智慧，懂人言知人性。它怒目圆睁，能辨是非曲直，能识善恶忠奸，发现奸邪的官员，就用角把他触倒，然后吃下肚子。它能辨曲直，又有神羊之称，它是勇猛、公正的象征，是司法“正大光明”“清平公正”的象征。

法是国家的产物。它是指统治者为了实现统治并管理国家的目的，经过一定立法程序，所颁布的一切规范的总称。1949 年，中华人民共和国成立以后，我国各项法律陆续出台，建立了中国特色社会主义法律体系。目前形成了在宪法统领下的宪法及宪法相关法、民法商法、行政法、经济法、社会法、刑法、诉讼与非诉讼程序法等七个部门构成的法律体系。国家经济、政治、文化、社会生活的各个方面基本做到有法可依，为保障人民生活、依法治国、建设社会主义法治国家、实现国家长治久安提供了有力的法制保障。

宪法及宪法相关法

宪法是国家的根本大法，宪法及宪法相关法是中国法律体系的主导法律部门，它是中国社会制度、国家制度、公民的基本权利和义务及国家机关的组织与活动的原则等方面法律规范的总和。它规定国家和社会生活的根本问题，不仅反映中国社会主义法律的本质和基本原则，而且确立各项法律的基本原则。除此之外，还包括了国家机构的组织和行为方面的法律，民族区域自治方面的法律，特别行政区方面的基本法律，保障和规范公民政治权利方面的法律，以及有关国家领域、国家主权、国家象征、国籍等方面的法律。

行政法

行政法是调整国家行政管理活动的法律规范的总和。它包括有关行政管理主体、行政行为、行政程序、行政监察与监督，以及国家公务员制度等方面的法律规范。行政法涉及的范围很广，包括国防、外交、人事、民政、公安、国家安全、民族、宗教、侨务、教育、科学技术、文化体育卫生、城市建设、环境保护等行政管理方面的法律。

民法商法

民法商法是规范社会民事和商事活动的基础性法律。中国采取的是民商合一的立法模式。民法是调整平等主体的自然人之间、法人之间、自然人和法人之间的财产关系和人身关系的法律规范的总和。民法是市场经济的基本法律。它包括自然人制度、法人制度、代理制度、时效制度、物权制度、债权制度、知识产权制度、人身权制度、亲属和继承制度等，如民法通则、婚姻法、合同法等。商法调整的是自然人、法人之间的商事关系，主要包括公司、破产、证券、期货、保险、票据、海商等方面的法律。

经济法

经济法是调整因国家从社会整体利益出发对经济活动实行管理或调控所产生的社会经济关系的法律规范的总和。经济法大体包含两个部分，一是创造平等竞争环境、维护市场秩序方面的法律，主要是有关反垄断、反不正当竞争、反倾销和反补贴等方面的法律；二是国家宏观调控和经济管理方面的法律，主要是有关财政、税务、金融、审计、统计、物价、技术监督、工商管理、对外贸易等方面的法律。

刑法

刑法是规定犯罪、刑事责任和刑事处罚的法律规范的总和。刑法所调整的是因犯罪而产生的社会关系。它是在个人或单位的行为严重危害社会、触犯刑事法律的情况下，给予刑事处罚。刑法执行着保护社会和保护人民的功能，承担惩治各种刑事犯罪，维护社会正常秩序，保护国家利益、集体利益，以及公民各项合法权利的重要任务。

社会法

社会法是调整有关劳动关系、社会保障和社会福利关系的法律规范的总和，它主要是保障劳动者、失业者、丧失劳动能力的人和其他需要扶助的人的权益的法律。社会法的目的在于，从社会整体利益出发，对上述各种人的权益实行必需的、切实的保障。它包括劳动用工、工资福利、职业安全卫生、社会保险、社会救济、特殊保障等方面的法律，如劳动法、职业病防治法、残疾人保障法等。

诉讼与非诉讼程序法

诉讼与非诉讼程序法是调整因诉讼活动和非诉讼活动而产生的社会关系的法律规范的总和。它包括民事诉讼、刑事诉讼、行政诉讼和仲裁等方面的法律。这方面的法律不仅是实体法的实现形式，而且也是人民权利实现的最重要保障，其目的在于通过程序公正保证实体法的公正实施。

人身权

人身权是法律赋予人的权力，不直接具有财产内容，与主体人身不可分离。只有具有了人身权，我们才能在社会中进行各项活动。它始于人的出生，终于人的死亡。人身权包括人格权和身份权两大类。其中，人格权包括生命权、身体权、健康权、姓名权、名誉权、肖像权、隐私权等，身份权包括亲权、配偶权、亲属权等。

生命权

【案例】

一个寒冬的夜晚，刘某，女，17 岁。下自习回家时经过一条小路突然遇到一个手持尖刀的歹徒，用刀抵着她的脖子欲行不轨。刘某大叫救命，然而冬天的晚上人本来就少，无人应答。刘某使劲挣扎、伺机逃跑，歹徒穷凶极恶、紧追不舍。刘某没有放弃抵抗，边跑边继续呼救。歹徒在追赶的过程中用尖刀划伤了刘某的胳膊，追出大约 100 米后将刘某摁倒在地压在身下，先是对着刘某狂扇耳光，然后持刀逼迫刘某解开衣物，刘某情急之下伸手摸到一块砖头，趁其不备抓起来重重地砸到了歹徒头上，歹徒大叫一声捂着头，但仍然压在刘某身上。刘某情急之下趁着歹徒未回过神，又拿起砖头对着歹徒的头部、脸部狂砸，在歹徒倒地后，刘某爬起来立即向附近的派出所报案。经查验，歹徒在遭到头部重创后失血过多已经死亡。请问，刘某对于自己的防卫行为要负法律责任吗?

解析：生命权是人最重要的权利，个人生命的终止也就意味着自然人自身的消亡，其他任何权利都不再具有意义，因此生命的存在与生命权的享有是每个公民的最高人身权利，法律以充分保护生命权为其重要目的。

《中华人民共和国民法通则》第九十八条规定，公民享有生命健康权。国家保护公民的生命权、健康权。我国《刑法》第四章专门规定了对侵犯人身权利的犯罪行为的处罚。其中，第二百三十二条、第二百三十三条规定，对于故意杀人和过失致人死亡的，根据犯罪情节分别规定了量刑标准，最高可达死亡，体现了我国法律对公民生命权的保护。

本案中，刘某在自己的生命安全受到紧急侵害的时候，进行反抗，重伤了歹徒，最终致歹徒死亡。根据《中华人民共和国刑法》第二十条第一款、第二款的规定，为了使国家、公共利益、本人或者他人的人身、财产和其他权利免受正在进行的不法侵害，而采取的制止不法侵害的行为，对不法侵害人造成损害的，属于正当防卫，不负刑事责任。正当防卫明显超过必要限度造成重大损害的，应当负刑事责任，但是应当减轻或者免除处罚。第二十条第三款还规定，对正在进行行凶、杀人、抢劫、强奸、绑架以及其他严重危及人身安全的暴力犯罪，采取防卫行为，造成不法侵害人伤亡的，不属于防卫过当，不负刑事责任。

本案中，刘某的生命正在遭遇严重的威胁，采取正当防卫是法律赋予的权利。所以将歹徒重伤至死，是不负刑事责任的。

想一想：在日常生活中，如果我们遇到了威胁生命安全的事件，你认为该如何保护自己?

身体权

【案例】

学生于某，男，17周岁。某周二中午的午休时间和几个同学在教室追逐打闹。在追逐打闹中，于某用扫把去追打其他同学，结果用力过猛，扫把从打开的窗户飞了出去。正巧一位老师骑电动车经过，扫把砸到该老师的胳膊上，老师受惊直接倒地擦伤了左胳膊，左腿被突然倒地的电动车压在地上。事发后，该老师被迅速送往医院，经检查，该老师左侧胳膊皮外伤，进行清理包扎，左小腿内侧骨折，共花费医疗费1500余元。该老师因腿部骨折无法工作，需要卧床休息3个月，直接产生误工费9000余元。事后该老师向于某等人追偿医疗费和误工费用。

解析：本案主要保护的是公民的身体权。与生命权不同，身体权主要以保护人的肢体、器官、组织的完整性为目标。身体权是公民享有生命权与健康权的物质保证，侵害公民的身体权将不可避免地侵害公民的健康权乃至其生命权。我国《民法通则》

第一百一十九条规定：侵害公民身体造成伤害的，应当赔偿医疗费、因误工减少的收入、残废者生活补助费等费用。

本案中，于某几人的追逐打闹行为造成了老师的肢体伤害，应当承担赔偿责任，这就涉及民事行为能力和侵权责任的问题。我国《民法总则》第十一条规定，十八周岁以上的公民是成年人，具有完全民事行为能力，可以独立进行民事活动，是完全民事行为能力人。十六周岁以上不满十八周岁的公民，以自己的劳动收入为主要生活来源的，视为完全民事行为能力人。本案中于某虽然已经17周岁但仍为在校学生，所以仍属于限制民事行为能力人。

我国《侵权责任法》第三十二条规定，无民事行为能力人、限制民事行为能力人造成他人损害的，由监护人承担侵权责任。监护人尽到监护责任的，可以减轻其侵权责任。有财产的无民事行为能力人、限制民事行为能力人造成他人损害的，从本人财产中支付赔偿费用。不足部分，由监护人赔偿。本案中，于某没有经济来源，所以由其抚养人承担赔偿责任。

想一想：为什么要保护公民的身体权？你还知道哪些关于保护公民身体权的法律规定。

【案例】

2017年5月下旬的一天，晚自习结束回到寝室后，小明和小刚在宿舍因是否开空调发生了口角。当天有点闷热，小明打开了宿舍的空调，小刚正值感冒不想吹风于是要小明关掉。小明则认为天气闷热应该开空调，这时候刚下自习，其他寝室成员有的去洗漱，有的还没有回来。两人僵持不下，小明开了小刚关掉，小刚关掉小明又开，俩人很快升级到了斗嘴，继而迅速升级到打架。身型比较小的小刚很快处于弱势，加上他认为自己本来就感冒小明还要开空调，是故意和自己过不去。这一刻以前和小明有过的小疙瘩和不愉快，都变成了小明和自己过不去的理由。于是小刚恼羞成怒，拿起宿舍的一把凳子朝小明头上砸去，小明瞬间头部鲜血直流，后送到医院进行包扎，头部缝了十针，花费5000余元。经鉴定已构成了轻伤。

解析：身体权主要以保护人的肢体、器官、组织的完整性为目标。身体权是公民享有生命权与健康权的物质保证，侵害公民的身体权将不可避免侵害公民的健康权乃至其生命权。我国《刑法》规定，故意伤害他人身体的，处三年以下有期徒刑、拘役或者管制。犯前款罪，致人重伤的，处三年以上十年以下有期徒刑；致人死亡或者以特别残忍手段致人重伤造成严重残疾的，处十年以上有期徒刑、无期徒刑或者死刑。本法另有规定的，依照规定。过失伤害他人致人重伤的，处三年以下有期徒刑或者拘役。本法另有规定的，依照规定。

我国《民法通则》第一百一十九条规定，侵害公民身体造成伤害的，应当赔偿医疗费、因误工减少的收入、残废者生活补助费等费用；造成死亡的，并应当支付丧葬费、死者生前扶养的人必要的生活费等费用。

在本案中，打架斗殴不仅会失去朋友，而且会触犯法律，无论是对肇事者的前途还是对家庭经济，都是巨大的打击。年轻人遇事容易冲动，尤其是男生之间，在同学之间发生冲突的时候，给自己一个积极的暂停，很多时候就能避免悲剧的发生。

想一想：同学之间发生冲突和摩擦的时候，怎样能更好地化解？

姓名权

【案例】

李某原名张某，男，16岁。5年前父母离异，李某被判给母亲后一直跟随母亲生活，父亲依照离婚协议按月支付生活费。由于李母没有文化和技能，收入很不稳定，李某跟随母亲生活一直很辛苦，父亲离异后生活得很富有，李某和母亲曾几次寻求父亲的经济帮助，但都被拒绝，除了法律约定的生活费不再额外支出任何费用。为此李某对父亲的感情日益淡薄，并提出要更改随母亲的姓。但变更姓名需要提供户口簿，父母离异的时候李某的户口信息未曾迁出，所以需要父亲提供户口簿。而父亲坚决不同意李某更改姓氏，断然拒绝。于是李某将父亲告上了法庭。

解析：姓名权是公民依法享有的决定、使用、改变自己姓名并排除他人侵害的权利。我国《民法通则》第九十九条规定，公民享有姓名权，有权决定、使用和依照规定改变自己的姓名，禁止他人干涉、盗用、假冒。当公民幼年欠缺识别能力的时候，通常是由其监护人选定姓名。当公民长大有识别能力后，也可以自己选定姓名。我国《婚姻法》第二十二条规定，子女可以随父姓，可以随母姓。

公民享有姓名变更权，是指自然人有权依照法定程序对自己已登记的姓名进行改变的权利。公民有权依自己的意愿对已经登记的姓名进行更改，但应遵循一定的法定条件与程序，不允许随意变更。对此，我国《户口登记条例》规定，未满十八周岁的人需要变更姓名的时候，由本人或者父母、收养人向户口登记机关申请变更登记；十八周岁以上的人需要变更姓名的时候，由本人向户口登记机关申请变更登记。所以，李某可以变更姓名，其父亲也不能阻止李某变更姓名，但要由其监护人李母提出。

想一想：你还知道哪些公民取名字的法律规定？

名誉权

【案例】

林某，15周岁。2017年的一天，她和两个朋友去超市买东西。在逛到洗化用品区域时，发现货架上的一瓶面霜做活动，就顺手拿了一瓶放入手推车中。三人边聊边逛，买了3瓶饮料和3包零食。林某在结账的时候发现自己带的钱买完饮料和零食，就不够买面霜了，又不好意思让同学结账，就顺手把这一瓶面霜放到了收银台旁边的货架上。

结完账三人走出超市却被保安拦下，保安让林某交出藏在身上的面霜。林某打开自己随身携带的小包和购买的物品及小票，检查后并没有发现有未付款的商品。但保安说，在监控录像里发现林某三人有偷东西的迹象，一定是林某转移到了其他两人身上。于是让三人到保安办公室，接受进一步的检查。到办公室后，男保安对三人进行了从上到下、从外到内的全面搜身，才确定三人没有藏匿物品。三个女生都感受到了极大的侮辱，于是报警。

解析：这是一个典型的侵犯人身权的案例。公民的人身权虽然不直接具有财产权利，但却是一个人开展各项社会活动的基础。名誉权是社会或他人对特定公民的品德、才干、信誉、身份等方面评价的总和，是公民正常参与各项社会经济活动的重要保障。比如本案被侵犯的名誉权会导致一个人的社会评价降低，也就是我们日常所说的名声变差。当一个人的社会评价降低，将会严重影响到本人社会活动的开展，比如朋友不信任、贷款不被批准等。

法律禁止侵犯他人的名誉权，我国《民法通则》第一百〇一条规定：公民、法人享有名誉权，公民的人格尊严受法律保护，禁止用侮辱、诽谤等方式损害公民、法人的名誉。侵害公民名誉权的行为主要有：其一，以侮辱方式侵犯他人名誉。即以口头、书面或暴力方式，对他人进行人身攻击，贬损他人人格。其二，以诽谤方式侵犯他人名誉。即以隐瞒真相、捏造事实并加以传播的方式诋毁他人名誉，损害他人声誉。

公民享有维护自己获得公正社会评价的权利，在本次案件中，超市保安以侮辱的方式，对林某等三人进行人身攻击，仅仅依据监控录像，便认定林某等三人具有偷窃行为，侵犯了三人的名誉权。

此外，根据国家法律规定，只有享有侦查权的侦查人员才能依法行使搜查权，超市保安没有权利对林某等三人进行扣留并搜身检查的权利。保安对这三人进行扣留并进行搜身，侵犯了她们的人身自由权利。我国《消费者权益保护法》第二十七条规定：经营者不得对消费者进行侮辱、诽谤，不得搜查消费者的身体及其携带物品，不得侵犯消费者的人身自由。

我国《刑事诉讼法》第一百二十四、第一百三十六、第一百三十七条分别规定，为了收集犯罪证据、查获犯罪嫌疑人，由人民法院决定，或者人民检察院批准，才可以由侦查人员对犯罪嫌疑人进行搜查。并且要求若非紧急情况，必须先向被搜查人出示搜查证。在进行搜查的时候，还应当有被搜查人的家属或者见证人在场。搜查妇女的身体，应当有女工作人员进行。

公民的名誉权受到侵害的，有权要求停止侵害，恢复名誉，消除影响，赔礼道歉。同时，公民因名誉权受到损害的还可提起精神损害赔偿。所以，在这种情况下林某等三人可以首先与超市交涉，要求超市恢复名誉，并赔礼道歉，赔偿精神损失。若协商不妥，可以依法起诉。

想一想：如果是你遇到这种情况，你会如何保护自己？

肖像权

【案例】

小玲，17 岁，形象好、气质好，是某中专学校礼仪队的女一号。2017 年春天，小玲准备拍一套个人写真，以纪念自己的 16 岁生日。经过比对，小玲选定了位于某商场负一楼的一家叫“相约”的个人写真工作室，以 298 元购买了写真套餐，套餐内约定底片全送。于是小玲付了钱，按照约定时间照了相，过了一段时间又取了照片和底片。2018 年 6 月的一天，小玲和同学去这家商场买东西，收到了一张个人写真的宣传页，封面上是她的写真照片，小玲仔细一看，原来是上次自己照相的那家写真工作室。小玲来到这家工作室，发现这家工作室的玻璃橱窗上也张贴了她的这张个人写真。这家工作室使用小玲照片的事情，事前没有跟小玲沟通，也没有支付任何报酬。小玲觉得有些不妥。

解析：这个案例讲的是公民的另一项权利——肖像权。肖像权是指公民通过各种形式在客观上再现自己形象而享有的专有权，它是一个人的形象标志，个人有权决定是否在艺术作品中再现其形象，是否同意其他社会组织或个人使用其肖像。

我国《民法通则》第一百条规定：公民享有肖像权，未经本人同意，不得以营利为目的使用公民的肖像。因此，对公民肖像权的侵犯需具备两个构成要件：其一，使用公民肖像未经其同意。其二，以营利为目的进行使用。也就是说，未经肖像权人同意，任何人不得以营利为目的在纸张、书籍、报刊、网络等载体中使用其肖像。本案中，店家未经小玲同意，私自使用其照片做营利目的使用，是对小玲肖像权的侵犯。公民肖像权受到侵害的，有权要求停止侵害，恢复名誉，消除影响，赔礼道歉，并可以要求赔偿损失，包括精神损害赔偿等。

但是国家对于公民肖像权的保护也有一定的限制，比如为了社会公共利益的需要，或为了科学艺术上的目的，或为了宣传报道而制作和使用公民的肖像，可以不征得公民同意，但同时不应侵害公民的合法权益。为了职务上的目的或公共利益而依法制作、使用他人肖像的，则无须通过本人同意，如通缉逃犯、张贴寻人启事等。

想一想：生活中，你还遇到过哪些和肖像权有关的事件？如果你的肖像权被侵犯，你会如何保护自己？

隐私权

【案例】

中职生李某，女，16 岁，与同班同学魏某发生了口角，继而大打出手。该事情经班主任反复了解确认后认为，李某负有主要责任。于是对李某进行了批评教育，并根据学校的纪律规定，给予其相应的纪律处分。事后李某不能正确看待这次事件，屡次找魏某的麻烦。不仅在魏某的宿舍门口和班级里指桑骂槐地侮辱魏某，还将魏某的照片 PS 上乌龟，写上“大王八”，并披露魏某父母离异的家庭状况，进一步渲染魏某的父母离异完全是因为魏母红杏出墙。此外，李某还说魏某看起来老实，其实非常轻佻，几次追求高年级的某男生，人家根本看不上她。这对魏某的声誉造成了极大的负面影响，严重影响了魏某在同学们心中的形象。

解析：我国《宪法》第三十五条明确规定：中华人民共和国公民有言论、出版、集会、结社、游行、示威的自由。虽然法律赋予每个人平等的言论自由，但并不是为所欲为，想说什么就说什么，尤其是在具有影响力和传播力的朋友圈。公民的言语，不能冲破法律的底线，也不能冲破道德的约束，更不能损害别人的声誉。

在前面的案例里，我们讲到了名誉权。在本案中，李某的言行也同样侵犯了魏某的名誉权，同时还侵犯了公民的另一个重要权利——隐私权。隐私权又称个人生活秘密权，是指公民不愿公开或让他人知悉个人秘密的权利。公民为了维持正常的生活和精神的安宁，往往希望保护自己私生活中的秘密。我国《民法通则》第九十四条至第一百〇五条规定了公民依法享有的民事权利。以书面、口头等形式宣扬他人的隐私，或者捏造事实公然丑化他人人格，以及用侮辱、诽谤等方式损害他人名誉，造成一定影响的，应当认定为侵害公民名誉权的行为。

对公民的隐私权构成侵害的，受害人有权要求加害人停止侵害，恢复名誉，消除影响，赔礼道歉，并可以主张精神损害赔偿。本案中，李某的行为已经严重扰乱了魏某的正常学习、生活，并对魏某的精神造成了巨大的伤害，应当立刻停止对魏某的侵害，并对魏某赔礼道歉，为其恢复名誉、消除影响。若这种负面后果持续影响魏某的正常生活、学习，且对魏某的精神造成继续伤害，则魏某还可以提起精神损害的赔偿要求。

想一想：生活中，你有没有侵犯别人隐私的行为呢？

财产权

财产权与人身权共同构成了公民的两项基本权利。财产权是以财产利益为内容，直接体现财产利益的民事权利。财产权可以用金钱计算价值，一般具有可转让性，受到侵害时主要以财产的方式予以救济。财产权既包括物权、债权、继承权，也包括知识产权中的财产权利。

【案例】

张某，男，16周岁，某中职院校学生。学习成绩不佳，沉迷于网络，苦于上网费用不够，于是起了敲诈勒索财物之心。一日在操场见到平时瘦弱寡言的刘某，便要求刘某给他100块钱。刘某不肯，张某便欲拳脚相加，并声称不听他的话，每天都会来找刘某麻烦。刘某答应第二天中午给张某钱。这次勒索成功之后，张某隔三岔五就找刘某要钱，刘某为此不敢到校上课。经刘某父亲再三追问，刘某才道出实情。刘某父亲立刻向学校所在地的公安机关报案，经调查，张某还用同样的方法勒索其他同学，前后共勒索钱财 2300 余元。

解析：《中华人民共和国刑法》第二百七十四条规定：敲诈勒索公私财物，数额较大或者多次敲诈勒索的，处三年以下有期徒刑、拘役或者管制，并处或者单处罚金；数额巨大或者有其他严重情节的，处三年以上十年以下有期徒刑，并处罚金；数额特别巨大或者有其他特别严重情节的，处十年以上有期徒刑，并处罚金。

已满十六周岁的人犯罪，应当负刑事责任。张某虽是学生，但已经达到承担刑事责任的法定年龄，张某多次敲诈勒索，已经达到了我国《刑法》规定的处罚标准，要承担相应的法律责任。

张某作为中职院校的在校生，勒索同学、敲诈钱财，侵犯了同学的物权，已经达到了触犯我国《刑法》的程度，同时严重违反了学校的管理规定，依照学校相关规定，给予勒令退学的处分。

如果在校园内或者在社会上被不良青少年敲诈勒索，首先要保护好自己的人身安全。如果是在公共场合周围有成年人，可以大声呼救，趁机逃脱。如果对方以暴力威胁，不要顽固抵抗，可以先答应对方的要求，拖延时间，保护自己。等确保自己安全后再向老师或者家长求救，或者报警。

想一想：生活中遭遇敲诈勒索时，该如何保护自己？

【案例】

李某，男，14 周岁，因父母离异，家长疏于看管，该生好吃懒做，经常逃课上网、打游戏。因父母所给生活费有限，便起了偷盗的念头。最初是顺手拿走同班同学的一瓶饮料、一袋方便面或者两三块钱，后来胆子越来越大。该校实行住宿制度，每周末放假回家一次，李某发现每周返校时同学们都带足了本周生活费，于是他便寻找时机下手，每次多则盗窃百元，少则二三十元。连续数周都有同学丢钱，而且都是集中在周末返校后的一两天，这引起了老师的注意，最终将李某抓获。经审问，李某前后盗窃十余次，共盗窃钱物三百多元。

解析：《中华人民共和国刑法》第二百六十四条规定：盗窃公私财物，数额较大的，或者多次盗窃、入户盗窃、携带凶器盗窃、扒窃的，处三年以下有期徒刑、拘役或者管制，并处或者单处罚金；数额巨大或者有其他严重情节的，处三年以上十年以下有期徒刑，并处罚金；数额特别巨大或者有其他特别严重情节的，处十年以上有期徒刑或者无期徒刑，并处罚金或者没收财产。

《中华人民共和国未成年人保护法》第五十四条规定：对违法犯罪的未成年人，实行教育、感化、挽救的方针，坚持教育为主、惩罚为辅的原则。

对违法犯罪的未成年人，应当依法从轻、减轻或者免除处罚。

该生屡次盗窃私人财物，符合我国《刑法》规定的犯罪条件，但在犯罪的时候已满十四周岁，未满十六周岁。根据《刑法》第十七条有关刑事责任年龄的规定，已满十四周岁未满十六周岁的人，只有犯法律规定的特定罪名才予以处罚。因不满十六周岁不予刑事处罚的，责令其家长或者监护人加以管教；在必要的时候，也可以由政府收容教养。

想一想：日常生活中，你还见过哪些顺手牵羊、私拿别人物品的行为？

【案例】

2018年3月的一个周六上午，女生王某（16周岁）去教室拿水杯，准备周末去踏青。教室里空无一人，有两部手机在充电，其中一部是苹果7。王某想，这部手机市场价格四五千块，如果拿去卖了估计能卖两三千块钱，有了这些钱就可以好几个月不用父母给生活费了。此时教室里只有她一个人，来的时候也没有人看到。王某在短暂的纠结后，冲动战胜了理智，拿着手机匆匆离开，到街上以1000元的价格卖掉了手机。

在教室给手机充电的同学回来后发现自己价格昂贵的苹果手机丢了，立刻报告了老师，老师上报给了学校保卫科。经调查，监控发现这一时段除了充电的两位女生，只有王某进出过教室。经过询问，王某对盗窃的事实供认不讳，并上交了赃款。

解析：王某在班里成绩一直很优秀，是老师和大家公认的好学生，只是家境比较贫寒。凭借王某的成绩继续努力，毕业后一定能找到好的工作，就可以减轻父母的负担。但她此次一念之差毁了自己的形象，也给自己的人生增加了不光彩的一段记忆。

《中华人民共和国刑法》第二百七十条规定：将代为保管的他人财物非法占为己有，数额较大，拒不退还的，处二年以下有期徒刑、拘役或者罚金；数额巨大或者有其他严重情节的，处二年以上五年以下有期徒刑，并处罚金。将他人的遗忘物或者埋藏物非法占为己有，数额较大，拒不交出的，依照前款的规定处罚。

想一想：在日常生活中，我们该如何抵御物质的诱惑？

【案例】

某中职学校的篮球场与停车场相邻，一天中午8个男生在打篮球，其中一人在传球时用力过猛，篮球直接飞出球场，砸到停车场里一辆轿车的前挡风玻璃上，直接导致前挡风玻璃大面积破裂。事情发生后，几名男生没有向老师汇报此事，而是串通口供共同隐瞒。下午车主发现车辆前挡风玻璃破裂的情况，根据玻璃破裂的放射状立刻做出了是被篮球砸中的判断，于是由学校安保部门在中午打球的学生中展开调查。经过排查，锁定了打球的人员，但几个学生说法基本一致，都说没有看见，拒不配合调查。后来安保老师在班主任的配合下，最终确定了参与打球的人员名单，也确定了投球砸中玻璃的个人。经过鉴定，受损车辆更换玻璃需要直接花费4000余元。经过老师的教育，这几个学生认识到了自己的错误，并分担了费用。

解析：我国《侵权责任法》第二条规定：侵害民事权益，应当依照本法承担侵权责任。第八条规定：二人以上共同实施侵权行为，造成他人损害的，应当承担连带责任。

根据我国《侵权责任法》规定，承担侵权责任的方式主要有：

（一）停止侵害；

（二）排除妨碍；

（三）消除危险；

（四）返还财产；

（五）恢复原状；

（六）赔偿损失；

（七）赔礼道歉；

（八）消除影响、恢复名誉。

以上承担侵权责任的方式，可以单独适用，也可以合并适用。在本案例中，这8名同学共同实施了侵害行为，造成车辆玻璃被砸烂，给车主造成了4000余元的损失，应当承担赔偿损失、赔礼道歉的责任。实施侵害行为的学生都是中职院校的在校生，年龄在15～18周岁，没有独立的经济来源，应当由其监护人代为承担赔偿责任。

想一想：共同实施侵害行为，应该如何承担责任？

【案例】

欣欣，某职业学校计算机专业学生。2016年9月，学校安排学生实习，实习期为10个月。为了降低租房的成本，欣欣和同班的三个女生一起结伴找房子居住。周末她们在某中介机构门口看张贴出来的房源广告时，一名工作人员主动介绍房源，并表示可以立刻去看房。经过讨价还价，她们当场交了200元钱现金给该工作人员。当天该工作人员又带她们看了附近的两套房子，并一直催几个女生尽快决定下来签合同，但几个女生表示需要再考虑一下。最后该工作人员看当天签合同无望，就留下了她们的电话，并表示他们还有很多房源，保证为几位女生选到合适的房子。回到学校后，欣欣听说同班的其他女生租了一套四室两厅的房子，准备和她们合租，其他几人也表示同意。于是打电话要求中介返还当时的看房保证金，但中介以各种理由拒绝。欣欣等专门到该中介机构，发现这个工作人员已于两天前辞职了，且由于费用交付的时候没有收据，也没有留下任何支付记录，索要无望。

解析：根据我国法律规定，中介公司未能促成买卖双方签订买卖合同（协议），无权收取中介费。本案中，欣欣四人支付的费用在没有找到适合房源的情况下是可以正常退费的。但是，四人缺乏自我保护意识，在支付费用的时候不仅没有留下支付凭证，而且没有索要该中介的收据，私自交钱给个人，最后索要无望。所以，凡是牵涉到要交钱、交保证金或者证件的交易，一定要提高警惕，谨慎判断。

想一想：在交易过程中如何保护自己的财产权利？

【案例】

2017 年 3 月 21 日，学生魏某在学校附近一家超市花 25.8 元购买了某品牌散装的蒸蛋糕准备作为早餐食用。这个牌子的蒸蛋糕是听同学推荐的，所以魏某在选购的时候并没有太多考虑，也没有关注产品的生产日期。第二天早晨，魏某吃了两个蒸蛋糕，上午就开始腹泻不止，到学校医院买药花了 35 元钱。中午回到宿舍，她仔细查看尚未食用的蒸面包的产品包装袋，发现生产日期为 2017 年 1 月 19 日，而该产品的保质期只有 35 天。因为此次购买的产品都已经过期，且导致自己患病，魏某到超市服务台找到负责人协商，要求按照商品价值退款，加 10 倍赔偿，并赔偿自己的医疗费用。经过双方的协商，超市不仅退还其购买物品货款 25.8 元，并按照法律规定赔偿其 1000 元。

解析：国家法律禁止生产和销售过期食品。如果消费者买到过期食品，可以要求商户退货或者更换。

我国《食品安全法》第一百二十七条规定：违反本法规定，造成人身、财产或者其他损害的，依法承担赔偿责任。

生产不符合食品安全标准的食品或者销售明知是不符合食品安全标准的食品，消费者除要求赔偿损失外，还可以向生产者或者销售者要求支付价款十倍或者损失三倍的赔偿金。赔偿金额不足一千元的，赔偿一千元。

本案中，魏某购买的过期食品造成了魏某的身体伤害，根据法律规定，魏某不仅获得其购买物品的货款返还，而且获得了支付货款 10 倍的赔偿。因赔偿金额不足 1000 元，按 1000 元赔偿。所以在日常购物中，要擦亮自己的眼睛，在选择商品的时候要关注生产日期，不选过期商品。购买的商品造成身体伤害时，要凭借购物小票为自己维权、索赔。

想一想：在日常购物时如何保护自己的权益？

【案例】

芳芳，某中职学校二年级的学生，17 周岁。原本家境殷实，可因芳芳家的公司资金周转出现问题，最终破产，不仅家里的生活质量急剧下降，也严重影响了芳芳的零花钱。手里紧张起来的芳芳想找个事情做来挣钱。一个周末，小区里一个阿姨找到她，告诉她一个能快速赚钱的好方法。这种方法只需要芳芳交 300 元的入会费就可以了，以后芳芳每介绍一个人就给她 150 元的奖励。果然，芳芳回去开始发动自己的亲戚和朋友入会，短短 1 个月时间就获得奖励将近 2000 元。

解析：我国《刑法》第二百二十四条之一规定了组织、领导传销活动罪：组织、领导以传销商品、提供服务等经营活动为名，要求参加者以缴纳费用或者购买商品、服务等方式获得加入资格，并按照一定顺序组成层级，直接或者间接以发展人员的数量作为计酬或者返利依据，引诱、胁迫参加者继续发展他人参加，骗取财物，扰乱经济社会秩序的传销活动的，处五年以下有期徒刑或者拘役，并处罚金；情节严重的，处五年以上有期徒刑，并处罚金。

本案中的传销方式是要求被发展人员交纳一定费用为条件取得加入资格等方式获得财富的违法行为。传销的本质是“以后来者的钱发前面人的收益，以低投入高收入吸引人”，只要身陷其中，便很难脱身。因此，提醒广大同学树立正确的价值观，放弃不劳而获的观点，靠诚实劳动挣钱，远离传销。

想一想：你身边有没有从事类似工作的人，如果遇到这样的情况，你会怎么办?

（梁　巍）

心理沟通篇

莫负青春好时光

生命是棵树，参天之前必定经历纤弱无力、旁逸斜出；青春是那样美好，却总要在不期而来的阴霾下踯躅前行。社会的发展、经济的跨越、文化的交流、价值观的碰撞，带来的既是解放也是迷惘。青年们在自卑中品味着忧郁，在纠缠中分割着边界，在孤独中破土成长，在摇摆中肯定自己。百样的年华一样的内心，青年们总是拥有相似的情怀，人性中黑暗的、孱弱的、无力的部分既属于软弱者，也属于坚强者。只有领悟了生命的密码，才可以与心灵共舞，才可在青春的原野里采撷到最清新、最芬芳的花朵。

抛却自卑，自由成长

留心观察，校园内总会有这样一群学生：他们谦虚随和，言语不多，独来独往，很少介入集体活动，因而很容易被老师和同学忽视。虽然置身人群，可他们更像是“隐形人”。这并非是他们在故作神秘，而是源于自卑。他们缺少交往技巧，害怕交往受挫，对人际交往充满了胆怯，于是干脆选择远离人群，用被忽略来保护自己。

自卑，是一种性格上的缺陷，顾名思义，就是自我评价低。“人类，生而自卑”。刚出生的婴儿是那么的弱小与无助，只能靠啼哭来祈求父母的关注，从而能让自己生存下来。成人之后，我们没有猎豹的速度、熊的力量，只能靠智慧在夹缝中繁衍生息。自卑的基因深深烙在人类的潜意识之中，即使人类已经成为世界的主宰。

有自卑感的人往往对自己的能力、品质评价过低，时常伴有一些消极的情绪，如害羞、不安、内疚、忧郁、失望等。这样一些情形，我们并不陌生：拒绝别人的夸奖；对自己的相貌、服饰、举止或是身体的某一部分深感羞愧；把本来属于自己的功劳归于别人；在众人面前走过时，感到局促不安；总认为自己还不成熟，缺少经验。以上的现象，虽然都是平常小事，却反映出内心对自己的轻视，是自卑的典型表现。

中职学生大多来自农村家庭、进城务工家庭及城市低收入家庭，留守儿童家庭、单亲家庭、贫困家庭也并不罕见。家庭经济状况对中职学生的人格成长影响巨大。家庭经济困难的学生心理健康水平明显偏低，而且家庭条件越差，心理健康程度越低。特别是来自于农村贫困家庭的学生，他们承受着更多的经济压力和心理压力。由于经济条件拮据，他们敏感、怯懦，交往能力欠缺，希望得到尊重却又缺乏参加集体活动的勇气及欲望。

部分中职学生的父母受教育程度不高，个人素质偏低，交流及理解能力匮乏。在子女的抚养过程中不能够提供符合社会要求的行为规范，更没有能力关注子女的内心需要和感受，更多使用的是一些简单粗暴的方式，有的笃信“棍棒之下出孝子”，有的笃信“钱给得多就是爱”。特别是在离异家庭、暴力倾向的家庭中成长起来的孩子。由于家庭中父母不和，关系紧张，导致缺少父母的关爱，特别是部分离异家庭中“父亲”角色的缺位，常常使子女缺乏安全感，处于焦虑和恐惧之中，从而形成冷漠、自私偏执、玩世不恭等不良的人格特征，表现为内向、孤僻、偏执、不善于与人交流。

在与学生的交流中，有一个18岁的男生这样反映自己的处境：他说自己来自一个偏远的农村，家里很穷，上学的钱都是父母借的。为了能早点就业，家里选择了职业学校。他说想继续升学深造，可是考虑到家里的经济状况和自己的年龄只能作罢。他喜欢这个班级，却又觉得班级的一切都和自己无关；他很想和同学搞好关系，但却总感觉大家在疏远他；他渴望参加集体活动，却总怕搞砸出丑；他喜欢一个女生，却无论如何都不敢表达，只能以学校禁止恋爱来说服自己。因此，他在学习、生活中变得孤独退缩，苦闷难当。

还有一名男生已顺利考入大专，即将开始新的学习生活。在交流中他说自己从小家境贫寒，父亲去世早，母亲和弟弟妹妹都有精神病症状，时常被村里人嘲笑和欺侮。他所有的努力都是为了逃离那个让他羞辱的处境，他本有机会升入高中，但是自我的低评价让他在关键时刻产生了放弃念头，他甚至差点放弃参加大专升学考试。

还有一名女生，她在实习中表现突出，被实习单位告知可以选择留下来。工作中出类拔萃不能掩盖生活中的窘迫，她时常被焦虑情绪所困扰。她害怕与人单独相处，工作之余，只要跟同事们在一起就感觉别扭。她不愿意说话，如果轮到她在内部学习时发言，甚至会紧张到不知说什么。做事之前会想：我能这样做吗？做完之后又想：刚才不那样会不会有差错？发展到后来，她每天都生活在恐惧和担心中，生怕有丝毫的差池。

真实故事让我们看到自卑在不同层面对现实生活的破坏性。自卑感一旦像阴霾一样笼罩着人的内心，就会形成不良的暗示，并在躯体上有所表现。有时我们并不是真的病了，而是内心疲惫了，就像感冒，说来就来，往往一周之后又不治而愈。来的时候是因为我们告诉自己“我想休息了”，走的时候是因为我们告诉自己“够了，要开始工作了”。感冒前后的你并没有太多的变化，变化的是你的内心感受。自卑的感觉也是这样，生活中的你并没有什么变化，但是当自卑的感觉出现的时候，你就必须为它在现实生活中找个出口。

人类文化的基础就是拥有自卑感，自卑本身并不是一种病，生活中每个人都在跟自己的自卑感对抗，这是正常也是很健康的事情，自卑会成为一个人超越自我、追求优越的动力。只有当一个人自欺欺人，试图掩盖自卑时，不但不能改变事实真相，减少自卑感，反而会随着时间的流逝，使自卑感的暗流在心中涌动，甚至变成压垮自己的最后一根稻草。

我们每一个生命都是从脆弱开始，奥地利精神病学家阿德勒认为，自卑正是由婴幼儿时期的无能和对别人的依赖而引起的，若孩子从小遇到问题就有人解决，就会造就他未来面对不同环境时总是要别人帮忙，无法独立，这样的孩子只在乎自己的感受，很多时候也可能会因此停滞不前，或干脆逃避问题。而生命中的问题之所以无法解决，就是因为一个人关怀社会太少，关注自己太多，失去社群联结。因此，自卑并不是一种疾病，而是刺激人们变得更好的力量。那么我们要怎样接纳自卑呢？

第一，要做好独立的自己，既不要干涉别人的选择，也不要让别人过多地干涉自己的选择。人的一切烦恼都来自于人际关系，而一切因人际关系产生的矛盾，都起因于对自己的选择被干涉或者是干涉了别人的选择。大家回想一下在台上表演或演讲的经历吧，你为什么会紧张、颤抖，忘掉了本该熟悉的台词？——因为你在猜测观众的想法，甚至想左右他们的看法，所以不能专注于自己的表演。因此，阿德勒说：你并不是为了满足他人的期待而活着，别人也不是为了满足你的期待而活着。不必畏惧他人的视线，不必在意他人的评价，也不需要寻求他人的认可。每个人各自承担自己的责任，彼此间平等和尊重。一个人在选择相信他人的时候，不能附加任何条件。只有选择了无条件的信赖，才能构筑更深厚的关系。至于对方是否背叛自己，那是他人的选择。亦即：我爱你，但与你无关。我怎么爱你，是我的选择，要不要接受我的爱，是你的选择。每个人都守着自己的本分，过自己的人生，尽管去选择自己认为最好的路。

第二，要做到悦纳自我。人际关系不光制造了烦恼，也制造了幸福，因为人际关系可以使一个人获得归属感。归属感就是把他人当作伙伴，并能够从中感到“自己有位置”的状态。人只有体会到“我对他人有用”的时候，才能感觉到自己的价值。就是必须要思考“我能给予什么”，才能获得你的位置，得到归属感，从而得到幸福。获得归属感首先要悦纳自己。对于自卑的人，“接受自己”并不容易，因为在审视自己的时候，看到的是“残缺不全”“满目疮痍”的自己。让自卑的人走出自卑就是引导他质疑自己：我真的那么令人讨厌吗？我这人真的就一无是处吗？难道我真的没有讨人喜欢的地方？……即使答案是肯定的，也要接受这个不那么被人喜欢的自己，然后尽量朝着能做到的方向努力，不对自己撒谎，不和别人比较，不干涉别人的选择。接受自己，以平和与包容的心态看自己的那些不完美，这些不完美恰恰是属于自己最独特的部分。说到底，自卑不过是一个存在，只是我们内心对自己的一种态度，当把对自己的态度放到喜欢的角度时，世界就会发生很大的变化。

第三，恰当地追求优越感。人人都有对优越感的追求，这种追求，具有唯一性，它取决于个人划定的人生意义。莎士比亚说过，你是独一无二的，这是最大的赞美，还有谁能说得更有力？心理健康的人能正视自己、接受自己、爱惜自己。年轻衰老、健康与否，他们都不会对自己的本性感到厌烦和羞愧。他们不会刻意掩饰、改变自己的缺点，因为他们拥有欣然接受所有自然的本性。他们会不断完善自己，让自己更出色，找到人生的意义，并最终获得优越感。而自卑的人则用相反的行为来获得优越感：学生会用违反纪律来获得老师的目光和关注；懦弱的人用“疾病”来逃避人生问题；被忽视的孩子则故意制造麻烦……这些人在追求优越感时走错了方向，为自己定下了一个毫无意义的目标。

正确地追求优越感的方式是以合作为基础，为了他人的利益而前进的和为了社会的发展而奋斗。“他者贡献”是为体会到自己的价值而采取的一种手段，我们应该思考我能为他人做什么，并积极地加以实践。只要能产生“我对他人有用”这种主观上的“贡献感”，就有了优越感。

但是，不能过度夸张地追求优越感，因为过度的追求容易成为炫耀，而炫耀正是因为自卑。羡慕是一种自卑的表现，少量羡慕是正常的，且完全无害，但必须让羡慕变得有用，羡慕如果能让人做出成果和面对问题，就会是有益的。其实说的就是人人都有自卑感及试图超越自卑的优越感。而自大则是有自卑感的人来逃避困境的方式。这样的状况是在觉得自己不够好的时候，反而转了心境，作了自己最好的假设。相反的，嫉妒就是一个很棘手和危险的心态，也是严重自卑感的产物。有这样的心态不管做什么都是无益的，而充满嫉妒之心的人，永远不会成为有用的人。

有边界，才从容

身边总有过度友善的人，不忍或害怕拒绝别人，他们总是怀抱善意，宁可牺牲自己的时间、精力、金钱甚至原则，也不愿让别人失望。“他一定是走投无路了，才来找我……”“要是我把他拒绝了，我就是坏人……”在这种心理作用下一次次接受对方的要求，最终超出自己心理上能够接受的极限，产生被勉强、被逼迫的感觉。不懂拒绝的背后，是没有建立起人与人关系之间的界限。上天仿佛开了个玩笑——懂得拒绝的人，能赢得真正的尊重；害怕让别人失望，不懂拒绝的人，却往往在无能为力时变成罪人。

班里有这样一位女生，是同学眼中的“老好人”，她对同学有求必应，即使有些请求明显超出她的能力，或是游走在违反学校纪律的边缘，她也会义无反顾地去做。通过逐步了解，才找出原因：她来自农村，在外出上学之前，很少和家庭之外的人接触。在家乡，她的父母乐善好施，口碑很好。父母教导她要永远与人为善、乐于助人。因此，她从小就不会拒绝别人，无论亲人、朋友，还是同学；也不分远近，熟悉与否，只要别人提出请她帮忙，她就一定不会让对方失望，即使心里不想做、不愿去，也从来不会说“不”。这样的“好事”让她忙于应付、疲惫不堪。

人格的发展离不开对父母的认同，在很多层面上，人的内心世界就是源于父母的遗传和父母行为潜移默化的影响与渗透。对于这个女孩来说，认同的对象只有父母，所接受的观点都是父母给予的。“乐善好施”“无条件帮助他人”是她人格中被父母渗透的特质。她不知道当别人提出要求的时候除了接受，还有一个“拒绝”的选项，更不知道怎样去拒绝。所以，她能给予别人的，除了接受还是接受；她能从别人身上看到的，除了善良还是善良。这种被父母教导的单方面无条件接受的善良，看似高尚，却使得这个女孩内心迷失于善恶得失，失去了对是非的判断能力。她主观地认为：别人提出要求就不能拒绝，至于要求的内容是什么不重要，因为我帮了别人，别人会对我好。这种单方面的接受没有边界、不讲原则、不分是非，使她迷失于自我，给她带来的是应接不暇的疲惫感和力所不能及的痛苦感。

不懂拒绝的背后，是没有建立起人与人之间的界限。人际间有一个无法违背的人性定律：帮得了一次，就有第二次；帮得了第二次，就有后面无穷多次。而无休止的帮助，往往是始于感恩，终于嫌隙。当你实在无能为力的时候，就会变成罪人。超过心理上能够接受的极限，就会有一种被勉强、被逼迫的感觉，是一定会受伤的。

很多人忙于处理生活中的点点滴滴，忘了留点时间关注自己的内心世界，建立清晰的心理界限，长时间将自己置于危险或不舒服的处境。没有界限，就不会有足够的心理成熟度来防御他人过多地进入你的生活，干扰你的判断决定。我们经常见到父母为30多岁的儿女找对象、成家的子女定期向父母汇报自己的生活中的细枝末节……父母的潜台词是：“你就是这么笨，什么都做不好，要不是因为我，还真不知道你怎么过生活！”你仿佛失去了对自己人生的决策权。这种状态会让人感到压力、委屈，充满负罪感。现实面前既会责怪自己为什么不告诉对方自己内心的真实想法，又会愤怒于对方为什么没有看到自己的痛苦和委屈而提出这样不近人情的要求。

前述讲到的女孩，在她成长过程中，父母只给她看到了事物的一面，而没有把对立面展现给她，导致她心理成熟度低，并且模糊了善恶的界限，机械地认为要善良地对待他人，而善良就是无条件地接受对方的要求。如果拒绝、抵触、排斥，那就是不善良，甚至是恶。在这里，人际界限被简单地以善恶区分，又因为这种有求必应品质在现今社会的稀缺而自带光环。但是，我们忽略了一点——一个不能区分善恶、罔顾自己内心的人，他的承诺和付出会有多少含金量呢？

人们为自己设立界限，不是为了限制对方，更不是为了拒绝对方，恰恰是为了保护关系，让关系可以持续进展下去。让对方清楚知道自己想要怎么被对待，以及让对方知道当下的相处模式已经让你感到不舒服，需要停下来。但停下的仅仅是“模式”而非“关系”。因为只有平衡的关系才能既长久又开心，而当我们无法适时恰当地拒绝对方时，才会导致关系走向解体。那么我们应该怎样划出一条让自己和他人都舒服的人际界限呢？

第一，要搞清楚自己的真实需求和感受。道德感太强的人经常对自己的需求有羞耻感和罪恶感，一如拒绝别人让自己舒服是贪心又自私的行为。因此，会否定和压抑自己的感受，在面对关系时经常怀疑“我这样想是对的吗？”“是不是太自私了？”不清楚自我的感受，就不会知道想要被对待的方式，提不出明确的需求——你希望对方怎么做。我们不但长期地需求匮乏，只会让我们在关系里变得畏缩和抗拒，最终依旧破坏关系。

第二，要正确地对待对方的需求。我们经常优先照顾对方的需求或认同对方，相信自己就是对方所说的模样，无法忍受对方对自己的不满意，因为害怕被抛弃而不顾自己的真实感受去努力迎合他人的需求。就像大多数的孩子认为听话就会获得父母之爱；听话就会获得老师的表扬；把最心爱的玩具给小朋友，他就会和我玩……过度的体贴和为他人着想，限制了人格的成长，也成为侵蚀关系的毒药。

第三，不要被过往的情绪困住。一个人如果在早年同父母的关系中受过伤，或者过往照顾者是不稳定的情绪特质，都会形成在早期关系中的不安全感，继而转化为后续成长中面对关系时的恐惧和担心。在内心不断地纠缠于会不会因为说出需求而被讨厌、被抛弃；会不会因为对他生气、不满，他就再也不爱我了，等等，这些情绪导致无法形成明确的人际界限。希望通过退让让对方喜欢自己或者维持关系时，最终还是无法好好维系关系。

“有所为，有所不为”。所谓“有所不为”就是拒绝。对于不同身份地位的人，就有他们该做和该拒绝做的事。因此，不要害怕拒绝他人，只要自己的理由出于正当。其实，当一个人开口提出要求的时候，他的心里就已经预备好了两种答案。所以，给他其中任何一个答案，都是意料中的事。而每一次拒绝，也促使对方思考这样一个问题：我到底是谁。

孤独与分离，见证成长

荒岛求生的鲁滨孙被视为传奇，北海牧羊的苏武被视为英雄，不是因为他们战胜了岁月、饥渴与猛兽，而是因为他们击败了孤独这个最强大的对手。人是最脆弱的哺乳动物，而孤独就像最深的海，漆黑而平静，可以轻易地摧毁任何人的意志！因此，我们需要有人倾听我们的倾诉，欣赏我们的表演。还好，我们有家人，我们有朋友——他们是人类心理进化过程中所产生的最好的礼物和社会存在。人类创造了关系，而关系托住人类的孤独感，阻止了人类自身的心灵崩溃。

对孤独的恐惧来自于婴儿期对自我存在的不确定感。我们无法自证存在，就像无法通过左手和右手的较量来证明自己的手腕是否有力量。因此，我们无时无刻不需要与我们有关的客体来证明我们的存在。我们离不开父母、老师、同学、朋友，离不开每天都要途经的小路和路边的小河、绿树，离不开心爱的小狗，甚至离不开一个破旧不堪的毛绒玩具。我们会为旧居的拆除而落泪，会为一个背包的破损而伤心。因为他们都是我们的见证者，就像一面镜子，客观地反映了我们的存在。

人类本能里最大的力量冲动就是用"关系"消除孤独。建立关系，就是人为应对孤独的恐惧和痛苦而生发的一种能力。但是人类又常常不能把握好"关系"，直到今天也没有真正解决好关系的问题。心理疾病的真正根源，就是在处理关系，特别是在处理与父母的关系中出现了问题。

父母见证了我们的出生、成长，还将见证我们的未来。与父母的关系是我们最早发生，也是最稳定的关系，是我们给自己构建的心理长城。我们离不开妈妈。当妈妈不在身边时，孤独焦虑的儿童会紧紧抱着带有母亲的气味或与母亲的慰藉有关系的物品入睡。这些物品被称作过渡性客体，可能是一块柔软的毛毯、一件旧衣服、一个破玩具，它们暂时是取代母亲的一种安慰剂。儿童使用它们来对抗分离或孤独带来的焦虑，这是极具原生态特质的应对孤独或分离所带来的痛苦的处理模式。人类本身所具有的趋利避害的心理动力在危急时刻挺身而出，拯救了人类自身。

人类的天然缺陷就是不能忍受分离，因为分离就意味着回归孤独，无论是身体上的分别，还是心理上的断奶，远离父母都会给内心带来一种撕裂般的痛。因此，我们想尽各种办法来推迟成长以逃避残酷的分离。

"慈母手中线，游子身上衣"，我们的年龄会长大，但是与父母之间的关系脐带却没有被割断。离家求学的少年带着沉重的行李，有被褥、有衣裤、有鞋袜，这些常见的日用品都是妈妈亲手置办的，它们是新的过渡性客体。"有它们在，每天都可以和妈妈在一起！"

对于父母而言，同样无法忍受分离。外出求学可能是子女和自己第一次长时间的分离（一些新生的父母曾告诉我，这是他们孩子第一次或第二次出远门）。十几年平衡和稳定的陪伴关系，子女早已成为他们生活或生命中的一部分了，子女外出求学意味着自己身体和内心一部分要被抽走，这不仅是对一个家庭完整结构的破坏，更是对父母人格完整性的破坏。分离意味着陪伴关系的丧失，意味着孤独的回归，他们的内心对于这次分离充满了焦虑。

以血缘为基础建立的情感联系，是人类亲密关系中最牢固的基础元素，情感联系的丧失感会成为最深刻的焦虑源。为缓解焦虑，父母会将一件子女可随身携带的物品投射为自己，让这件无言的"父母"替代自己，以稀释和慰藉由孤独和分离带来的内心伤害。既是安慰外出的学子，更是安慰留守的自己。临别前，父母为外出的孩子精心准备了被褥、裤袜甚至洗发水，即使这些物品随处可见，也要在家乡的便利店中细细地挑选。因为子女穿着、用着从家中带来的东西，就象征着关系还在，联系未断。父母依然会为外出求学的孩子保留房间，并为之打扫；而孩子则会把妈妈买的那件衣服时常穿在身上……

这些都是关系被具体化后的产物。

分离或许是人类所经历的最大的痛苦，对分离所感受到的痛苦程度与依恋的强度成正比。但是无论怎样，分离都是一种必然，“人总要学着自己长大”。每个人或迟或早都要承受分离带给内心世界的痛苦的撕裂感。关系本身就是由孤独和分离构成，这是一个硬币的两面。孤独是关系的婴儿状态，分离是关系的成人状态。人类用关系来消除孤独，同时又用关系来制造分离。关系仿佛是一个两极的循环：孤独让人聚到一起，到了一定时候又必然把人分开；分开到一定阶段，又会因为无法忍受孤独，重新把自己和他人联结在一起。人到了成长的阶段，就必然会离开父母，人格的成熟与父母的距离是成反比的。离不开父母的人，永远是一个孩子。

如果分离或孤独带来的分裂感产生得过于猛烈，就会使人的很多心理功能被破坏。因此，我们会在孤独和分离之间加一个过渡过程，即进行一种积极健康的缓冲。父母为孩子准备行囊就是一种很好的过渡方式，一件随身物品很好地解决了寂寞、孤单和思念之情，避免了让我们一下子陷入无边的孤独中，难以应付。

无论是出于本能还是有意识地自我疗愈，都要让自己懂得：在面对孤独时，任何一种与关系有关的客观存在，不管其存在形式如何，都是应对孤独的良药。孤独和分离存在于内心，就像一枚硬币的两面，以一个整体的形式存在。关系的作用就是在我们的内心因为孤独或者分离产生了痛苦时，以可见或不可见的形式再把二者联结起来。我们需要以更主动、更有效的方式来应对孤独或者分离带来的痛苦——学会适应和理解各种关系，学会在不同的关系中生存。孤独和分离给每个人带来的感觉是一样的，就像是饥饿感；关系恰恰就是满足这些饥饿感的食物。食物多种多样，不同的人、同一个人在不同的阶段对“关系食物”的需求都是不一样的。一岁的婴儿最需要与母亲建立起亲密的关系；十五六岁处于青春期的孩子，与同龄人的交往又变成了最重要的关系；人到中年，家庭、子女又成为最重要的关系。所以，我们需要在不同的人生阶段以不同的“关系食物”满足自己。至于为什么是这种关系而不是那种，则取决于环境为我们提供了什么及人彼时的心理需要。因此，在一定程度上，建立关系是我们的一种本能，最终我们都在关系中获得成长，在成长中获得更多的关系。我们只需能够用我们的心理活动制造出足够的关系，把孤独和分离联结起来，孤独便不再孤独，分离也就不再痛苦。

男孩，女孩

人们对一个新生婴儿的第一描述是什么？当然是“是男孩”或者“是女孩”。性别是一个人最基本的地位特征之一，在个人交往和所处的社会地位方面，都是极其重要的。在与一个人交往之前，我们似乎必须知道其性别，当不能确定一个人的性别时，我们会觉得很惊愕，感到慌张，不知道该如何与其交往。

人类社会对不同性别分别有一套规范或者说是文化定义下的期望，用来规定某一类性别的人其行为应该如何，这就是性别角色。与性别角色相关的一个现象是刻板印象，通过对男性（女性）概括表述，如外表、个性品质、行为等，使其与女性（男性）相区别。我们倾向于以性别为基础对信息进行区分，当遇到与刻板印象不一致的信息时，常常导致我们认知的扭曲。“娇柔的”女性和“阳刚的”男性是我们对两种不同性别的普遍认知，“假小子”“娘娘腔”明显偏离我们对性别角色的刻板印象，这种对性别角色的偏离，通常会被认为是在性别角色的自我认同上出现了问题。

一位母亲这样描述她15岁的女儿：

她有着一个偏男性化的名字和“帅气”的面庞，从小就喜爱汽车玩具而不是芭比娃娃；对大多数女孩子喜欢的跳舞、过家家等游戏丝毫不感兴趣，她更愿意加入男生队伍，扮演英雄厮杀打斗。她平时总是留着短发，喜欢穿棒球衫、运动衫等宽松的衣裤。父母觉察到了异样，也曾试图改变。当给她买来漂亮的裙子试图让她穿上时，遭到了她愤怒的拒绝。进入青春期，她要好的朋友都是女孩，几乎没有听她说起过身边的男同学。平时和比她小的孩子在一起，也常常以“哥哥”自居。

一名19岁的男孩这样表述自己：

我一直觉得自己有性别认同障碍。小时候有个表姐在家里这边的学校上学，她给我穿过女孩子的衣物，或许就是从那时埋下的种子吧。逛街时妈妈让我试穿女孩子的鞋子什么的也一直都印在心中。小学、初中、高中都偷偷穿过女生的衣服。我性格偏柔弱，不爱说话，安静，对别人具有依赖感。我讨厌男性的身体，讨厌随着年龄增长而出现的朝着男性的方向发展的胡子、体毛、形态外貌等。最近因为剪了头发而闷闷不乐，跟家人闹得很不愉快。我的内心认知和现实发生了冲突，然后这种厌恶的想法越来越重，我明显觉得心里的压力越来越大，甚至连照镜子都会不由自主地反感和抗拒自己的身体，我不想让其他人看到我的这副模样。这几天我还因为这事做了好多梦，梦里的我变成了一个女孩儿并且被周围的人所承认。

上述两个案例中的主人翁显然在性别的自我认同中出现了问题。性别自我认同是指个人对自己性别的确认，主要表现为性别指认和男女气质差异。性别角色社会化是以性生理发育为基础，在社会因素影响下形成健全性心理，确立合适的性别角色，按性别角色建立适应社会生活的性关系和性行为的过程。性社会化从幼儿期就开始了，在儿童时期表现尤为突出，父母在这一阶段应该教会孩子在成年后应该做的事，儿童如果做了和他的性别相一致的事，如男孩勇敢、刚毅，女孩细心、温柔，就给予奖励；否则，就会受到处罚。与此同时，孩子也会模仿成年人，无论是相同性别的父母、老师，还是公众人物，都会促进他们的社会化。在一些情况下，仅仅告诉孩子一个男孩或女孩什么行为是被期望的，对于性别角色学习就够了。进入青春期社会化仍在继续，社会将把对于某一性别来说是恰当的行为规范不断地传递给他们，从可能从事的工作到人生伴侣的选择。作为个人，必须在认知、情感和行为上统一自己的性别角色，才能带着稳定自信的感觉来扮演自己的男性或女性角色，如果在二者之间犹豫不决，就可能对性别角色产生冲突。

人的性别认同是通过对自我性别特征的理解，对神经内分泌和排尿等生理活动机制的初步明确，以及通过父母的示范作用、社会的强化作用和语言的影响等得以发展的。父母在子女的形成正确的性别认同中承担着重要责任。有些家长错误地认为性别认知是件自然发生的事，随着年龄的增长，孩子会顺理成章地完成性别认同，确定自己的性别角色。对于为孩子所起的名字、所购的服饰及日常所做的游戏是否与性别角色匹配毫不在意。对于除偶尔的表演外，孩子的不当性别角色行为也反应麻木，不能及时给予奖励或惩罚以给予孩子一种心理支持或压力，促使孩子根据自己的性别角色做出相应的行为，并逐渐形成正确的行为定势。更有些家长出于风俗传统或对女孩偏爱，将自己家的男孩“装扮”成女孩模样（或反之）。长期“异性打扮”，会导致孩子产生性别认同混淆。尤其当孩子成长到青春期，第二性征陆续出现时，心理上更容易产生困扰。

在单亲家庭里或留守儿童家庭里，由于父亲或母亲的长期缺位，孩子在成长过程中或没有相同性别角色的模仿对象，或长时间和同一性别成人生活，比较容易偏离正确的性别角色。很多家长对这种缺憾的影响却浑然不觉，等发现孩子的性别认同存在问题时，孩子已经偏离正常轨道很远了。有些家庭虽然不缺少模仿对象，但由于母子关系或父女关系过于密切，使孩子与其同性别的家长接触过少；或是在一个强势的妈妈和一个软弱的爸爸组成的家庭中，孩子都会在家庭的压力下无法正确完成性别认同，反而会把投射在父母身上的反感，转化为对某种性别的偏差认知。

在社会上，我们曲解了“男女平等”，把权利上的平等理解为生存竞争上的平等。因此，为了增加竞争的砝码，女孩被教育得越来越“强势”，处处以男孩的标准要求女孩。而对于男孩，社会规范则要求他们循规蹈矩，把女生的行为视为榜样，并以此为标准进行奖励和惩罚。另外，在最初的受教育阶段如幼儿园，孩子接触的基本上都是女性，甚至在大多数城市的中小学校，男教师也是稀缺物种。男教师的性格和生理特点，是女教师不可替代的。教师性别比例的失衡导致学校如同缺少父爱的“单亲家庭”，容易使孩子的心理、思维出现缺陷。

进入青春期后，多数人会随着环境的改变、人格的成长而逐渐完成自我的性别认同。而那些没有解决性别认同问题的人，女孩会变得性格、举止上豪迈，打扮中性，喜欢漂亮的女同学；而男孩则表现出性格、行为上柔弱，并会对身体强壮的男同学有好感，产生恋爱的感觉。对于这样的现象，认知调整已经不能扭转这些孩子的观念，需要专业的心理干预。

自然赋予了我们性别差异和属性，我们就绝不能违背、忽视甚至抹杀两性的区别。每个家长都有不容推卸的责任帮助孩子定位自己的性别角色，以及与其性别角色相适应的心理特征和行为模式。一个男女角色混淆的社会是令人恐惧的。

（张轶良）

人际交流篇

一切从沟通开始

高速发展的信息社会，需要我们具备良好的沟通技能。大多数人都知道沟通交流的重要性，但很多人都不清楚怎样通过人际沟通更好地处理人际关系，所以需要学习一些实用的人际沟通技能、语言技巧，更重要的是要学会用欣赏人、尊重人的沟通方式来处理与他人的关系。

主动交流、适当沟通，在交流互动中，熟悉环境、增进了解、交流情感、提高安全感和亲密感，甚至步调一致、达成共识、相互影响，化解面临的困惑和难题。良好的沟通能力是学生们顺利完成学业、形成良好个性、提升满足感的必备技能，也是人生发展、事业成功、生活幸福的坚实基础。

良好沟通，成就人生

沟通是人际关系的桥梁，已成为人们生活的重要部分。良好的沟通，可以帮助人们更有效地传递信息、获得更和谐的人际关系，更有利于学习、工作取得进展，更顺畅地实现许多目标。现代社会，人与周围环境无时无刻不发生着错综复杂的联系，人们之间的联系更加紧密，只有扩大沟通范围才能适应社会，才有利于人的快速成长，才有利于创造力的发挥。

青少年时期的同学们，正处在人生的重要阶段。情感趋向成熟，感情世界丰富而敏感，开始离开父母的怀抱，踏上人生旅途。从家走向学校，再从学校走向社会，走向生活。成长的需要，交往的需要，对朋友、对人际沟通有着深深的渴望。渴望与人交流获得友谊、取得尊重、相互理解，希望能够找到一个同甘共苦、无话不说的知己。于是，开始与各种认识、不认识的人交流，希望通过与他人的沟通交往，交流思想、表达情感、获取信息、寻求帮助。

人际沟通是人际关系和谐的重要渠道。人际关系的好坏很大程度上与其沟通能力有关，沟通有助于创设和谐的人际关系。同学们在逐步认识社会、了解他人、成长自己的过程中，需要处理各种人际关系。如何处理自己与他人的人际关系，就显得迫切和重要。如果能学会一些沟通技巧，具备一定沟通技能，主动与人沟通，广泛参与交流，在认识社会、联系他人、处理各种人际关系中，放下小我、善于合作、融入集体、互帮互助、成就大我，那么自身能力、心智就会得到快速成长。

人际沟通是人际关系发展的基础，人际沟通状况很大程度上决定了人际关系的状况。每天，我们以许多方式与他人进行着沟通。我们交流思想、表达情感，沟通着彼此的观点、看法，交流着各自的欢乐、变化。我们通过沟通来解决问题、化解矛盾、做出判断，通过沟通来取得共识、达成一致、协调平衡。如果每个人是一个点，沟通就是连接点与点的线。正是有了沟通，才使人类变得更强大。所以，我们需要沟通、需要合作、需要朋友。与人相处的学问，在人类所有的学问中应该是排在前面的，沟通能够带来其他知识不能带来的力量。

良好的人际沟通能力已经成为生存和发展的必要条件。沟通改变人生，口才助你成功，良好的人际沟通更容易建立友好融洽的人际关系。在今天这个到处充满竞争和压力的社会里，在校园里建立良好的人际关系，形成一种团结友爱、朝气蓬勃的环境，将非常有利于自己形成健全的人格，促进学业、身心的全面发展，锤炼优良的个性品质，早日成才。

现实中却存在着相当多的认知偏差、情绪不稳、交往胆怯、缺乏沟通技巧、心理准备不足、不知如何与他人相处等问题或障碍。怎样才能交到知心朋友、怎样使自己成为受欢迎的人，如何处理好人际交往问题、针对当前所面临的交往问题该如何去改善呢等问题困扰着同学们。可以通过学习一些实用的人际沟通技能、语言技巧，主动与人沟通，在广泛的沟通交流中，化解面临的困惑和难题，快速成长。

沟通是什么？

【案例】

故事发生在一个小地方，那里的人都认为自己巧舌如簧，善雄辩。其实，这样的人真不能称得上是善言辞，只有相处过就会知道，和这样的人相处会有多累。说有一个病人，患了病去看医生。医生礼貌地对病人说："请坐吧。"病人却不乐意了："为什么要坐？难道你要剥夺我不坐的权利吗？"

气氛尴尬，医生决定换个话题缓和一下："今天天气不错。"

结果病人还是不买账说："此话差矣！你这里天气不错，并不等于全世界今天都是好天气。比如说，北极，今天天气就很坏，刮着大风，漫漫长夜，冰山正在撞击……"

医生解释："我说的今天天气不错，一般是指的本地，不是全球。大家也都是这么理解的嘛！"

结果病人反驳道："大家都理解的难道就一定是正确的吗？大家认为对的就一定是对的吗？"

沉默……医生默默地看着他，没有再说话。

跟这种人如何交流？全然不在一个频道上。

这就给我们提出个问题：这种"雄辩"的说话方式我们感受如何？这样的说话方式能起到沟通的作用吗？

看病最重要的环节是什么？是找医生问诊。否则，就不用来找医生了。但是这个病人始终采取不合作、对抗的态度对待医生的问询，致使医生根本没办法给他看病。他语语反驳、句句雄辩，看似占了上风，逞了口舌之快，却忘记此行真正的目的。

当一个人始终要在言语上胜过别人的时候，他说话的目的就不再是为了沟通，而是为了战胜别人。

【案例】

有个故事，说的是一位事业成功的女士，曾经也是个"雄辩症"。上大学时，因为参加学院辩论队，看过很多国际辩论赛，逐渐喜欢上那种唇枪舌剑的感觉。于是乎，就把辩论延伸到了生活中。几乎所有的问题都变成了她的辩题。只要抓住机会，就一定要辩出个高低上下、是非对错。朋友们在一起聊天、同事们在一起谈话，她一次次条件反射式地质疑、找漏洞、反驳、攻击，让气氛难堪、谈话空档。因为处处辩驳、时时辩论，总要在言语上分个高下、占个上风，与别人聊不到一起、谈不到一块，人际关系紧张起来。雄辩的语言没有为她带来期盼已久的声誉，相反，同事、朋友都渐渐疏远她、孤立她，人际关系越来越糟糕。后来在好友的帮助和自身的醒悟下，花了很长时间，才改掉一争高下、语欲胜人的毛病。改变"雄辩"的讲话风格后，人际关系、事业才逐步渐入佳境。

这样的说话方式能不能起到沟通的作用？什么是真正的沟通？

人际沟通是指人们运用语言、文字或者一些外表、表情、肢体动作等特定的非语言行为，把自己的想法、要求等表达给对方，是人与人之间信息交流的过程。从基本功能上看，沟通是为了建立和谐融洽的人际环境。通过良好沟通能被他人所理解、能交到朋友，个人的品德才智、能力魅力能得到展示和发展，能创建和谐、融洽的人际环境。沟通顺畅，人们之间通过情感传递而相互影响、相互促进，达到行动上的协调一致，为一个共同的目标而努力，更有利于身心健康的发展，更有利于学习、工作和成长。

沟通是个双向交流的过程，是思想、情感的互通有无，需要两个人共同参与。所以，沟通中要顾及对方的情绪和感受。不能只顾自己说，不管别人的反应，或者是让对方唱独角戏。而是要用心去听听对方在说什么？去了解对方在想什么？对方有什么感受？并且把自己的想法回馈给对方，根据对方的反应，调整自己的节奏和步伐。我们不能用自己喜欢的方式去对待对方，而要用对方喜欢的方式去对待他。这位女士错就错在，把辩论赛的那一套拿到了平时的交流谈话中，拿到了日常人际交往当中。身边的人不但不觉得她厉害，反而觉得她自以为是、偏执狭隘；不但不佩服她，反而反感疏远她。对那位女士来说，总想在言语上胜别人一筹，会惹人嫌。除了满足一点虚荣心，获得一点虚妄的成就感，还有什么意义呢？

人们为了交流感情、阐述事实、交换意见、表达思想，取得相互了解、信任，达到相互间对信息的共同认识，选择沟通。所以，人们应该为了真正的知识、真理而讨论，而不应该只是为了压倒他人而讨论。真正的思想交流者应该是谦逊的，他们积极寻找共识、乐于承认不足。对他们来说，驳倒他人不是最重要的，获得一种更清晰的认知才是更有价值的。

为什么人们总是忍不住要在言语上胜过他人呢？也许这是人类的天性，天生喜欢胜过别人，相比于落于下风，更喜欢在各方面占上风。我们天生喜欢别人关注自己、认同自己，当有人反对或质疑时，会不由自主地维护自己，用自己的声音压过反对或质疑的声音。

可是这些欲望和习惯，却在谈话中把我们拉得越来越远，它让我们遗忘了沟通真正的目的，遗忘了对我们真正重要的东西。所以，不要总在言语上胜过他人，那是一种低情商的表现。

良好沟通有多重要？

萧伯纳曾经说过：如果你有一个苹果，我有一个苹果，彼此交换，我们每个人仍然只有一个苹果；如果你有一种思想，我有一种思想，彼此交换，我们每个人就有了两种思想，甚至多于两种思想。统计数据表明，在走向成功的众多因素中，沟通与人际关系占 85%，专业知识和技术占 15%。沟通能力已成为成就人生的首要能力。

管理界有个说法，即管理的核心是沟通，领导力的核心是沟通，销售的核心是沟通。因为这些事都是需要人来做的。既然要做事，那么开始前，为了减少摩擦争执，避免猜忌分歧，就要先通过沟通统一思想，通过沟通增进了解、改善关系、产生共识，进而产生信任和凝聚力。人生活在集体中间，离不开与人的交往，离不开他人的理解、支持和帮助。沟通使每个只是单独点的人，连接起来，点点成线，连线成面，连面成网。如果这个连接断掉的话，点就没有意义，就不会形成网。沟通连接了整个社会，社会这个大网的每个环节都离不开沟通。

这里有一组数据：普林斯顿大学对10000份人事档案进行分析，结果发现："智慧""专业技术"和"经验"只占成功因素的25%，其余75%决定于良好的人际沟通。哈佛大学就业指导小组，1995年调查结果显示：在5000位没被解雇的男女中，因人际沟通不良而导致工作不称职的人占82%。研究表明，我们工作中70%的错误是由于不善于沟通造成的。

良好沟通与人际关系处理，正以绝对优势占据了成功要素的重要地位。

良好沟通对人生的发展成败，关系密切。沟通的质量往往决定了工作学习的质量。很多时候，我们抱怨同事或下属工作不利，同学之间合作不好，问题往往不是出在业务水平、工作能力上，而是出在沟通上。如果沟通没有做好，就会出问题。沟通不到位，员工之间关系紧张、有摩擦、多误解、没默契、不配合，工作效率会降低。沟通不到位，领导者难以了解真相、排除误解、统一协调、正确决策。轻则企业士气降低、失去热情，重则错误无效、生产率降低、事业损失。这些都是我们不愿看到，甚至不能承受的。研究数据表明，我们工作中70%的错误是由于不善于沟通所造成的。而沟通更是人们避免错误的有效途径。

良好沟通，是实现目标、获得支持、取得事业成功不可或缺的才能。社会生活中，一个人的力量十分有限，很多时候我们都需要别人的帮助，需要与他人沟通。人与人之间沟通有着许多作用，学习上，沟通可以帮助我们取长补短，获得新知识和新技能。工作中，我们常常会遇到很多挫折和压力，一个人很难完成一个项目，需要经常与很多同事交流合作、沟通协作，共同完成任务。生活中，心中的无形压力、不良情绪，也可以通过与他人沟通，疏导心理情绪、降低负面阻力，获得物质或者精神上的帮助。来自朋友的尊敬和赞赏，会增添我们的自信和力量，建立团结友爱的心理感受，获得精神支持和帮助，这也是身心健康发展必不可少的。沟通对我们的日常生活和人际关系的质量有着深远的影响。无论是和家人还是朋友，常沟通才能够增进感情，人际关系依赖于有效的沟通。

良好沟通，是团队加强向心力、发挥凝聚力的重要基础。一个好的团队是能最大限度地发挥每个人的力量，默契合作、提高工作效率、获得信息、经验和帮助。同时，积极向上、配合默契的团队精神也是良好的人际关系的代表。工作中与他人配合融洽、协调一致、减少误解、提高效率，通过良好沟通感受到互相尊重、互相帮助的温暖，能更好地发挥团队的合作力、执行力，增强团队的凝聚力、向心力。

沟通能力来自学习

沟通能力需要通过学习来培养，需要学习才具备。与人顺畅沟通，说出来的话，只是冰山的一角，海面以下是长年累月的学识积累。储备知识提前做功课，用真诚的心沟通，是高手说话的基本功。埃塞俄比亚有句谚语，"当蜘蛛网连接起来，可以捆住一头狮子。与他人沟通合作，可以使我们得到比自己单打独斗更多的东西”。沟通带来了其他知识所不能给予的力量，如情感的认同、心理压力的疏解、归属感的加强、内心的愉悦、人际关系的和谐等，这些都影响着我们对世界、对周围的感受。有些同学学习成绩下降，上课精力难以集中，这些看似是学习上的问题，其实有些并不是，而是人际关系紧张所导致的。我们要学习沟通技巧，提升人际沟通水平，指导同学们消除交往障碍，减少人际关系的困扰，提高对生活的满意度，改善他们的人际关系。

我们需要学习，了解更多关于如何与他人沟通与合作的知识。通过学习、实践，可以逐步了解、掌握沟通的方法、规律和技巧，这些说话的技巧、沟通的规则在日常沟通中经常使用，而且简单好用，帮助我们在心情舒畅中达成共识、更有效地沟通。沟通无时不在，无处不有。如果这一生要出人头地，一定要学会沟通。

沟通是学生的人生必修课

同学间的沟通，是疏导内心情绪、消除心理困扰，相互熟悉个性的过程。同学们来到学校，面对陌生的环境会有诸多的不适应，常常会遇到问题或障碍，导致对方无法理解我们的意思，或者无法让对方按照我们所期望的去思考、去行动。通过与同学的沟通交往可以快速了解校园环境、认识新朋友、减少认知阻力、尽快融入集体。在人际交往中，沟通交流是身心成长的需要，是传递情感态度、分享想法信念的需要。沟通交流更容易使同学们思想一致、产生共识、可以减少认知差异、减少意见分歧。通过沟通进行信息交流，用语言、书信、表情、通信等方式，彼此交流着事情、思想、意见、情感，以达到对信息的共同理解和认识，取得相互之间的了解信任，奠定和谐人际关系基础。

同学之间的沟通，是消除误解、改善关系，促进身心健康、人格健全的过程。沟通交流是同学们完成社会化，促进个体成长发展的主要途径。完成社会化，促进个体成长发展，获得社会支持，是事业成功的保证。在沟通中可以减少猜忌、消除误解、培育信任。沟通技巧，可以帮我们做到会赞美、会拒绝，无论说什么都恰到好处，即使是批评也让人乐意听。通过沟通交流，确立自我价值感，更好地融入集体、融入学校生活，形成良好学习、生活氛围，提升人生幸福感，促进人格健全。卡耐基曾说过：一个人的成功只有 15% 是靠他的专业能力，而 85% 要靠人际关系和他的做人处事的能力。

合作精神、团队意识、协同配合的做事风格，是在沟通中、做事中、相处中逐渐培养形成的。同学间通过广泛的沟通交流，可以传递情感态度，能够认识不足、收敛个性、锻炼能力，有助于同学们心智成长、学业进步。通过沟通寻求共同的话题爱好，共同面对困难，解决问题，坚定理想信念，在互帮互助中，融洽感情、交流见解、分析问题、克服困难。这是同学们个体认知能力提高、促进个人目标实现、增强团队合作意识的必经过程。只有多交流、多分享、相处共事、经历过往，在不断磨合中统一意识、融入集体，才能实现 1+1>2 的共赢。

君子和而不同。同学间的交流讲究平等。平等相待、真诚待人、尊重他人是基本原则，也是我们都渴望的。需要注意的是，和谐并不等于相同。“君子和而不同”，就是告诉我们，大家在一起时要和谐，但也不是全都意见一致，没有不同的声音。有不同声音是正常的，就像音乐，从头到尾都是高音，就不和谐，有高有低才会美妙。和谐的人际沟通是看谁做得更好，而差的人际沟通则是打压别人，把别人比下去。

成为受欢迎的人

【案例】

天堂与地狱

一个人问上帝："为什么天堂里的人快乐，而地狱里的人一点也不快乐呢？"上帝说："你想知道吗？那好，我带你去看一下。"

他们先来到地狱，走进一个房间，这时正是午饭时间。许多人围坐在一口大锅前，锅里煮着美味的食物。可每个人都又饿又失望：原来他们手里的勺子太长了，没法把食物送到自己的嘴里，虽然食物很可口，可是他们吃不到，所以一直很痛苦。

上帝说："我们再去天堂看看吧。"于是他们来到天堂，也是到了一个房间。他们看见的景象是这样：虽然他们手里的勺子也很长，可是，这里的人都显出快乐又满足的样子。这个人很奇怪，因为这里和地狱没什么两样。

"感到奇怪吗？"上帝笑着说："你看下去就知道了。"

晚饭时间到了，只见这里的人围坐在锅边，用勺子把食物送到了别人的嘴里。原来，天堂和地狱的分别，只是人们用勺子的方法有所不同。

如果我们每个人都只是为了自己的利益，而不去想着别人，我们就会成为那群看着一锅汤却挨饿的人。自私、自我、自大是人与人沟通交往中需克服的三种不良心态。自私的人是只关心与自己有关的事情。自我的人是只关心自己，别人的问题与他无关。自大的人是自己的想法就是答案。三者都会造成人际沟通障碍。人际沟通障碍，会给同学们的学习、生活、情绪、健康等方面带来一系列不良影响，还会给他人造成困扰。比如，有时在公交车上我们看到一个孩子没有给老人让座，大人可能就会说，这孩子怎么这么没有礼貌。其实很有可能另有原因，可能他没有看到，也可能说他根本没有意识到应该让座。所以，人际沟通交往中的很多东西需要学习、需要普及，在磨合中达成共识，减少误解的发生。

帮助他人，成为受欢迎的人。帮助他人，让自己的人际关系好起来。沟通是人际关系发展的基础，沟通状况反过来又决定着人际关系状况。良好的人际关系为良好沟通创造好的基础。人际关系如果不好，沟通将变得非常复杂；反之，人际关系好，沟通将变得非常简单。

比如，做帮助他人快乐自己的人。多帮助他人，做个个性温暖、有助于他人的人。同学们生活在一个学校，都是同龄人，学习生活中你中有我，我中有你，谁也少不了谁。危难时刻、关键时期帮人一把，在为别人推开一扇门时，也就给自己留下了一条路。只有互相沟通、互相帮助、互相扶持，才能够共同求发展。通过沟通整合个体，通过沟通，把个体联结为社会群体。人与人之间积极沟通、主动沟通，相互协调，保持平衡，减少干扰和矛盾，更快地融入集体，融入社会，对个人的身心发展非常有利。

转变语言表达方式，成为受欢迎的人。

比如，在语言表达上稍加转变，对方就爱听，因为这样讲话让对方感受到了被尊重，人际关系也就自然好起来。如：

把“听明白没有”变为“我有没有说清楚”；

把“你错了，不是那样的”变为“对不起，我没有说清楚，我想说的这个问题应该是……”；

把“如果你需要我的帮助，你必须……”变为“我愿意帮助你，但首先我需要……”

把“对不起，这事不是我们管”变为“我们有专人负责，我替您转到他们那。”

哪种表达方式让人听起来更舒服？不言而喻，肯定是第二种。因为这样的表达考虑到了对方的感受，给对方以尊重。

建立信任，成为受欢迎的人。没有信任就没有合作态度，就没有沟通。诚实可信的人品、言行一致的作风、清晰明了的语言、得体的着装、优雅的举止、有亲和力的神态等，都会帮助我们给他人留下美好印象，赢得信任。另外，整齐划一、训练有素的专业表现，也有利于我们赢得信任。沟通中一举一动都要表现出专业性，这种专业性可能来自我们的微笑、来自握手、来自我们贴心的换位思考、来自为客户着想的专业技能。

宽容待人，成为受欢迎的人。如果能够为他人着想和考虑，换立场多角度看问题、正确看待他人的缺点和不足，不但会给人宽容豁达的感觉，更是考虑长远的表现，这样使交流沟通就有了好的基础。任何一个好的关系都是双方受益，如果一方长期受损，这种关系是长久不了的。自我、自私都会妨碍人际关系。在长期交往沟通中，做比说的作用要大得多，很多时候人们选择是否相信你，重要的不是你说了什么，而是他看到了什么，这就是言行一致的力量！如果一个人言行一致，那么与这个人的沟通就变得非常简单，他的影响也会非常大。很多时候，若与别人之间有隔阂，你可以主动一点，在积极沟通的过程中，多做一些，主动做为对方考虑的事情，也许你的一个小小的付出会让你收获一个真正的朋友。同学之间谈话，可以多用“我和你的想法一样啊”“刚才听你这么夸我，觉得好开心”“我也是这么想的”“我觉得也是”“怎么样，你还好吧”等语句来表示认同、表达关心问候，给人留下随和的印象。有了沟通基础、信任基础后，同学们可以试着从自己的兴趣爱好、专长习惯的分享开始，与大家多交流、多联系。随着关系的发展，可以相互聊聊自己的价值观、对事物的态度，适当地表露一些自己的优缺点、人际状况、一些内心深处的秘密等。

国内很有影响力的 IT 企业联想集团的企业文化中有个“五多三少”。中心意思就是提倡员工们对于自己要放开自我：让别人了解自己的需求、让别人了解自己的困难、让别人知道自己需要帮助。对于他人，是希望自己主动去了解他人的需求、付出关爱、让他人感到理解和帮助。具体做法是做到“五多三少”：多考虑别人的感受，少一点儿不分场合的训人；多给他人一些赞扬，少在别人背后说风凉话；多把别人往好处想，少盯着别人的缺点不放；多问问别人有什么困难；多一些灿烂的微笑。

想一想：联想集团为什么要推崇这样的企业文化？

推崇这样的企业文化,其实就是在推崇积极主动的沟通交流意识和积极的人生态度。

积极主动的沟通意识。具备良好的沟通意识，学习掌握人际沟通的基础知识，了解沟通的方式方法。勤关心，多问候，提高沟通意识。人际沟通中有三大法宝，微笑、赞美、勤问候。具体做法如下：

主动联系、主动关心、真诚沟通。每个人都渴望与他人交流，渴望被关注。只是大多数时候，往往因为心存戒备而缺乏主动性。主动关心他人，勤关心、多问候，可以让人更愿意接近你。比如，同学之间相处时，多点帮助关心、少些苛责埋怨、多参加集体活动，少自己宅着。在紧张的学习之余，主动找同学聊聊天，讨论某些问题，交换一些意见，互相传递信息。在交谈中多一些礼貌随和，不要总表现得自己比对方厉害。就像如果有人说他刚刚去了上海一星期，你就不要说上次你去了一个月，这样会破坏对方谈话的兴致。还不如顺着对方的话，鼓励对方说说上海之行的所见所闻，然后分享你对上海的感觉和喜爱。如此一来，气氛融洽，也可展现你的大度和层次。

培养团队精神，淡化自我意识。比如经常参加一些社团活动、体育活动、集体活动、志愿者服务、社会实践活动等，通过集体行动，寻找可谈心的朋友，敞开心扉，表达情感，让他人接纳自己，这些都是很好的交流平台，可以加深了解和信任。还要注意一些说话的小技巧，比如，团结合作，多说“我们”。说话中用“我们”代替“你们”“他们”。同学同事间交流，谈到自己班级学校公司，只有一个代名词，就是“我们”。用“你、你们、他们”，会造成疏离感，不利于沟通和团结。在沟通中，双方都能从中感到愉快，加深联系，联络感情，并逐步形成了一种整体感，彼此的关系就容易密切，沟通就比较成功了。

互利和合作，是同学们在人际沟通中着重发展的两种能力。和谐的人际沟通应该是双赢、互利、可持续发展的，以自我为中心、心里只有自己、自私自利，都会妨碍人际关系。只为自己着想而不为他人考虑，只知道眼前的利益，而不考虑长远的利益，这些都是目光短浅的表现。沟通双方都在追求精神上的互利、物质上的互利，所以同学间的沟通交往要想收获，就要先付出，付出才可能有收获。然后是合作。合作精神、协作意识是一个现代人的必备技能，也是实现人生长远发展的需要。在外上学或刚参加工作的同学们，在新的环境里与人交往时，积极主动、团结配合很重要。很多人在家里是中心，但是走入学校、步入社会，需要主动与人交流、主动配合、换位思考、善于协作，这样沟通才会更顺畅，人际关系才会更和谐。

积极的人生态度。积极的人生态度来自积极的语言。积极的语言，会把我们带向美好人生。有个关于宋代的大文豪苏轼的故事，流传至今，从中也能看到佛家对积极心态、积极语言的重视。有一次苏东坡问好友佛印：“以大师慧眼看来，吾乃何物？”佛印说：“贫僧眼中，施主乃我佛如来金身。”苏东坡见佛印体胖，便调侃：“然以吾观之，大师乃牛粪一堆。”佛印答：“佛由心生，心中有佛，所见万物皆是佛；心中有牛粪，所见皆化为牛粪。”你是谁，你就遇见谁。你心里有什么，看别人就是什么。积极的心态带来积极的语言，积极的语言成就积极的人生。

言为心声，语言是运用最广泛的沟通媒介，它能快速反映出一个人的思想。语言决定思想，思想决定行为，行为形成习惯，习惯决定性格，性格决定命运。西方有句谚语，“你的人生来自你口中常说的话”。嘴上所说的人生，就是我们的人生？这真是不可思议。那些每天都说着“好的”“总会有办法的”“一定会更好”“没事儿”“没问题”这些话的人，他们的每一天似乎都过得顺利，即使遇到困难，也能顺利过关。

积极的语言，从嘴巴说出，为自己指明了方向，把我们带向美好人生。就是这么神奇！那么，从此刻开始，我们每天要说好话、做好事。每天对自己说：我真幸福！我真善良！我真富有！我真健康！他真友好！他真棒！世界多美好！谢谢你！辛苦啦！喜欢你！感谢你！面对困难和问题，多说：好的！没问题！一定可以解决！一定有办法！一定会更好！所以，想要改变命运，先从改变我们的语言习惯开始——说积极的语言。不要怀疑，简单相信。与人沟通，从善言开始。坚持下去，一定会收获一个惊喜的人生！

沟通宝典

信息时代，工作、生活节奏越来越快、社会分工越来越细、信息层出不穷，各行各业之间迫切需要互通信息、共享资源，这一切都离不开沟通。良好的沟通技能在人际关系协调中起着重要作用。学会与人沟通、了解一些沟通技能，无论是从事什么职业或行业都很有必要。良好的沟通使学习、生活轻松愉快、富有意义，能拓展个人的关系网，和谐人际关系，在尊重、理解的人际氛围中相互帮助、互通有无。很多时候，人际关系的广泛性和复杂性，让刚刚步入大学校园、面向社会的同学们感到困惑和烦恼，在遇到具体的特别是有点复杂的人际关系冲突时，常常会不知所措。学习并掌握一些沟通法则，培养沟通能力，我们也能成为沟通达人、交际达人。

【故事】

“宝贝儿，跟我说你怎么想的。我知道不容易，可我会尽量理解。”

“可是，妈妈，我不知道该怎么说。你一定会觉得我很傻。”

“不会的。告诉我吧，宝贝儿。这个世界还有谁会比妈妈更关心你呢？妈妈就是想让你开心，可你为什么不高兴呢？”

“那好，说实话，我不想上学了。”

“什么？”妈妈简直不敢相信自己的耳朵，“你说什么？你不想上学了？为了让你上学，我们做了那么大的牺牲！接受教育是为你的将来打基础。如果你像你姐姐那样用功的话，成绩一定会好起来，那样你就喜欢上学了。我们跟你说过多少次了，一定要安心学习。”

沉默。

“说吧，跟我说说你到底是怎么想的？”

我们总是喜欢这样匆匆忙忙地下结论，以善意的建议，快刀斩乱麻地解决问题。不愿意花时间去诊断，深入了解问题的症结。

【故事】

有个小故事，是说一个老外游莱芜。老外在莱芜郊外的农家，看到一位老太太正在逗猫，问道："你在干吗？"（What are you doing？）老太太回答："鼓捣猫呢（Good morning 同音）。"老外大惊，连老妇人都会说英语，中国英语教育了不得。随即赠其巧克力。老太太以为是红薯干，急忙说"俺莱芜有"（I love you 同音），老外瞬间做夸张晕倒状。

不问青红皂白就妄下断言，是沟通中容易犯的毛病。我们都自以为是，自以为自己的感觉就是对方要说的。案例中这位老外和老太太聊得根本就不是一回事儿，但他俩都觉得自己所理解的，就是对方所表达的意思。其实，想要取得好的沟通效果，进而解决问题，需要我们耐住性子，仔细倾听，站在他人角度去体悟思考、共情体会。能耐心地听别人说话，是一种素养。

一、怎么说——你会"好好说话"吗

我们都喜欢这样一种人，在与人说话时，他总能说话得体，说到点子上，并且关注他人感受。得体的说话，让自己显得高贵，让别人得到尊严。说话其实是一种艺术，是需要经过长时间训练才能达到的，是一种非常高级的修养。

俗话说，良言一句三春暖，恶语伤人六月寒。语言是一把双刃剑，它既能创造良好的人际关系，亦能破坏人际关系。想要顺利与他人进行沟通，必须十分重视语言能力的培养。以下是一些适用于所有场合的基本说话技巧。

平等尊重

【案例】

鞋带松了

有一位表演大师上场前，他的弟子告诉他鞋带松了。大师微笑点头致谢，然后蹲下来仔细系好。等到弟子转身后，大师又蹲下来，将刚刚系紧的鞋带又给解松。有个旁观者看到了这一切，不解地问："大师，您为什么又要将鞋带解松呢？"大师回答道："因为我饰演的是一位劳累的旅者，长途跋涉让他的鞋带松开，可以通过这个细节来表现他的劳累憔悴。""那你为什么不直接告诉你的弟子呢？""他能细心地发现我的鞋带松了，并且热心地告诉我，说明他很关心我，我一定要保护他的热情，保护他的积极性，及时地给他鼓励。至于为什么要将鞋带解开，将来会有更多的机会教他表演，可以下一次再说。”

如果有人像大师那样对待我们，我们也会由衷地感谢。因为大师把对人的尊重放在高于一切的位置，让我们感受到了被尊重。每个人都希望得到别人的尊重。所以，无论在哪个领域，我们都要尊重身边的每一个人。要得到他人的尊重，首先要尊重他人。同学之间交往更要尊重他人，人格平等是同学间沟通的基础。不管对方是怎么样一个人，沟通时都要保持必要的尊重，这是良好沟通的前提。沟通中如果采取轻视的态度、居高临下，就难以形成良好的人际关系。

同时，我们还感受到了大师的胸怀和力量，那就是身教远胜于言传。当一个人能设身处地地为他人着想，顾及别人的尊严和感受时，就会得到更多人的信服，就会焕发出更大的力量，就会得到更多人的拥护，即所谓的“成人达己”。

一个快乐和他人分享就是两个快乐，而一个痛苦和他人分担就成了半个痛苦。只有让对方感受到了这种尊重，我们的沟通才具有实质的意义。平等相待，真诚相处。在学习生活工作，特别是困难面前，要互帮互助。朋友之间，平等地分享、热诚的赞许、诚恳的批评、困难时刻的帮助，都能使彼此间愿意了解、信任、倾诉、交心。

尊重、认可、肯定是更高层次的欣赏。在沟通中，通过眼神、姿态、表情肯定对方说话的内容，通过语言的进一步表达理解对方的观点。通过提炼、归纳、汇总对方沟通中的关键词，把对方的关键词语变成自己的语言后，回馈给对方。会让对方觉得，他的沟通得到了你的认可、理解与肯定。在倾听中找出对方的优点、显示出发自内心的赞叹、给予总结性的高度评价。欣赏使沟通变得轻松愉快，它是良性沟通不可缺少的润滑剂。

尊重差异、宽容大度，会成为受欢迎的人。良好沟通的关键是承认差异、尊重多样性。人这一生，要学会与各种人打交道，要学会和各种人共事、共处、协作。多样的世界有着多样的联系，人是有差别的多样性的人。世界有了多样性、差异性才丰富多彩，人有了多样性才相互互补、相互借鉴。比如，我们希望自己得到的，必须先让别人得到，希望交到真心的朋友，就必须先对朋友真心，希望快乐，那就去带给别人快乐。我们能为自己做得最好的事情，就是去为他人多做点好事。很多时候，我们去帮助别人，并不就是意味着自己会失去。而正是由于我们帮助了其他人，因此会得到友谊和朋友。帮助别人有时就是给自己留了一条路，给自己一个机会，也给别人一个机会。分享经验、倾诉思想，加深了解、拉近距离。

真诚可信

以诚相待，带着真诚，主动出击。一般情况下，友谊是不会主动“找上门”的。如果对方的确是你渴望交流的人，那就给自己一点勇气，主动出击，以诚打开对方的话匣。唯有真诚才能消除隔阂，走进对方的内心，建立信任，成为朋友。很多时候，我们与陌生人之间只是隔着一层“一捅就破的窗户纸”。成功者总是主动与人沟通。主动同陌生人打招呼，主动对他人微笑，主动为别人答疑解惑，主动为别人服务，主动为他人提供方便。

真诚是对人诚恳、关心他人。希望得到别人的关心和注意是人的心理需要。同学之间勤联系、多关心、多问候。“天气转凉，要添些衣服”、“上课时记得带书啊”、吃完饭递给他餐巾纸、“回家了，路上小心”、“最近劳累，要注意身体”。当一个人感到周围的同学对他十分关心时，他心中便会有一种温暖、安全的感觉，就会充满自信和快乐。他受到别人的关心，同样也就会去关心别人，这样相互间就容易有一种亲密友好的关系了。

真诚地提出建议。沟通的目的是达成意见或行为的共识，建议是比较两种或多种行为所带来的结果，哪个更完善、更优良，供对方自由选择。提出意见时，最忌讳的用语就是“你应该……”“你必须……”。这样说的结果是，无论你的建议多么好，与你沟通的对方只要听到这两个词，顿时生厌，产生逆反心理，大多不会采纳你的意见。因为每个人都不愿别人把他当成孩子或低能儿，大多数人的反映是，“我要怎么做，还要你来告诉我吗？你以为你是谁？”

怎样的建议更容易让人接受？

首先，建议看关系。尤其是批评的建议更是如此，不要轻易提出批评。忠言未必逆耳，即便你是好意，对方也未必会领情，甚至误解你的好意。除非你和对方有一定的交情或信任基础，否则不要随意提出批评。

其次，提出建议有方法。太过于直接地纠正别人的话，不仅会让对方觉得不好意思，同时也显得你很爱表现。比较容易让人接受的说法是：“关于你的……，我有些想法，或许你可以听听看。”真诚地提出批评建议之后，最好能提供几个正面的改进建议，这样会让你的建议更有说服力，批评也可以更悦耳。一起用餐时，有人再劝你吃一些，而你又吃饱了，就可以说：“这些菜真好吃，要不是吃饱了，真想再多吃一点。”这样拒绝就不失礼。

最后，批评人有技巧。我们在批评别人之前，应先让对方充分说明情况，等到整个情况都了解清楚之后，我们就能发现当事人在全部行为过程中，也总有某些可取之处。因此，必须从肯定对方的可取之处入手，在其行为应受夸奖之处受了夸奖之后，必然能在应受批评之处接受批评，真诚的赞美会使批评更有效。事前要对事实做调查，尊重客观事实，以事实为依据。只对事不对人，批评人时，尽量不要伤害别人的自尊与自信，用诚恳的态度、平静的口吻、不含讽刺意义的词句。如果能再提出些友好的建议、整改的措施来结束批评，将会使对方感受到你批评之后的善意和友情。

换位思考

【案例】

在美女和女巫之间的选择

有个小故事，说的是年轻的亚瑟国王被邻国的伏兵抓获。邻国的君主被亚瑟的年轻和乐观所打动，没有杀他，并承诺只要亚瑟可以回答一个非常难的问题，他就可以给亚瑟自由。亚瑟有一年的时间来思考这个问题。如果一年的时间还不能给他答案，亚瑟就会被处死。

这个问题是：女人真正想要的是什么？

这个问题连最有见识的人都困惑难解，何况年轻的亚瑟。对于他这是一个无法回答的问题,但总比死亡要好得多。亚瑟接受了邻国君主的问题。在一年的最后一天给他答案。

亚瑟回到自己的国家，开始向每个人征求答案，但没有人可以给他一个满意的回答。人们让他去请教一个老女巫，只有她知道答案。

一年的最后一天到了，亚瑟别无选择，只好去找女巫。女巫答应回答他的问题，但他必须首先接受她的交换条件：和亚瑟最高贵的圆桌武士之一，他最亲近的朋友加温结婚。亚瑟惊骇极了，看看女巫：驼背，丑陋不堪，他从没有见过如此不和谐的怪物，他拒绝了，他不能强迫他的朋友娶这样的女人而让自己背负沉重的精神包袱。

加温知道这个消息后，对亚瑟说："我同意和女巫结婚，没有比拯救亚瑟的生命和保存圆桌更重要的事了。"女巫于是回答了亚瑟的问题：女人真正想要的是主宰自己的命运。

每个人都立即知道了，女巫说出了一个伟大的真理！亚瑟的生命被解救了。

来看看加温和女巫的婚礼吧，亚瑟在无法解脱的极度痛苦中哭泣。加温一如既往的谦和，而女巫却在庆典上表现出她最坏的行为：用手抓东西吃、打嗝、放屁，让所有的人感到恶心。

新婚的夜晚来临了，加温依然坚强地面对可怕的夜晚，走进新房。一个他从没见过的美丽的少女半躺在婚床上！加温惊呆了，问她到底是怎么回事。美女回答说，因为当她是个丑陋的女巫时加温对她非常好，于是她在一天的时间里一半是她可怕的一面，另一半是她美少女的一面。

那么加温想要她的是哪一面呢？

如果你是加温，会怎样选择呢？

答案五花八门，归纳起来也就是两种：一种选择白天是女巫，夜晚是美女，理由是妻子是自己的，不必爱慕虚荣，苦乐自知就可以了；一种选择白天是美女，因为可以得到别人羡慕的目光，至于晚上，回到家里，漆黑的屋子，美丑都无所谓了。

有人问我们是否想知道加温的回答。大家说当然想。答案是：加温没有做任何选择，只是对他的妻子说："既然女人最想要的是主宰自己的命运，那么就由你自己决定吧。"于是女巫选择白天、夜晚都是美丽的女人。

所有的人都沉默了。竟没有一个人做出加温的选择。有时我们是不是很自私？以自己的喜好去安排别人的生活，却没有想过别人是不是愿意。而当你尊重别人、理解别人时，往往得到的更多。如果我们多一些爱心、多一点关怀给别人，我们是不是也会得到更多的回报？

能够用换位思维去说话、做事，是高手与普通人在思维方式上的分水岭。所谓换位思考，就是站在对方的立场、角度转换角色，真诚地为他人着想，就是将心比心。站在对方的立场，根据对方的层次、习惯，用简单明了的语言表达观点，并根据对方情况不断调整表达方式。

从故事中我们看到，站在别人的立场上考虑问题，得到的可能会更多。但这并不容易做到，需要我们不断学习、增加修养。因为人们总是自以为是，相信自己的判断，而不是别人。换位思考就是让我们站在对方的立场上去思考，通过倾听、揣摩、分析，去理解对方的想法和做法背后的原因。你会发现，所站的角度不同，理解的也许完全不一样。青春期的同学们一般都是说话直爽、心里有什么就说什么。说话直爽是优点，但如果不考虑时间、场合，不考虑对方的接受能力，过于直爽或生硬，有时难免“无意伤人”，可能会产生冲突和矛盾，这时我们不妨试试换位思考。

例如，当朋友误解自己时，试试换位思考。站在对方的角度，为什么会对你产生误解，去领会对方的动机，揣摩误解的前因后果，就可能体会到他人的不容易和无可奈何，各退一步，海阔天空。当得不到朋友谅解，有了误会时，切不可意气用事，你不理我，我不理你，甚至口出恶言责怪对方。当双方情绪都比较激动时，需要冷处理。放一放，不急于争辩，冷静下来后，再寻找机会，主动沟通，设法疏通。交往中，有时自己会做出对不起朋友的事，如果这位朋友不能谅解、耿耿于怀，也不可回避事实。想取得谅解，必须真心真意地向对方道歉，表明心意，把话说明，把心敞开，沟通思想、消除隔阂，让对方了解自己的愧疚。更重要的是，用行动去弥补过失，取得谅解。

讲究说话的方式方法，注意换位思考。人际沟通中，始终存在着冲突矛盾，学着站在别人立场上想想，以委婉、艺术、易接受的方式说话，冲突可能会轻松化解。平时说话时，要指出对方的问题，进行批评的时候，尽量使忠言不逆耳，含蓄一点、幽默一点、风趣一点，让人乐意接受，能够接受。

比如，见面打招呼。碰到曾经见过面，但认识不深的人时，绝不要说：“你还记得我吗？”万一对方想不起来，就尴尬了。最好的方法还是先自我介绍：“你好，我是某某某，真高兴又见面了。我们曾经在一次会议上见过面。”

沟通上有个“黄金定律”，就是不要用自己喜欢的方式去对待别人，而要用别人喜欢的方式去对待对方。说话前要有明确的身份定位，“跟什么人、说什么话、什么场合、什么时间、怎么说”，这是沟通中的4W1H原则，即：Who、What、Where、When、How。就是知道自己在跟谁说话，什么话能说，什么话不能说，做到心里有数，并根据实际情况而不断调整。在明确定位的情况下，提高表达能力，运用得体的举止，辅助我们更好地交流。

条理清晰，准确表达

口才好不是伶牙俐齿和巧舌如簧，而是要把自己的观点用有说服力、有条理性、有内涵的、吸引人的方式表达出来。很多人都有这样的困扰“为什么我讲话别人就是听不明白？”实际上，是自己表达不清，导致别人听不懂。良好的沟通是要把自己的思想整理得井然有序，并将其清晰而准确地表述出来，让听众一听就懂，更好地理解。这样才能达到沟通感情、消除误解、达成共识的效果。

如何能逻辑清晰、准确表达？

逻辑清晰、准确表达绝不是绣花枕头，一定是要有功底的。其功底来自于我们的知识结构，知识结构越完整，意味着我们的功底越深厚，功底越深厚意味着我们的表达就越完整。

沟通前要明确沟通的目的。时刻牢记沟通的目的，即为什么要去与他们沟通交流，要达到什么样的目标，打算用什么样的方式来实现。沟通协商是为了解决问题，而不是证明对方的错误。面对问题时，不回避问题和矛盾；沟通时，要更多地就事论事谈论行为，而不是谈论个性。

语言简洁明了、清晰明确。用尽量简单明了的语言，简练地说出核心观点。这需要我们尽可能地多读书，多对照各种不同的观点，学习归纳总结的方法，提炼核心观点和关键词。交谈中尽量使用统一规范、通俗易懂的语言。说话语言要明确，让对方能听懂、听明白，不能产生歧义。还要学习幽默、风趣、有吸引力的语言，能够把意思表达出来。比如，自己找主题，试着演讲给自己听。随意定一个主题或者以别人讲过的话题为主题，做一个五至十分钟的演讲。一般最让人感兴趣的语言是两种，第一种是语言上精练、简单明了，大家一听就懂；第二是语言中有幽默的、让人意想不到的东西出现，大家就会感觉比较轻松。当然演讲不是为了幽默，但演讲中包含幽默就会让演讲变得更加生动、活泼。

语言组织逻辑清晰、表达有力。要做到这些，提前要做好准备，明白谈话的对象喜欢什么、忌讳什么、有哪些期许。清晰的逻辑体现在说话的条理上，先说主干思想，再展开细节描述。说话可以“一二三”排开，这样表达更清晰。区分主次，先说主要的、核心的观点。简单明确地表达，一次只说一个观点。具体细节可以后面再补充、再详细说明。这样主次分明，对方也容易接受。比如，观看大量名人名家的优秀演讲，进行模仿演讲，这些都能够或多或少地提升我们的演讲水平。要注意观察他们是如何演讲，如何抓住重点，演讲的层次是如何分配的，等等。清晰的逻辑更体现在内容的可推敲上，能自圆其说，经得起反复推理。

更新词汇量。不断更新的词汇，使表达准确有效、趣味前沿、与时俱进。同样是说话，同样要表达一种意思，有的人能妙语连珠，有的人却词不达意。有的人把话说得幽默、风趣、接地气，有的人却能说得老气横秋，让人兴趣索然。学习新的词汇是提高沟通技巧、吸引注意力的宝贵方法。丰富、幽默、接地气的词汇，让我们用语准确，修辞得体，准确清晰地表达观点想法。一气呵成、妙语连珠、幽默风趣地叙述，成功地表达自己的想法，清晰地把想法传递给听者。

补充细节。补充那些重要的、对方想知道的细节很有必要，这便于达成共识、有助于正确理解。在对方明确了你的核心观点后，再补充必要的细节，这里的细节不是全部细节，而是对方比较重要的、想知道的细节。有时，听众也会主动询问，这时可以详细解释。

开放式问题让你了解对方更多。封闭式问题的答案只能用是或否来回答。封闭式问题有，“会议结束了吗？”“你满意你的工作吗？”“你还有问题吗？”这类封闭式的问题常用于准确、确定、答案唯一的信息传递。开放式问题会让对方跟着你的思路，透露更多的信号和细节。适用于关注对方的情绪、想让对方多讲话、描述问题细节时。开放式问题，比如，“会议是如何结束的？”“你满意你工作的哪些方面？”“你有什么问题？”

用图表说话。用图片、视频展示可以更形象地辅助表达，相对于文字来说，人们更容易记住图片或视频，对它们的理解也比纯文字的表达更直观、更形象，偏差小。

用讲故事、小案例的方式来代替长篇论述。若同时面对两个人，其中一个人讲的是长篇的论述，专业词汇此起彼伏，语速飞快，很专业但冷冰冰，缺乏趣味。而另外一个人口才非凡，把长篇的论述讲成了故事会、案例集，一说话就让人感觉到开心喜欢，特别是还能找到一些与听众自身生活、工作有关系的案例。哪个表达更有趣，更容易引起共鸣，往往也就更容易被接受、被理解。口才比较好的人会容易被人接纳和喜欢，一旦被人接纳和喜欢，再办其他事情就比较容易，如更易融入团队、对团队产生影响力或者获取自己想要的东西等。

要锻炼口才，就要背后下功夫。口才的功底来自于知识结构，知识结构越完整、功底越深厚，表达得就越完整。尽可能多读书、多听讲座学习语言技巧、摘抄有启示的词句、多听别人怎样说、多跟朋友交流沟通。一分付出一分收获，后天不断地多提炼、多思考、多模仿、多实践，勤加练习、用心体会，逐渐地形成自己的风格。想要拥有一流的口才要用漫长的时间去培养。

语言艺术

一个人沟通能力的好坏，决定了他在工作、社交、个人生活中的品质和效益。提升表达力、说服力，让对方听得进去、乐意听、听着觉得合理，这需要掌握一些沟通表达的小技巧和语言艺术。例如会聊天，接着听者的感情脉搏说话，尽可能地在听话人的基本需要和当时的心境状态下引发话题，阐明道理，分析事实，让对方在心平气和的情境中，理解说话者所说的意思。

沟通时要注意运用语言艺术。良好的讲话艺术，对于表达自己的观点、思想和情感，增强沟通效果具有积极的意义。比如：沟通前准备充分，写出讲稿，做到心中有数，发挥自如；试着练习清晰表达，要条理清楚、观点鲜明；提炼概括，尽量用言简意赅的语言传达信息；表情自然专注，讲话时可以不失时机地配以合适的手势、动作、目光、表情等肢体语言，增添表现力。练习讲话的声调，要有高有低，有轻重缓急，抑扬顿挫；根据讲话的场合和听众，选择适宜的话题。可引入歇后语、典故等，以增加语言的趣味性；了解听者的需要，用心地倾听，以礼待人，注意听众反应，及时调整讲话等。

语言艺术运用得好，就能吸引和抓住对方，调动彼此倾谈的激情、兴趣，从内容到形式适应对方的心理需要、知识经验、双方关系及交往场合，使交往关系密切起来。

口语沟通

讲话能力是语言表达能力在方法上的体现。通过讲话可以把自己的思想、观点和情感传递给对方。根据不同的场合、不同的听众，讲话可以表现为会谈、讨论、访谈、演讲等方式。它具有传递面积大、速度快、反馈及时等长处。

说话是一门艺术，是人们口语沟通中最直接、最基本、最常用的方法，也是最便捷、最有效的一种交际活动。不同的语调、语义、语态，让沟通效果表现出很大的差异。有的人字正腔圆、慷慨陈词，引人注目；有的人谈吐隽永、妙语连珠，讨人喜欢；有的人实话实说、情意真切，令人感动；有的人花言巧语、油腔滑调，让人反感。所以，在交谈中，要遵循人际交往原则，掌握说话技巧。

同样一句话在不同的情景下，不同的语气语调说出来感觉也是不一样的。所以，沟通中重点不在于说什么，而在于你怎么说。比如："你觉得自己的性格怎么样？"换成"如果我没看错，你的人缘一定不错吧。"这样对方听起来没有那么生硬，感觉更好。再比如，和水平比较高的人沟通，要体现观点的高度和深度，才能彰显专业功底。如果没有把握或者自己所学还没达到这个高度，如果模棱两可，宁可不要轻易发言。

礼貌寒暄

寒暄就是说些嘘寒问暖的客套话，一般用于交谈的开始。商务交往、见面打招呼时寒暄少不了，也可能说出来没有实际意义，又有说废话之嫌，但这种寒暄在沟通中却具有不可忽视的作用。不仅能为谈话创造良好的气氛，也可让双方尽快能稳定情绪，调整好思路和心态，使后面的谈话更加融洽。可以使人感受到真情，为谈话创造一个好的气氛。寒暄用语易拉近与人的距离。寒暄运用的言辞大多是礼貌用语。比如我们见面问候经常说，"早安""久仰久仰""见到你很高兴""幸会幸会""欢迎光临""晚安"等，日常生活中经常用它可以打破僵局，缩短人际距离，同时礼仪问候也是社会文明交际的重要标志之一。

有种说法是，沟通从废话开始。有时看似没有任何意思的废话，如"冷不冷""热不热""吃了吗""早啊""出来转转""先生高寿"等，这些往往能让人感受到被关心、被尊重、被热爱，从而从情感上拉近距离，为沟通铺垫基础。特别是双方初次见面时，互不了解彼此兴趣爱好，需要这些应酬性用语，它虽没有实际意义，却可以调节陌生人之间的不适应心理，打破那种不知从何谈起的尴尬场面。这就是"无用之用是为大用"。最牛的谈话高手也是从无聊的话题开始的，因为无聊的话题是最安全的，这是一个拉近距离的过程。聊聊天气、星座、娱乐八卦、新闻热点、抱怨一下交通状况啊，不要担心话题太寻常，一上来就硬要聊诺贝尔奖的反而有点奇怪。

用于寒暄的许多礼节性语言，还有一定的规范和习惯用法。比如，询问老人的年龄要问"您高寿啊"而不是问"你几岁了"。中国人习惯说"你吃饭了吗？"，一般将这句话作为饭前饭后的寒暄语，但在洗手间就不能这样说，否则会让人感觉到难堪和尴尬。还有些寒暄是有地方特色的，比如，在有些地方，年龄大的男性就不能尊称为"老先生"，因为那是指年迈无用的男子。而在另一些地方，"老先生"是对年长男子的尊称。

称呼要得体，多使用礼貌用语和礼貌语气。使用礼貌用语、寒暄、敬语。注意语气，放低姿态。说话时，注意语气，就事论事，不埋怨、不指责，会给人以理服人的说服力。例如，说话时不能带有指责和轻蔑意味的词语，"胡说""说废话"等。说话不能带脏字。对于学生来说，大多数是独生子女，还有贫富的差距，在学校上学，大家是平等关系，要低调一点，且不炫耀。使用礼貌用语。言语中表现出高兴、亲切、平和的语气，会让人有进一步交谈的想法。不管是否是朋友，我们都应该使用礼貌用语和礼貌语气。

真诚赞美

人性最深刻的原则就是希望别人对自己加以赏识。

——美国心理学家威普·詹姆斯

赞美是夸赞、称赞的意思，是日常社交活动中人们经常使用的沟通语言。赞美是世界上最有效的润滑剂，它具有一种神奇的魔力，能让干戈化为玉帛，让尴尬化于无形，从陌生走向友谊。每个人都希望得到他人的认可、关注和赞美。孩子得到父母的称赞，会心花怒放。学生受到学校老师的表彰，会奋发学习。下级听得上级的夸奖，会兴奋不已，更加努力工作。因此，了解和掌握一些赞美词、恭维话，对改善人际关系至关重要。一句温暖的话语“你真棒！这里收拾得真干净！字写得很漂亮”、一个赞赏的眼神、一个“OK”手势、一个竖起的大拇指，都会使人心领神会、莫大宽慰。有人说“世界上有两件东西比金钱更为人们需要——认可与赞美”。口头沟通时，多说些正面的赞美他人的口头语：“哇，你好厉害哦”“太棒了”“你真是不简单”“你真行”。避免说些负面的、伤人自尊的、嘲笑愚弄的口头语。语言要友好，不要带有攻击性。

赞美有技巧。人际关系中，适度地称赞对方是必要的，正如润滑油对轮子是必要的一样，赞美可以使轮子转得更快。赞美时，态度要诚恳热情、要赞扬的内容最好明确具体、注意场合对象做到真实恰当、可以适当地运用间接赞美的技巧。每个人的内心都渴望被认可、被期待、被需要、被赏识、被人喜欢、被人爱。比如，如果对方是个厨师，不要简单地说：“你真是了不起的厨师。”因为他知道有很多厨师比他优秀得多。但如果你告诉他“我一星期有一半的时间会到你的餐厅吃饭”，这就是非常高明的恭维，是在告诉他，你的胃已经深深地被他折服。多赞美行为而非个人，会让赞美更真实。再比如，透过第三者表达赞美是很不错的选择。如果对方是经由他人间接听到你的称赞，比你直接告诉本人更多了一份惊喜。真诚地、用开阔的心去赞美他人，使沟通更融洽、交流更顺畅、工作更快乐。所以，大家坐在一起，先赞美别人，而后交流心得，会有怎样的情感体验？勇于赞美他人吧！

善找话题

善找话题使沟通更顺畅。选择话题要根据讲话的场合和听众来确定，最好选择安全的话题，寻求共同的爱好、共同的经历、共同的目标，要避免宗教、危险、有争议、易起争论的话题。

有一位老记者去采访一位科学家，到了科学家那儿，记者看到墙上挂着许多风景照。通过观察，他觉得像是科学家自己拍的。于是在谈话中，便投其所好，谈起了摄影的构思、色调，分享自己摄影的乐趣。寻找对方的关注点、双方共同的爱好、共同的经历、共同的目标，是找话题的小技巧。这位爱好摄影的科学家，向记者介绍了墙上挂着的拍摄作品、拍摄背景、拍摄趣闻，还兴致勃勃地拿出了他自拍的相册和记者津津乐道起来，谈话气氛非常融洽。正是由于有了这种气氛，后面的正式采访才进行得非常顺利。在与人初次交谈时，首先要营造温馨和谐的气氛，选择一个双方都感兴趣、易于沟通的共同话题是和谐谈话气氛的不错选择。在选择话题时，要考虑到对方的性别、职业、年龄、阅历、地位、性格和兴趣，努力寻求共同感兴趣的话题。

灵活机智

【案例】

机智的应答

一位女士上了公交车，车上座无虚席，没有空位，一位先生立即起身让座，谁知那位女士毫无表情地入座。先生问道："美女，你说什么？""先生，我什么也没说。""美女，真遗憾，我以为你说了声谢谢呢！"

机智就是在适当的时机说适当的话。必要时，用一些含蓄有趣的话语，调节一下气氛、改变一下尴尬的局面，使自己、使大家能体面地解脱出来，并以此维护了尊严，赢得大家的喜欢。机智在沟通中常常表现为，反应灵敏、快速应答、巧妙转题。

有次基辛格访华时对周总理说："我发现你们中国人走路都喜欢躬着背，而我们美国人走路都是挺着胸的，这是为什么？"周总理说："这个好理解，我们中国人在走上坡路，当然躬着背，你们美国人在走下坡路，当然是挺着胸的！"

这样的应对，显然比直言斥责更机智、更主动，而且不用与对方动肝火、费口舌，就让对方得到了教训。

【故事】

来点幽默

"尊敬的女士们、先生们，下面我们将有请在国际上屡获大奖、世界著名小提琴家为我们演奏几首美妙的乐曲。"主持人对观众说。"可是我根本不是什么小提琴家。"艺术家急忙提醒主持人说，"我是钢琴家"。"女士们、先生们"，主持人非常冷静地接着说，"不巧，小提琴家把提琴忘在家里了。因此，他决定改为大家演奏几支钢琴曲。这机会更难得，请大家鼓掌。"

这位机智的主持人用幽默成功化解了自己的错误、小提琴家的尴尬，还让观众乐在其中，引人发笑，又意味深长。幽默是对事物矛盾机敏的反映，是智慧的闪现，是充满自信的表现。它在引人发笑的同时，还能促人思考。

幽默是一种能力，也是一种人格力量，能为我们添光彩，能反映出一个人随和的个性，还显示了一个人的聪明、智慧和随机应变的能力。人际沟通中，使用一语双关、巧用夸张、利用矛盾、引申归谬、借题发挥的幽默往往有出乎意料的效果。富有幽默感的人常常深受大家喜爱，并拥有令人羡慕的人际关系。

【故事】

在丘吉尔75岁生日的宴会上，一位年纪轻轻、不怀好意的记者意味深长地对丘吉尔说："真希望明年还能来参加您的生日。"丘吉尔愣了一下，随即拍拍记者的肩膀笑着说："我看你身体这么强壮，应该没问题。"

适当的幽默感，能让说话的气氛变得轻松愉快，使许多问题变得简单。即使是严肃场合，配合适度的幽默，也能拉近与对话者的距离，能让沟通更高效。但幽默一定要适度，过分的"幽默"就喧宾夺主，影响表达目的。

一个人的幽默感，也可以用训练与培养来获得。语言使用多些机智与诙谐、幽默与笑话，可以有效吸引听众的注意力。机智与诙谐使我们的交谈反应灵敏、转题巧妙，在快速反应中闪烁着智慧的光芒，使交谈妙趣横生。

【故事】

一次，一位美国记者在采访周总理的过程中，无意中看到总理桌子上有一支美国产的派克钢笔。那记者便用讥讽的口吻问道："请问总理阁下，你们堂堂的中国人，为什么还要用我们美国产的钢笔呢？"周总理听后，风趣地说："谈起这支钢笔，说来话长，这是一位朝鲜朋友的抗美战利品，作为礼物赠送给我的。我无功受禄，就拒收。朝鲜朋友说，留下做个纪念吧。我觉得很有意义，就留下了这支贵国的钢笔。"美国记者一听，顿时哑口无言。

这位记者的本意是想挖苦周总理，却被总理反驳得哑口无言。周总理说这是抗美援朝战场的战利品，使这位美国记者丢尽颜面。周总理用机智幽默巧妙化解了外国记者的讥讽，最后不仅保住了自己和国家的尊严，还反讽了美国记者的自大无知和见识浅薄。面对记者提问时，周总理沉稳不慌乱，反应迅速，回答语言风趣幽默，而不失风度，自信优雅。记者有意为难的提问，成了搬石头砸自己的脚。

幽默感是一种恰到好处的感觉，它使人们透视所遭遇的一切，克服人们的自夸与自大，鼓舞人们自信，使眼睛和心灵都倾向于更容忍、更可爱和更富于人性。

生活中许多企业的广告，也是善用幽默的一语双关的广告语：

人类失去联想，世界将会怎样？——联想控股股份有限公司广告语

特步，非（飞）一般的感觉！

给电脑一颗奔腾的芯（心）——奔腾

不打不相识——某打字机的广告语

不要动不动否定对方。诉说自己的观点时，不否定对方的观点，要保留对方的立场。其实在很多时候，观点并无绝对的对错，只是立场不同而已，认同对方才能肯定自己。

喜欢说"不"的人太多太多。很多人的口头禅就是"不对""不是""根本不是这样的"。赶紧改吧！聊天不是辩论，不要动不动就否定对方，没人喜欢被否定。关键是，

很多事情无所谓对错，你不是唯一的答案，你更不是正确本人。何况世界的可爱就在于它的多样性。比如，我不喜欢跑步，但有人喜欢跑啊，这很正常，世界又不是一个人的。

控制语速语调。随时控制自己的声音，控制音量、调整语气、注意停顿、语速合理，还要做到灵活、悦耳、清晰、有感情。

语速上，既不要老态龙钟，故意太慢，让人失去耐心，也不要像机关枪一样太快，让人着急上火。适当的语速体现在说话的层次上，要循序渐进，既能让人听明白，又能让人乐意接受你的主张。把比较不重要的单词和词，快速带过去，重要的内容，则说得慢一点，方便对方听清楚。在重点内容前，适当地停顿，以起到强调作用，便于引起对方重视。根据不同的场合，合理控制音量，控制好说话声音的大小，这样别人既可以听得清，又不会觉得太吵。私密的环境中，音量不宜过大，不要让对话者有压迫感。公开的场合，音量不要太小，让人能听到说的是什么。发音咬字含糊不清会让别人不想听你说的话，尤其是在求职面试的时候，发音要清晰。语调要抑扬顿挫。语调的变化会丰富或强调说话的内容，也会表现你的情绪和态度。

注意对象场合。说话要注意场合。一般不要当着外人的面批评自己的朋友或同事，有些话私下说比较好。说话要注意对象，还要适合某种场合，用语要文明得体。

注重沟通的时间、地点和方式。信息越重要，越要注重。成功的沟通者会考虑如何设计它：用类比、事实还是轶事的方法，怎样才能使别人更好地理解自己的意图，以及把与对别人而言重要的事情关联起来。他们还考虑自己的整体目标，自己想要从沟通中获得什么。说话的时间点也很重要。重要的事情一般不放在星期一早上，也不要安排在星期五下班前，以免破坏对方周末休假的心情。

沟通禁忌。交谈中有五不问，即不问收入、不问年龄、不问感情、不问健康、不问婚姻状况，这些都属于个人隐私范畴，直接询问是不礼貌的。如果这些信息对沟通者很重要，建议多观察对方，比如着装、言谈举止及对方的座驾等，也可以根据双方沟通的内容大致有个判断。注意保持距离。人与人是有安全距离的，身体间的距离反映了彼此间的亲密程度。素不相识、交往不深、初次见面时，尽量不要有拍拍打打、动手动脚或过于亲密的身体接触；否则，不但不能增进友谊，还会使对方受惊或产生反感。另外，沟通中要注意不恶意诋毁别人和竞争对手。

书面语沟通

与生活化的口语相比较，书面语更正式、更严谨。书面语的优点是：广泛性、准确性、永久性和规范性。书面语沟通是指以文字形式进行的信息交流与传递。它具有两种基本形式——阅读和写作。

在人际沟通和组织沟通中，单单使用口头沟通是远远不够的。书面沟通对所传播的内容更便于斟酌；对时间的限制相对少些；能较好地记录当初沟通的情况，并容易保存下来。书面沟通在人际沟通、日常管理中占有十分重要的地位。书面语言补充了口头语言的局限性，不受时间空间的限制，能更详尽、准确、丰富地表达意见和情感。

书面语使用要合乎规范。用语礼貌、内容真实、通情达理、字迹工整、文辞顺畅、重点突出、详略得当、恰当修辞、巧用妙语、通俗易懂、朴实自然。

书面沟通的基本形式有书信、申请书、个人简历、备忘录、电子邮件、商务信函等。书面语言的功底需要勤阅读、勤写作、勤积累、勤思考，在不断学习、实践中才能越来越扎实。

非语言沟通

【案例】

最好的介绍信

一位老总要聘请一位没带任何介绍信的年轻人到他办公室工作，老总的朋友好奇地问："这个年轻人连介绍信都没有，您为什么要录用他呢？"老总回答说："你没发现，他不只带了一封介绍信。你看他，进门前先蹭干净鞋上的泥土，进门后又先脱下帽子，随手把门关上，这说明他很懂礼貌，做事很仔细。当他看到那位残疾老人进来时，他立即起身让座，这说明他心地善良，知道体贴他人。只有他捡起了我故意放在地上的那本书，其他应试者都视而不见。当我和他谈话时，发现他衣着整洁、头发梳得整整齐齐，指甲修得干干净净，谈吐温文尔雅，思维十分敏捷。这些细节，不就是最好的介绍信吗？"

那位年轻人用自己的非语言沟通行为，展示了个人良好的综合素质，用体态语书写了一份精彩的介绍信。

作为从业人员，工作场所要注意树立良好的自我形象。比如，服饰要与交际对象相协调，符合职场人的身份，与自身的社会角色相协调。这个应聘的年轻人衣着得体，面试穿正装，既显示了职业人的专业素质，也传递出他对此次面试的重视。

行为举止符合礼仪规范、姿势优雅展示素养。这个应聘的年轻人懂礼貌，蹭鞋上的泥土、脱帽子、随手关门，行为举止文明得体。帮助弱者，心地善良，体贴他人。

还有一些细节需要注意，工作中办公桌要保持干净整洁。具体做事中，公私要分明，上班时间不做与工作无关的事情等。

适当的表情和肢体动作能让表达更清晰、更准确。第一印象不是光靠语言制造的，丰富的姿势、生动的表情，及合适的肢体语言是极好的传达途径。在一些场合，表情和肢体动作更能调动起听众的情绪，促成良好的交流与互动。比如通过肢体语言、神态、服装等来塑造形象。不需要人们开口讲话，通过眼神、姿态、表情、动作、声调等肢体行为就可以交流信息、完成沟通。肢体语言可以辅助人们的表达，也会让交谈气氛更轻松。同时，通过肢体语言，我们也会了解对方的一些心理想法。运用致意礼仪，如握手、点头示意、招手挥手、鼓掌等，与口头交流完美配合，可以达到惊人高效的沟通效果。据统计，在沟通的三方面中，眼看：我们的肢体语言和象征产生55%的影响；耳闻：我们的声音的语气、频率和音量产生38%的影响；言词：我们实际所用的言词只产生7%的影响。

外表优雅展素质。服装体现个性，外表端庄、衣着得体、举止优雅会给对方留下美好的第一印象，会为我们增添魅力和光彩。工作场所，行为举止文明得体。交谈时，放松身心，避免神情不自然，可以辅之以相应的态势语，例如，站姿、坐姿、表情。

善用手势、面部表情进行沟通。微笑、模仿成功人士说话、手势大方、有美感。微笑是人与人沟通的最好钥匙，是没有国界的语言，有着善意、无形、柔软的力量。发自内心的微笑是人们美好心灵的外化，也是心地善良、与人友好的表现。比如，交谈时表情自然、眼神专注友好，会让听者感觉到尊重和信任。动作礼貌友善、语言文明优雅，也会为人们增添魅力，吸引听者的注意力。多观察成功人士的说话方式、多和自己对话、对着镜子练习自己的肢体语言，找出自己的缺点并加以改正，会增强沟通的效力。

姿势优雅展现素养。不良姿势往往会传递出“不在乎”“不尊重”的感觉。同时，还要注意控制无意的姿态。

可以用眼神的方向和凝视的时间，来表示友善和推动对话过程。在非语言沟通中，眼神沟通居首位，其次才是微笑和点头。眼神是身体语言沟通中第一重要的方法，要注意保持眼神的交流。比如，在听对方说话时，眼睛不能左顾右盼四处看，也不要一直死盯着对方，最好看着对方的眼睛或面部三角区。眼神看着对方是一种尊重、一种自信、一种重视。要看，看是一种素质。还要会看，要掌握看的方法。

比如，在与甲说话时，就要把视线集中在甲身上，而不能把目光集中在乙身上。当坐着与对方交谈时，坐姿要端正、自然、大方。落座时，动作要轻，落座后，目光要平视对方。沟通中双眼注视对方的眼睛，但不要注视太久，三至四秒可以转移视线至鼻梁或额头中部。这样可以给对方一种“被关注”之感，同时也不会因长时间注视而给对方太大压力。不可以东张西望，或者打量人家室内的陈设而忽视对方。

成功的姿态语言是自重而不傲慢。行为展示风采，身体的姿势动作也是沟通。姿势反映了自己内心的想法，同时也反映出对别人的态度，优雅的姿态更容易给人包容接纳之感。

比如，进入公共场所前，要先整理好衣服和妆容。得体的仪表体现专业性，更易让人感觉值得信任。

公共场合说话要低声细语，不可影响他人，尽量做到坐有坐相、站有站相。文明使用手机，注意说话音量。

与人交谈时，为了表示对别人的尊重，要腰板挺直，身体微微向前倾，有时也要正襟危坐。听对方说话时，身体微微前倾，不时微微点头，稍微倾斜头部也会给对方一种和善、亲切之感。

与人交谈时，注意力不集中、面无表情、有不礼貌的动作等，这些都会导致听众的厌烦。坐在座椅上或沙发上时，腿不要抖动，更不要当着对方伸懒腰，挖鼻孔，剔牙齿等。低头走路，双手交叉于胸前，用手四处抓挠，跷二郎腿腿，趾高气扬地走路，将手放在腿下，身体摇晃，抖腿，随地吐痰，乱扔果皮、杂物、烟头等，都是有损形象的不良姿势。

一句话，一个眼神，一个手势都要有利于感情的交流，都要得体，都要意识到后果。好的肢体语言是我们要着力培养、训练的，不好的肢体语言是我们要注意避免的。

说的语言艺术概括起来就是，语言表达要正确，友善礼貌显真诚，身心放松不做作，眼神接触表关注。

二、怎么听——积极倾听取得成功

【案例】

倾　听

美国知名主持人林克莱特一天访问一名小朋友，问他说："你长大后想要当什么呀？"小朋友天真地回答："嗯……我要当飞机的驾驶员！"林克莱特接着问："如果有一天，你的飞机飞到太平洋上空所有引擎都熄火了，你会怎么办？"小朋友想了想："我会先告诉坐在飞机上的人绑好安全带，然后我挂上我的降落伞跳出去。"

当在现场的观众笑得东倒西歪时，林克莱特继续注视着孩子，想看他是不是个自作聪明的家伙。没想到，接着孩子的两行热泪夺眶而出，这才使得林克莱特发觉这孩子的悲悯之情远非笔墨所能形容。于是，林克莱特问他："为什么要这么做？"小孩的答案透露出一个孩子真挚的想法："我要去拿燃料，我还要回来！！！"

会场上是长久的沉默……

听别人说话时，我们真的听懂他说的意思了吗？如果不懂，就请听别人说完吧，这就是"听的艺术"。倾听和说话一样重要。案例中的小男孩坐飞机离开时，大人们全场笑翻。小男孩极力想要说些什么，面对混乱的场景不知如何开口，开始大哭起来。主持人问："你为什么要哭呢？"小男孩答道："我本来是想先跳下去，去取油，再来救大家，我话没说完，可你们就开始嘲笑我了。"原来如此，小男孩的回答竟如此出乎我们的意料，理解是如此不同。这不禁让我们思考，"永远不要随意打断别人的谈话！"倾听艺术的掌握和运用，需要我们在实际工作中不断尝试、磨炼、体会、运用。

倾听是成功的右手。在交谈过程中，我们都需要从对方的语言和非语言信息中，明确含义，做出反应。我们要经常问问自己：我们真的听懂了对方的意思吗？听话不能听一半。不能把自己的意见、设想，强行投射到别人所说的话上。否则，就会出现不能完全理解对方的想法、不能准确了解对方的需求，更不会知道对方想说而没有说出的后半句话，往往那没有说出的后半句，才是真正要表达的意思。对对方的意思没有清醒的认识，理解偏差，还谈何处理的方法，沟通的目的就大打折扣。所以，善于沟通的人，必定是一个善于倾听的人。好的倾听者能够获得信息、理解对方、促使对方也专心听你讲话，以达到良好的沟通合作效果。

有没有这种经历，和这样的人说话，总让人觉得很累。你还未说完，他就打断你；刚解释过的问题重复问上好几遍；有一句没一句地回应着……原本两分钟就能讲完的事，结果解释了两个小时还未妥。时间浪费不少，还不能有效地解决问题。身边有这样的人，人人想避而远之。这些人，并不是因为沟通能力有多差，而是他们根本不屑于听，要么心不在焉地听，要么先入为主、强加武断。

良好沟通从善于倾听开始，听是首要的沟通技巧。善于聆听是尊重对方的表示。倾听是一种礼貌，是尊重说话者的一种表现，也是对说话者最好的恭维。沟通最好的方法是听，听能让你了解你的沟通对象想要什么，什么能够让他们感到满足，什么会伤害或激怒他们。即使你不能及时提供对方所需要的，只要乐于倾听，不伤害或激怒他们，也能实现无障碍地沟通、创造性地解决问题。善用倾听同时也是鼓励对方，让对方更愿意表达。倾听越多，您了解到的信息也越全面。在交谈过程中，要创造有利的倾听环境，集中精力、耐心倾听，听明白对方的意思，听出来双方讲话的目的，而不是为了争论对错。对他人讲话的情绪给予及时、合适的回应，准确、及时抓住所听内容的重点，尽量安排比较充分的交谈时间。不要带着偏见去看说话者，不要着急下结论。那么，如何成为一个优秀的倾听者呢？

接下来我们可以试着问自己几个问题：

1. 你会选择合适的位置，来听清楚对方的谈话吗？

2. 你除了听内容，还会注意听潜藏在文字之下的情绪吗？

3. 听的时候，你会看着对方吗？

4. 听到你认为错误的内容时，你会克制自己不插嘴吗？

5. 你会把注意力一直放在所说的主题上，跟着对方的思路吗？

事实上，我们每一个人，都应该努力让自己能回答“是”。

倾听的技巧

会说话必须先会听话，即听说话人话语的真伪，捕捉其真意和事实。

全神贯注地听对方说话。做一个好的倾听者准备好去“听”。沟通是双向的过程，我们跟说者一样，需要用心，少说多听。倾听他人诉说是接纳、是理解，善于倾听，是成熟的人的基本素质。很多情况下，并不是一个人说了就算，我们需要暂且放下自己的想法，适应讲话者的风格，倾听他的话语，设法关注他的思想和想法，更好地理解他的观点和情绪。不管他说的是什么样的内容，只要我们真正倾听了，那么之间的沟通就能够更加深入。眼耳并用，注意聆听全部信息，而不只是部分信息，必要时要做笔记。

边听边概括对方说话的要点。用心跟随对方的话题，能找出并懂得说话者的重点，会为双方节省不少时间。倾听时，不插话、不随意打断对方。大脑思维紧紧跟着对方的话题，不轻易转移谈话的焦点。同时，要边听边归纳提炼主要思想。沟通中的听，需要我们把对方沟通的内容、意思，进行归纳、提炼、全面把握，才能了解对方的真实想法。在回馈对方时，做到心中有数。例如，有很多人在沟通时，会不等对方把话说完，就急于表达自己的想法，结果有可能出现理解歧义，无法得知对方的真实想法，难以达到深层次的共情。另外，对说话者提到的观点表示中立，仔细衡量对错。

协助对方把话说下去。给予一定的回应，让对方知道你在听，这在打电话时尤其重要。必要时要协助说话者，给予一定的动作或表情，鼓励或示意他继续说下去。忧他而忧，乐他而乐，急他所需。这种时候往往要配合眼神和肢体语言。例如，轻柔地看着对方的鼻尖，如果明白了对方诉说的内容，要不时地点头示意。必要的时候，用自己的语言，重复对方所说的内容。如：你刚才所说的孤独，是指心灵上的孤独，所以你在人越多的时候，越感到孤独，不知道我对你理解的是否正确？这样鼓励对方继续说下去。

善于听出说话者的言外之意。在实际的交谈中，我们需要理解和认真地倾听。察言观色，察觉非语言的信息。倾听的同时要注意对方的身体语言、姿势、表情。真可谓："眉来眼去传情意，举手投足皆语言"。学着去感兴趣。没有人愿意一直对着一堵不会回应的墙说话，即使你觉得对方说话很无聊，也应该尽量去找话里有用的信息，努力理解对方。在对方饶有兴致地谈论话题时，要表现出聆听的兴趣，鼓励对方表达自己，只有懂了才有被理解的可能。耐心、专心、用心、欢喜心，会让我们察觉出更多的、更深层次的信息。

三、沟通渠道

拓宽沟通渠道，培养合作意识、团队意识。沟通的渠道比较多，主要的沟通渠道有，见面交谈、电话、E-mail、微信、邮件、会议、讲座、演讲等。

同学们可以通过网络、交谈、电话，或者参加丰富的社团活动、论坛、讲座、演讲、专题活动、体育比赛、知识竞赛等实践活动，利用这些交流沟通平台，拓宽沟通渠道，为沟通提供多元化的支持。在这里，真诚自信是双方沟通的一个重要前提。沟通过程要达到良好效果，双方必须尊重对方的语言、风俗习惯、爱好。要关注沟通对象，因人、因事、因时、因地、因内容的变化而变化。尊重对方，跟文化水平较低的人说话，就要用生活化的、好理解的话来说，而不要咬文嚼字、文绉绉、使用很多专业术语。通过沟通技巧、语言艺术、礼仪培训等的学习，切实提高沟通能力，实现无障碍沟通。

四、有效反馈

沟通时，有时重要的不是我们说了什么，而是对方理解了什么，所以对方的反馈很重要。

倾听他人意见，点头反馈。掌握一些非语言沟通方式对对方的信息进行反馈，例如点头、微笑、称赞等，不断提高情绪管理能力，全面提升沟通技能。

归纳总结提炼主要意思，反馈信息。在对方表达了很多的内容时，我们可以适当地用对方的关键词重复一下，可以根据对方的意思提问，或者用自己的话归纳对方所说的重点，这些不仅是一个好的回应，而且还能够确保我们所理解的是对方想要表达的。

适当地提问，反馈信息。在把对方沟通的内容、意思，进行归纳、提炼和大致掌握后，如果想深入了解对方的真实想法、向对方表示认同，或者想对听者的意图做出更清晰的判断，可以向对方提些问题，做到心中有数。

提问题有技巧。问题一般分为两种，一种是封闭式问题，另一种是开放式问题。封闭式问题的答案只能是"是"或"否"，封闭式的问题适用于准确、确定、答案唯一的信息的传递。比如：我们开不开会？只能答开或不开，信息非常明了，而不能问上午开会的情况怎么样。开放性的问题，适用于想了解更多的信息，比如想了解对方的心态、对方对事情的阐述或描述、事情的进展、对方对事情的看法等。比如："会议开得怎么样？我们的下一步规划怎么安排？您对目前的工作分配有什么想法？这件事您有什么建议？工作推进有什么困难吗？坐在新办公室工作您有什么感觉？"每个人都有强烈的倾诉欲望，通过开放式的问题，可让对方敞开心扉、畅所欲言，让他感觉你在关心他。这是一种关怀的艺术，就是要嘘寒问暖、问感受、问困难。用开放性的提问反馈情感。如果对方说的内容中带有比较明显的情绪，我们可以适当点出对方的情绪，比如"听了您刚才的表述，我感觉到您有点难过"。这样能够让对方更好地被理解，同时也可以帮助对方意识到他自己的情绪状态。

做比说的作用大得多。在长期交往沟通中，做比说的作用要大得多，很多时候人们选择是否相信你，重要的不是你说了什么，而是他看到了什么。言行一致有力量。比如，如果一个人言行完全一致，那么这个人的沟通就变得非常简单，他的影响也会非常大。很多时候，你与别人之间是有一些隔阂的，这个时候你就要主动一点，在积极沟通的过程中，多做一些，主动做为对方考虑的事情，也许你的一个小小的付出会让你收获一个真正的朋友。

同学之间、同事之间，要与人沟通顺畅，首先要有的是真诚的心态，不玩虚的、不做作。内心的想法最终都会投射到人的只言片语、肢体动作以及表情上，所以不要认为内心的想法别人察觉不到。弄巧成拙，不如敞开心扉，用最真实的一面与人沟通。说得好，有用，更多的时候，行为，更重要。

沟通情景再现

沟通是能力，不是本能，需要学习。学习什么？管理学中有个关于沟通能力的指标，要求现代人要学习掌握人际沟通基础知识、了解沟通的方式方法，逐步培育良好的沟通意识。具体到我们学生在人际沟通中，要学会倾听、学会表达、学会微笑、学会换位思考。能力在于锻炼，拥有能力，你才能成为竞争者，而不是观众。

在沟通过程中，除明确沟通对象、沟通内容外，还必须根据不同的情况选择适当的沟通艺术。沟通艺术属于方法论的范畴，是沟通者在沟通活动中灵活运用的各种技巧、手段和方法，是我们在沟通时智慧、学识、经验、才能的综合反映。

要想变得更会讲话、会聊天，需要平时的积累。利用碎片化的时间阅读，这样才会有更多谈资。培养一些爱好，这样有些话题你才能深入下去。关注世界上发生了什么，寻找乐趣，勤于思考，这样你才有新鲜的东西跟大家分享。生活丰富，聊天内容才会丰富。

与同学、朋友沟通

对同学、朋友的说话重点是，不要装。

不要站在高人一等的角度跟朋友说话，不要把你熟悉的专业词汇挂在嘴上。说话朴素点儿、低调点儿、学会示弱、来点儿方言，更能拉近跟朋友的关系。

【案例】

不要总是反驳别人

生活中很多人习惯性地在每句回答的开头加上“不是”“不对”“其实不是”“并不是”。在反驳后，却提出和对方相同的观点只是换了表述方式。

“那个姑娘穿得好美啊！”“不是吧，我觉得旁边那个美女穿得更好看”“嗯！旁边那个美女穿得确实不错”“也不是吧，还是那个姑娘好看。”

本来还本着乐于倾听别人观点的心理在讨论，但这样几个来回之后，通常只想不说话。

为什么会习惯性反驳？因为都活在自己的世界里。

下面是 Mike 的亲身经历：

我曾经是个习惯性“抬杠”的人。不论别人说什么，我总是想方设法要反驳他。如果某件事情不符合我的观点，那让我不去纠正简直就是要了我的命。所以我总是第一个跳出来——就好像反应越快越了不起一样。

2010 年，我和 Smith 一起进行一场演讲。当我的演讲结束后，Smith 很有风度地称赞了我的发言。那我接着做了什么呢？当他在台上阐述自己的观点时，我搜罗了所有和我意见相左的点。我一有说话的时候，马上掏出小本本一条一条地推翻了他的观点。而当他面对我的反驳时，只是给了个简单的回答，“小伙子，再给这些观点 5 分钟吧！”

表达不同意见、不赞成、坚持自己的世界观、信仰等本身是没有问题的，但是当你想质疑他人的观点时，请多留点时间以便于自己对它们进行过真正的思考。“5 分钟”代表着“思考”而不是回应。可到底为什么 Mike 连短短 5 分钟也等不了，就控制不住地要反驳呢？

曾经有人总结过几种“抬杠”的心理，不成熟型、自我中心型、说教型、口头禅型等，但无论是哪一种反驳类型都可以用一句话来概括：这个世界的真相就是，每个人都活在自己的世界里。

沟通谈话不是华山论剑，非要有个输赢。有效的沟通可能是你和别人一拍即合达成共识，也可能是因为别人不同意你的观点后，让你又获得了全新的知识或思维方式。

如果你的目的是加薪，那就虚心接受老板对你工作的建议和评价。如果你的目的是谈成合作，那最好耐心仔细地分析对方言语中透露出的需求到底是什么？如果你的目的是解决问题，那就从对方的角度看一看，问题到底出在哪里？如果你的目的是一拍两散，那就请尽情反驳，在悲催的道路上渐行渐远。

如何摆脱“爱抬杠”的习惯，让人与你在交谈时感觉最舒适：

用“我们”来代替“我”。要想成为一个不“抬杠”的人，最大的原则就是，不让自己说出‘我’字。用“我们”来代替“我”，以减少疏离感，增加凝聚力。一个人的经历毕竟十分有限，不可能所有问题都有标准答案。所以，话不可以说得太绝对，多听听别人的经验可以收获很多解决问题的捷径。

跟着对方话题多提问。“还好吧，反正她本来就是这样。”对“她还抱怨了什么？”提问和反驳之间是不一样的。反驳代表着你觉得你已经知道了。而提问则代表着你想要知道更多，所以谈话时应该多提问，表示关注和有兴趣。一个人想结束话题的时候倾向于总结性的回答，而兴致勃勃地想与你交流时则会选择细节进行追问。因此，所提出的问题越具体越好，更便于让对方感受到你的高涨兴致并把话题铺开。

明确自己做事的目的。很多时候我们争辩都只是想证明一件事，那就是“我比你聪明比你强”。为了证明这件事，本来是同行来谈合作的，生生被反驳成了“再见，再也不见”。而当事人还在暗暗自喜自己赢得了辩论时，却丝毫没想到自己可能丢了更重要的东西。

【案例】

暴力语言是凶器

同学朋友的沟通交往中，最深的伤害永远是语言。一句话就可能毁了一份感情。有人说“暴力语言是凶器”“要摧毁一份感情，一句话就够了”。

有个小故事。是说小文有个多年的闺蜜，俩人亲密到可以穿同一件大衣，吃同一碗烩面，心事更是无话不说。后来她谈了个有点背景的男朋友，自身的努力，再加上对方的帮助，进了家不错的公司。一切如意。闺蜜却没这么幸运，男朋友谈了两三个，没一个靠谱的，接连分手，生活一团乱麻。

小文为闺蜜着急，花很多精力帮她物色好男人。终于打探到一个不错的，就迫不及待地介绍给闺蜜：人超好，能力强，家境也不错，你真嫁过去，绝对衣食无忧啦。闺蜜却没有迎合她的热情，只淡淡说，靠男人算什么本事。

小文愣了。这是什么意思，影射她靠男人过活吗？还是早就在鄙视或者嫉妒了？她越想越不对味，红娘是没心思再当了，接下来的交往也勉强了，心再也没对闺蜜敞开过。打那以后，俩人生疏了，表面上客气着，心里却系着大疙瘩。

感情是件多微妙的事。亲人也好，同学朋友也罢，要亲密起来多不容易，好比盖摩天大厦，砖瓦水泥，石板钢筋，一天天垒上去，要多认真多谨慎，付出多少努力才能落成。人的一生中，这样的大厦也建不成几座。这样珍贵的资产，要毁掉却十分容易，一句不小心的话，就可能变成一把火，呼啦啦一下把一切都烧成灰。

这一句话引发的灾难，也许发生时你都没察觉，不管是存心还是口误，说完就以为过去了，可能要等过了很久才会发现——甚至永远也不会意识到：那栋大厦塌了，那个亲密的人，被那一句话，推出了你的世界。而那个被推出去的人，可能本来并不想离开，在听到你那句话时，深感不适，也还是努力想要笑纳的，只是那句话像一根刺，正好戳在心里最敏感、最脆弱的地方，拔不出化不掉，碰到就疼，疼得久了，心就变了，感情自然也就不复当初了。

若真的珍视一份感情，就不要口出冷语，鲁莽凌厉地去伤害它。再强大的人，也会有软肋、有禁忌、有不能碰触的雷区。而那随意出口的一句话，可能正泄露了她内心里对小文的不满、嫉妒，这种不友善对方又正好捕捉到了，后果就难料了。如果小文能宽容释怀，自然是善莫大焉，若不能，也实属人之常情。

【案例】

说话说重点

周六，燕秋饭店。

几个好友在喝茶，小可电话响起，接通后，她就一直在不停地“嗯”“好”“可以”，还时不时地点头表示同意。电话足足打了二十多分钟，我们几个人坐在那，都在听她的嗯嗯声了。最后，小可自己都忍不住了，她大声说了句，停，停，停，你先打住，不要讲原因了，你就说这个事什么时候能办成吧！

放下电话，小可叹了一口气说，遇见这样的人，没办法，说话磨磨唧唧，找不到主题，兜了半天才知道他想干什么。

时间对于每一个人都异常珍贵，就像鲁迅所说，浪费别人的时间就等于谋财害命。在这个快节奏的时代，没人愿意浪费彼此的情感和时间给那些说话拐弯抹角、词不达意、磨磨唧唧的人。要学会说话简单明了，尽快说重点。没有人愿意听一大堆废话，却还不知道你想表达什么。别人更没有工夫去察言观色，揣度你的心思。有的时候简单点，直接表达就好。

与亲人沟通

不要以为是自己最亲最近的人，就可以放肆地耍脾气。相反，面对你一生中最重要的人——亲人的时候，反而要用最温和、最真心的方式与他们说话、与他们交流。

【案例】

控制好情绪再沟通

有对兄弟，俩人都在外地做生意。弟弟脑子活，做得好，生意越来越大。哥哥本分，纵有弟弟扶持，日子也始终紧紧巴巴。弟弟家有一个儿子。哥哥家有两个女儿，又生小女儿时被罚了六万元，几乎倾家荡产。

春节回家团聚，一家人难得凑在一起，几杯白酒下去，情绪都很高涨。老爸趁机提议，让弟弟先帮忙出一半罚款。

弟弟爽快答应，却拍着哥哥的肩膀，加了一句：“你呀，越穷越不长心，生那么多干吗，不还是没儿子吗？”

哥哥当时就火了，摔了筷子拍了桌子：“我穷我没儿子，是我没命，轮不着你教训！”一顿团圆饭不欢而散。

有种说法是，两个人的沟通，70% 是情绪，30% 是内容。情绪不对，内容就会被扭曲。没有良好的情绪，心里话就说不出来，真心话就听不进去。所以，冲动是魔鬼，控制好情绪再沟通。控制脾气，学会调整情绪，不要对最爱你的人发火，不要让你最爱的人伤心。

出言要有度。言不伤人，诺不轻许。君子绝交，不出恶语。那不仅是给别人的尊重，也是给自己的体面。真话未必都能实说，好话也不一定都能直说，而讽刺、嘲笑、挖苦、羞辱的话，更不该加在自己不想伤害的亲人身上。有时候自己以为的直言不讳，其实是在用利刃伤人，是对感情不计后果的摧毁。

【案例】

父母与孩子沟通，幽默化解尴尬

一位妈妈要检查孩子的作业，孩子故意拿出英语作业本给妈妈看。看着妈妈一脸迷茫的样子，孩子便问：“妈妈，你懂英语吗？”面对尴尬的窘境，妈妈想了想，这样对孩子说：“你姥姥不懂英语，也不关注我小时候的英语学习，所以现在我不懂英语。为了使你胜过妈妈，我一定要在关注你的英语学习方面胜过姥姥，你说对吗？”

听完妈妈的话，孩子哈哈大笑起来。

这位妈妈的幽默不仅化解了窘境、有效维护了自己的威信，还从侧面教育了孩子，所以说，在这个案例中，“幽默”起到了一箭三雕的效果。

【案例】

同样的事物，不同的理解

前些日子，一个朋友在公司门口的宠物店，看中一条小狗，经过一番讨价还价，把小狗买了下来带回家去。晚上给她二姐打电话，告诉二姐她买了一条博美。二姐听了非常高兴，马上询问狗是什么颜色，多大了，可爱吗？晚上，她大姐打电话来询问她最近的情况，小狗在她接电话的时候叫起来，大姐在电话里一听到有狗在叫，就问是否很脏，咬人吗？有没有打预防针……同样是对于一条狗的理解，然而不同的人反应的确差别很大。这是为什么呢？

原来，二姐从小就喜欢狗，所以一听到狗，在她的脑海中肯定会描绘出一幅一条可爱的小狗的影像。而大姐的反应却是关心狗是否会给她带来什么麻烦，在脑海中也会浮现出一幅“肮脏凶恶的狗”的影像。

同样的一件事物，不同的人对它的概念与理解的区别是非常大的。我们在日常的谈话与沟通中也是同样。当你说出一句话来，自己认为可能已经表达清楚了意思，但是不同的听众，会有不同的反应。对其的理解可能是千差万别的，甚至可以理解为相反的意思。这些都将大大影响我们沟通的效率与效果。

因此，我们在沟通时，要分清对象，是与谁沟通？不同的沟通主体，他的关注点不同，工作职责也不同。双方只有确定了沟通主体，明确了对象，方可进行沟通。比如，一个业务员要去拜访一个重要客户，首先就要明白是与客户方的哪位负责人沟通，是业务经理、业务主管，还是销售经理？大姐和二姐的境遇不同，对小狗的感觉也不同，所以沟通时要对不同的人给出不同的交谈策略。其次要换位思考，沟通中需要细心地去体会对方的感受。最后要认真倾听，做到真正用“心”去沟通，听出对方的需求。

【案例】

好多家庭纠纷，都源于不会聊天

有个电视剧片段，是妻子生完孩子正在坐月子，婆婆专程从老家过来帮忙。

丈夫下班回到家，当妈的说，“你这忙一天饿坏了吧，就等你了，咱们赶紧吃饭。”媳妇说：“就他忙一天饿，怎么不问问我饿不饿啊？”老人也很委屈，说：“只是为了等大家一起吃饭，没有别的意思。”

丈夫一巴掌打在媳妇脸上，“妈忙了一天，你还有心情找事？”

媳妇哇地一下哭了，“就你们家人忙了一天是吗？我带孩子不比谁都辛苦。”

丈夫把东西往地上一摔，“谁不辛苦，这个家就靠我一个人养着，我在单位累一天，回来还得受你这个气。”

婆婆这边开始收拾东西：“都怨我，都怨我，我还是走算了，不在这儿惹你们生气了。”

看这三个人，都很不会聊天。婆婆是好意，但表达太过直白，伤害了媳妇；媳妇有委屈，但不尊重老人，让婆婆和丈夫都不舒服；丈夫两边不讨好，打了媳妇，还惹了母亲难过。

这件事复杂吗？好像并不复杂。婆婆如果说：“都回来了，要不咱们开饭。”媳妇估计也不会多想。老公如果说：“妈跟媳妇在家辛苦了，给你们带了礼物。”两个女人应该都挺高兴的。吃完饭，儿子说：“你们都累了一天了，我来刷碗吧。”这时候，妈跟媳妇肯定都心疼啊：“你歇着吧，上班一天也挺辛苦，我们来。”说到底并没有什么大矛盾，但会不会聊天差别很大。

与同事沟通

与同级别的同事说话，要照顾对方的面子，不要越过对方的专业领域过度指点别人的工作。要帮对方想办法、想点子，站在对方的角度考虑他可能需要什么样的帮助，主动为别人提供帮助，会有更多的人愿意帮助你。

【案例】

不会沟通，从同事到冤家

小王是公司销售部一名员工，为人比较随和，不喜争执，和同事的关系处得都比较好。但是，前一段时间，不知道为什么，同一部门的小李老是处处和他过不去，有时候还故意在别人面前指桑骂槐，对跟他合作的工作任务也都有意让小王做得多，甚至还抢了小王的好几个老客户。起初，小王觉得都是同事，没什么大不了的，忍一忍就算了。但是，看到小李如此嚣张，小王一赌气，告到了经理那儿。经理把小李批评了一通，从此，小王和小李就成了冤家。

小王所遇到的事情是工作中常常出现的一个问题。在一段时间里，同事小李对他的态度大有改变，这应该让小王有所警觉，应该留心是不是哪里出了问题。但小王只是一味地忍让。忍让有时并不是一个好办法，这时更需要的是多沟通。小王应该考虑，是不是小李有什么想法，中间会不会有些误会，才让他对自己的态度变得这么恶劣。

他应该主动及时地与小李进行真诚的沟通，比如问问小李，是不是自己有什么地方做得不对，让他不舒服了之类的。任何一个人都不喜欢与人结怨，当他们之间的误会和矛盾还比较浅的时候，如果能及时地沟通，误会可能就会化解。但结果是，小王一忍再忍，一直到了忍不下去的时候，他选择了告状，还是没有选择沟通。其实，找主管来说明一些事情，不能说方法不对。关键是怎么处理。在这里，小王、部门主管、小李三人犯了一个共同的错误，那就是没有坚持“对事不对人”。主管做事也过于草率，没有起到应有的调节作用，他的一番批评反而加剧了二人之间的矛盾。

正确的做法应该是：通过沟通尽快把双方产生的误会、矛盾理一理，想办法化解开。通过加强同事间的沟通来处理这件事，结果肯定会好得多。我们每一个人都应该学会主动地沟通、真诚地沟通、策略地沟通，如此一来就可以化解很多工作与生活中完全可以避免的误会和矛盾。

【案例】

沟通“迷路”

与上级沟通时，你会不会时常心里发怵？与下级沟通时，你会不会被指责为颐指气使？在办公室沟通中，别人都达到了自己的“目的地”，你却在沟通中迷失了“方向”。糊涂的你是否在无意间丢失了自己的办公室沟通“地图”？

例如：

公司为了奖励市场部的员工，制订了一项海南旅游计划，名额限定为10人。可是13名员工都想去，部门经理需要再向上级领导申请3个名额，如果你是部门经理，你会如何与上级领导沟通呢？

部门经理向上级领导说："朱总，我们部门13个人都想去海南，可只有10个名额，剩余的3个人会有意见，能不能再给3个名额？"

朱总说："筛选一下不就完了吗？公司能拿出10个名额就花费不少了，你们怎么不多为公司考虑？你们呀，就是得寸进尺，不让你们去旅游就好了，谁也没意见。我看这样吧，你们3个做部门经理的，姿态高一点，明年再去，这不就解决了吗？"

（1）只顾表达自己的意志和愿望，忽视对方的表象及心理反应。

（2）切不可以自我为中心，更忌讳出言不逊，不尊重对方。

与下属说话，不要摆架子。虽然工作关系上是上下级，但从人格角度，你跟任何人都是平等的，尊重你的下属才能获得尊重。多表扬、多鼓励，多说一些表扬、鼓励的话，能让下属的积极性更高，不要吝惜你的表扬。某种角度来说，表扬下属是你必须要承担的责任。纠错的同时也要给予指导，下属做事不到位的时候，不能置之不理，也不能光骂人不教人。指出下属错误的同时，一定要给予相应的指导，否则就是对下属的不负责任。

【案例】

同样的情况下，去找朱总之前用换位思考法，树立一个沟通低姿态，站在公司的角度上考虑一下公司的缘由。遵守沟通规则，做好与朱总的平等对话，为公司解决此问题有一个心理准备。

部门经理："朱总，大家今天听说去旅游，非常高兴，非常感兴趣。觉得公司越来越重视员工了。领导不忘员工，真是让员工感动。朱总，这事是你们突然给大家的惊喜，不知当时你们是如何想出此妙意的？"

朱总："真的是想给大家一个惊喜，这一年公司效益不错，是大家的功劳，考虑到大家辛苦一年。年终了，第一，是该轻松轻松了；第二，放松后，才能更好地工作；第三，是增加公司的凝聚力。大家要高兴，我们的目的就达到了，就是让大家高兴的。"

部门经理："也许是计划太好了，大家都在争这10个名额。"

朱总："当时决定10个名额是因为觉得你们部门有几个人工作不够积极。你们评选一下，不够格的就不安排了，就算是对他们的一个提醒吧。"

部门经理："其实我也同意领导的想法，有几个人的态度与其他人比起来是不够积极，不过他们可能有一些生活中的原因，这与我们部门经理对他们缺乏了解，没有及时调整都有关系。责任在我，如果不让他们去，对他们打击会不会太大？如果这种消极因素传播开来，影响不好吧。公司花了这么多钱，要是因为这3个名额降低了效果太可惜了。我知道公司每一笔开支都要精打细算。如果公司能拿出3个名额的费用，让他们有所感悟，促进他们来年改进，那么他们多给公司带来的利益要远远大于这部分支出的费用，不知道我说的有没有道理。公司如果能再考虑一下，让他们去，我会尽力与其他两位部门经理沟通好，在这次旅途中每个人带一个，帮助他们放下包袱，树立有益公司的积极工作态度，朱总您能不能考虑一下我的建议。"

师生的沟通

【案例】

墨子故事看沟通

春秋战国时期，耕柱是一代宗师墨子的得意门生，不过，他老是挨墨子的责骂。有一次，墨子又责备了耕柱，耕柱觉得自己非常委屈。因为在众多门生之中，大家都公认耕柱是最优秀的，但又偏偏常遭到墨子指责，让他的面子过不去。

一天，耕柱愤愤不平地问墨子："老师，难道在这么多学生当中，我竟如此的差劲，以致要时常遭您老人家责骂吗？"

墨子听后，毫不动肝火："假设我现在要上太行山，依你看，我应该要用良马来拉车，还是用老牛来拖车？"

耕柱回答说："再笨的人也知道要用良马来拉车。"墨子又问："那么，为什么不用老牛呢？"

耕柱回答说："理由非常简单，因为良马足以担负重任，值得驱遣。"墨子说："你答得一点也没有错，我之所以时常责骂你，也只因为你能够担负重任，值得我一再地教导与匡正你。"

虽然这只是一个很简单的故事，不过从这个故事中，可以给沟通管理带来一些有益的启示。

启示一：学生应该注重与老师沟通。

学生应该注重与老师的沟通。一般来说，老师要考虑的事情很多很杂，许多时间并不能自己主动控制，经常会忽视与学生的沟通。更重要的一点是，老师对许多工作在下达命令让学生去执行后，自己并没有亲自参与到具体工作中去，没有切实考虑到学生所会遇到的具体问题，总认为不会出现什么差错，导致缺少与学生的主动沟通。

作为学生应该有主动与老师沟通的精神，这样可以弥补老师因为工作繁忙和没有具体参与执行工作而忽视的沟通。试想，故事中的墨子因为要教很多的学生，一则因为繁忙没有心思找耕柱沟通，二则没有感受到耕柱心中的愤恨，如果耕柱没有主动找墨子沟通，那么结果会怎样呢？不言而喻啦！

启示二：老师应该积极与学生沟通。

老师必须重视与学生沟通。故事中的墨子作为一代宗师差点就犯下大错，如果耕柱在深感不平的情况下没有主动与墨子沟通，而是消极抗拒，甚至远走他方的话，一则墨子会失去一个优秀的可塑之才，二则耕柱也不可能再从墨子身上学到什么，也不能得到更多的知识。

优秀经理人必备技能之一就是高效沟通技巧，一方面，经理人要善于向更上一级沟通；另一方面，也要与下属做好及时的沟通。

启示三：沟通是双向的，众多的误会都可以在沟通中消除。

沟通是双方面的事情，如果任何一方积极主动，而另一方消极应对，那么沟通也是不会成功的。试想故事中的墨子和耕柱，他们忽视沟通的双向性，结果会怎样呢？在耕柱主动找墨子沟通的时候，墨子要么推诿很忙没有时间沟通，要么不积极配合耕柱的沟通，结果耕柱就会恨上加恨，双方不欢而散，甚至最终出走。如果故事中的墨子在耕柱没有来找自己沟通的情况下，主动与耕柱沟通，然而耕柱却不积极配合，也不说出自己心中真实的想法，结果会怎样呢？双方并没有消除误会，甚至可能使误会加深，最终分道扬镳。

沟通是每个人都应该学习的课程，提高自己的沟通技能应该上升到战略高度。我们每个人都应该高度重视沟通，重视沟通的主动性和双向性，只有这样，我们才能够进步得更快，企业才能够发展更顺畅、更高效。

面试沟通

细节体现教养，礼仪展现素质，学些面试礼仪，让我们走得更远。

【案例】

面试礼仪

某护校毕业生小李，在一次应聘中，专业考试成绩优秀，用人单位对其较扎实的专业基础基本满意。面试时，小李迟到了5分钟，急匆匆地推开虚掩着的办公室门。与面试官结束交谈后，他起身离去，椅子没有移回原位，出门时房门也忘了带上。看到小李头发染成黄色，穿着一身紧身的时装，脖子上戴着一条粗粗的金属项链，嘴里嚼着口香糖。当主考官问他，为什么要参加应聘，对公司的发展有何建议时，小李低着头，半天没说话。用人单位决定不予聘用。

着装是面试很重要的一部分。穿什么颜色的服装，体现对待面试的态度。不同行业对着装的要求不同，但无论哪个行业，都不要穿得太过前卫。最好着正装，体现专业和重视。通常蓝色是最推荐的颜色，橙色是最不合适的颜色，黑色传达领导力等。

想一想：小李为什么没有被聘用呢？

应聘面试时，要求服饰得体。一身紧身衣显然不是应聘时该穿的服装。头发染成黄色，脖戴粗粗的金属项链，这样的人没有单位敢用，没有安全感。要求遵守时间。迟到是面试的大忌。无论出于什么原因，是否按时到达是主考官考察应聘者的重要指标。很可惜小李迟到了5分钟。再来看看细节。嘴里嚼着口香糖跟人说话没有基本的礼貌，这个细节也显示出小李对这次应聘的轻视态度。进门前要敲门，这也是一个细节，却体现个人素质。就算房门虚掩着甚至敞开，出于对面试官的尊重，进门前一定要先敲门。站起身时要注意，不让椅子与地面摩擦出尖锐的声音。离去时，应把椅子归位，把房门关上。要求充满自信。当主考官向他提问时，应该积极思考，巧妙回答，而不是低着头，半天不说话。没有自信、准备不充分、服饰不得体、态度轻浮让用人单位没有安全感，这样的外形让人心生畏惧，谈何进一步了解、聘用。没有被聘用是意料之中的事。细节体现教养，礼仪展现素质，学些面试礼仪，会让我们走得更远。

应聘前的准备。知己知彼，百战不殆。应聘前，要尽可能多地收集资料，做一些准备。比如，收集就业信息。撰写求职信。说明自己是慕名而来，希望从事何种工作，对工作所抱有的信心和态度，写出具备的相关知识、技能、特长，接受过的有关训练实践，符合用人单位的招聘条件。撰写履历表。履历表，也称个人简历，就是对自己成长背景、优点、成就和有关个人材料进行的简要概述。

面试礼仪

面试服饰得体、讲究个人卫生。遵守时间，宁早勿迟。表情自然，动作得体。注意细节，树立形象。充满自信，表现自我。战胜自我，挑战失败。

面试交谈，要注意自谦有礼、文雅大方、仔细倾听、善于思考、突出重点。面试告别时，要把握时间，适时结束，保持风度，礼貌告别。还有几个面试时应注意的问题。比如，携带好个人简历、推荐材料等。回答问题时要口齿清晰、思路明确、措辞得体。回答问题语言要有组织、有条理、不啰唆，不能只说“是”或“不是”。避免一些不雅的小动作。忌主动打探薪酬福利等。

与上级沟通

学会和领导好好说话，与领导说话，要言简意赅，清晰地表达出要说的内容。

讲清楚事情之后，从大局出发，可以简要说一下对利弊的分析、合理化的建议，供领导参考。

提出问题的同时，最好提供一两套解决方案，让领导做选择题，而不是问答题。

【案例】

给领导做选择题而不是问答题

场景 1

你在市场部负责策划一项客户活动，关于确定酒店，你来征求领导的意见。

你：“领导，我们定什么酒店？”

领导：“你问我，我问谁？”领导连眼皮都不会抬一下。

场景 2

你兴致勃勃地跑到领导办公室。

你：“老板，我们定希尔顿、喜来登还是万豪？

领导：“都行。”

你一脸呆样。这不等于什么都没说吗？

场景 3

正确的方式是这样的：

你："领导，初步定五星级酒店，同样面积的场地和使用时间，希尔顿报价 3000 元，喜来登 3200 元，万豪 2900 元。其中希尔顿包括茶歇，其余不包括。万豪房间有点紧张，可能容纳不了我们所有客户入住。评估下来，我推荐希尔顿！"

领导："听你的！"领导抬起了头，露出一丝微笑。

当然实际工作中还会有更多细节需要罗列，做综合对比，领导很有可能针对某些细节继续追问，但是只要你能够将调研工作提前做好，将每个方案的优劣势罗列出来，并提出自己的建议，领导综合评估后，最优方案就会脱颖而出。

在跟领导汇报工作时，特别容易犯的错误就是给领导出一道问答题，也就是直接问领导答案或解决办法。这也许是因为自己的经验或知识的确有限，是真心不知道答案或怎么办，才去问领导。但是，这样做只能给领导留下很不成熟、能力欠佳的印象。

而给领导出选择题则完全不同。在你提出问题的同时，要给出几种建议或方案，以及每种方案的优劣势，最后阐述自己认为最合理的建议和相应的理由，以备领导选择和决定。大多数领导都喜欢这样的汇报，因为他雇了你，就是要让你做好基础工作调研（问答题），而他则要把精力放在如何有效决策上（选择题）。

【案例】

给领导汇报，重点突出、逻辑清晰

下面的对话是做得比较好的：

"领导，今天有三件事向您汇报，事关我们今年新的战略方向。

第一件事，有 30 份新代理商协议需要您签署。这些代理商的详细资料之前曾邮寄给您，如果您没看，我这里也有一份精简的列表供您参考。

第二件事，有个广州的项目申请特价，需要您批准。这里有一页该项目预计采购额和利润计算结果，供您参考。

第三件事，申请提升 Tony，这是申请表和他的业绩说明资料，如果有时间，我向您详细说明原因。"

其实要做好这样的工作汇报并不容易，因为事项多，彼此之间关联度又不大，很容易说得非常散乱，没有层级，所以需要开篇简明扼要，第一时间开门见山地指出汇报要点，快速引起领导注意。

这样做一方面便于领导提前知情和预判此次谈话涉及的内容，另一方面可以帮助汇报人整理思路，否则很容易失去焦点。

领导的时间都很宝贵，没有时间、没有耐心听长篇大论，所以要提前想好这次谈话的目的和核心要点，比如重点 1，2，3，还要将重要的事情放在最前面说。所以，如果自己都没有想清楚的事情，就不要急着去找领导。

【案例】

先说结论，再展开说明

“领导，最近我们日子很不好过啊，竞争对手降价 10%，抢了我们的很多客户，客户也抱怨，老给我们打电话，说我们怎么价格那么高，前几天北区老赵的一个项目就快丢了……

说了半天，始终没切入正题。

一般应将事情的来龙去脉先说清楚，然后才给出结论。但是，这其实不适合给领导做汇报。给领导汇报工作，可以先给出结论，让领导知道汇报者的态度和想法，然后领导才有可能带着问题去听。好点的沟通方式如下：

比如，你想建议领导对某类产品降价，就要开门见山。

“领导，鉴于目前激烈的竞争环境，特申请降价 5%。（结论）

理由如下：

竞争对手普遍降幅 10% 左右。（分论点 1）

而我们产品定位稍高，不适合也降 10%，对品牌形象有损害。（分论点 2）

但是为了进一步吸引客户，可以在降低 5% 的同时，附赠小礼品。（分论点 3）

经过核算，这样一来，我们整体销量预计会上升 10%，降价后利润率虽然降低，但是利润总额却还是提高了”。（分论点 4）

在汇报的同时，如果能展示精炼的 PPT 和翔实的数据，就更可信了。

对比一下以上两种沟通方式，哪个会令领导更加喜欢？哪个沟通更加高效？相信你自己已经有了答案。

【案例】

重要汇报，提前做预演

要进行重要工作的汇报时，都要提前练习。

一定要事先针对汇报内容做模拟练习，从时间、汇报语言及逻辑框架等几方面准备，做到熟练掌握，烂熟于心。

在排练过程中将自己的“台词”设计好，既包括幻灯片页之间的过渡用语，也包括每一页幻灯片的语言描述，做到用语简练精准、思路清晰、重点突出。最好能够先把这些用语记在纸面上，边演练边反复修改，这些都能帮助人们在最后的展示环节完美表现自己。

越是在级别高的汇报会上，越是要认真准备。对自己的语速、表情、用语都要用心，慢慢做到大方得体、充满自信。

除了准备汇报内容的本身，还要精心准备针对一些数据来源和结论的推导。

这样会显得做事非常认真、严谨。

【案例】

讲究说话方式，不当好好先生、马屁精

讲究说话方式，不当好好先生、马屁精，也不能过于直接，不走大脑。

你是不是觉得一个成天拍马屁的人一定会得到领导的青睐？

你是不是觉得一个巧舌如簧的人一定很擅长和老板沟通？

或者你觉得一个说“Yes，Sir”的好好先生一定会有大把升迁的机会？

答案是：不。

有人说，领导毕竟是领导，我们什么都点头，什么都听他的不就完了吗，可是为什么当我们真的什么都听他的时候，他还是不满意？这个困惑存在于很多人心中。

首先要肯定的是，这种对领导尊重的态度是对的。但从领导的角度来看，他在喜欢被认可的同时，也希望能够听到你对问题的想法和建议，希望你能帮助他减少麻烦、解决问题。

这就要求我们要学会站在公司角度，从大局出发，来谈你的想法和改进的建议。先试着将自己抽离出来，站在领导的角度和高度来想一想：他让我做这项工作或者完成这项任务的背景是什么？对公司业务影响有哪些？为什么要做这件事？

因为任何事情都有因果和内部逻辑，当你能这么想的时候，不妨整理好分享给领导，向他确认。这样会让老板对你刮目相看，对你的信任和依赖程度会加深。如果得到积极确认，就非常好了，如果没有，这个过程领导也会发现你是个爱思考的人，也许在这个过程中也激发了他，很多时候，他自己的想法也随之梳理清楚了。

【案例】

好的说话方式会达到意想不到的沟通效果

有人问牧师：“我可以在祈祷时抽烟吗？”

牧师断然地说：“不！”

另一个人换个说法问牧师：“我可以在抽烟时祈祷吗？”

牧师的回答却是：“当然，上帝鼓励人们随时随地向他祷告！”

这些沟通技巧的全面掌握和熟练运用，要先从最简单易行或者从其中某点开始实践，过一段时间你就会感受到自己的变化，感受到人们对你态度的转变。

【案例】

毛毛虫过河

一个老总问他迷惘而困惑的下属，你知道毛毛虫是怎么过河的吗？下属给出了三个答案。

下属说："从桥上过。"老总摇摇头说："没有桥。"

下属说："从叶子上过。"老总说："叶子被水冲走了。"

下属又接着说："被鸟吃到肚子里就过河了。"老总强调："那样的话，毛毛虫就死掉了，也便失去了过河的意义。"

那么，毛毛虫究竟是怎么过河的呢？

老总告诉下属说：毛毛虫要想过河，只有一种方法，那就是变成蝴蝶。毛毛虫在变成蝴蝶之前要经历一个痛苦的阶段，它在一个茧里面，暗无天日、没吃没喝。这种痛苦要经历很长一段时间。

成功源于痛苦的蜕变。其实每个人都是一样的，在生命的历程中，都会遇到这样或者那样的挫折与磨难，有人面对困难悲观失望，无法转换自己的角色。有的人却是勇敢地摒弃旧的观念，不断挑战自我，不断脱胎换骨，最后轻松自如地飞过了毛毛虫时代那条痛苦的河流。生命过程其实就是毛毛虫过河的过程，每个人都有成功的机会，但是成长与成熟都是痛苦的，要想成功，必须勇敢地蜕掉一层层厚厚的茧，才能变成蝴蝶任意地飞舞。

因此，在遵循沟通基本原则下，可以通过学习积累不断提高理论素养和道德修养。一个会说话的人，必定有着丰富的个人经历，超强的学识积累，成熟健康的价值观，急中生智的反应能力，并把别人放在心上。从长远来看，说话是一方面，更重要的是说话的后续行动，行动才是最具说服力的语言。要做一个表里如一的人，一个言行一致的人。

艺术的领悟永远不迟，沟通的境界永无止境。沟通是人类的一种存在方式，是活生生的影响力，是一个感动他人和创造未来的过程。通过沟通技巧的训练，使沟通更顺畅、表达更清晰，使人拥有迈向成功、走向卓越的力量。经常看，经常读，领悟内涵，掌握技巧，多尝试，多经历，善于沟通，主动沟通，不断会有新发现、新感受、新提高、新收获，让我们在顺畅的人际沟通中奠定成功的基础。

（贾　颖）

文明礼仪篇

懂礼，让我们走得更远

中国素以“礼仪之邦”著称于世，中华民族的历史从掀开第一页开始，礼仪就伴随着人们的生活而产生了，所以说礼仪标志着人类社会生活摆脱了野蛮和愚昧，走向了文明。孔子曾说过：不学礼，无以立。就是说一个人要有所成就，就必须从学礼开始。在社会活动中，仪容礼仪可以让人变得大方，仪态礼仪可以让人变得高雅，社交礼仪可以让人变得文明，行为礼仪可以让人变得美好。总之，讲究礼仪可以让人变得充满魅力。在今日之中国，礼仪的学习与运用已日益受到普遍的重视。

仪表仪态礼仪

和他人交往接触，第一眼给人留下的礼仪印象来自你的外在形象和举手投足，也就是仪表和仪态。仪表仪态是一种文化和修养，也是一种语言。仪表仪态直接反映了一个人的性格、气质、审美情趣和道德修养。良好的仪表仪态不仅能赢得他人的信任，给人留下良好的印象，还能提高与人沟通交往的能力。

仪容礼仪

仪容，通常是指人的外表与装扮。在人际交往中，仪容通常会引起交往对象的特别关注，并将影响到对方对自己的整体评价。因此，端庄的外表和得体的修饰是个人需要注重的首要礼仪。

头发修饰：树立良好的个人形象应该“从头开始”。随着社会的发展，头发已经不仅是性别区分的标志，更是一个人精神面貌、道德修养、审美情趣和知识层次的全面体现。生活中，我们通过发型可以大致判断出一个人的社会地位、文化修养、精神状况等。通常情况下，人们可以根据自己的脸型、发质、身材、头型来选定适合的发型。男性发型应体现出干净、整齐、简单、自然的风格。头发长度一般要前不过眉、侧不掩耳、后不过肩。不得留长发、蓄胡须，不得漂染彩发；女士发型应体现出端庄、娴雅、大方、美观的风格，发型要符合自己的身份，不可怪异前卫，如无必要，应尽量减少染发。要勤于洗发，保持头发的清洁；要勤于梳理，定期修剪头发。

面部护理：面部是人体在外暴露时间最长的部位，也是最引人注目的部位。人们都想通过自己的努力使自己的面容达到自己期望的理想状态。面容方面一般以健康、清洁为宜，但随着年龄的增长，对面部进行适度的护理和保养也是非常必要的。面部清洁是每天最重要的面部护理。具体的做法是：要保持面部的干净，每天洗脸 2 ～ 3 次。眼角、耳、鼻等处的分泌物要经常清除，使之无异味、无异物。尽量坚持用冷水洗脸，这样可以刺激面部毛细血管的活力，使面部肌肤保持弹性。洗脸后要及时涂抹合适的护肤物品。另外，保持良好的心态、充足的睡眠、科学的饮食，多吃蔬菜水果，多喝水，这都有助于人体正常的新陈代谢，使肌肤更有光泽。

手部美化：要保持双手的清洁，养成经常洗手的习惯。要经常修剪并保持指甲干净。应注意：不要当众修剪指甲或用牙齿啃指甲；不要留过长的指甲，涂染颜色怪异或过于艳丽的指甲油。

正确化妆：化妆是通过对美容物品的使用，来修饰自己的仪容，美化自己的形象的行为。化妆的目的其实就是突出面部优点，掩饰面部缺点，以达到美化的目的。化妆要掌握几个原则：①自然，化妆的最高境界是让人看不出有人工修饰的痕迹。既精心修饰，又尽显天生丽质之美；②美观，每个人的容貌都不是十全十美的，或多或少总有欠缺，通过化妆可以藏短补拙，适度矫正，以使自己更加完美；③得体，化妆要讲究个性和注意场合，如日常办公时妆容宜淡，出入宴会时妆容可适当浓些；④协调，化妆要注意整体效果，使妆面与自己的职业、发型、服装等协调统一，力求达到完美的整体效果。男性一般不化妆，但也要注意自己的面部修饰。勤刮胡须，面部保持干净。

服饰礼仪

服装是仪表的重要组成部分，不仅用于御寒遮羞，还是一种无声的语言，一面映照时代的镜子。它体现着一种社会文化、一个人的审美情趣和文化修养。总的来说，着装要规范、得体，就要严格遵守TPO原则。TPO原则是有关服饰礼仪的基本原则之一。TPO原则，即着装要考虑到时间time、地点place、场合occasion。其中T、P、O三个字母，分别是这三个单词的缩写。它的含义，是要求人们在选择服装时，首先应兼顾时间、地点、场合，并力求使自己的着装及款式与着装的时间、地点、场合协调一致。得体的着装是一个人踏入社会、赢得成功的开端。

着装应与自身条件相适应。选择服装首先应该与自己的年龄、身份、体形、肤色、性格和谐统一。如中年人应选择款式成熟、稳重、质地考究的服装，体现出中年人成熟、高雅、稳健的气质；青少年应选择款式简洁、自然、质朴的服装，体现出青少年青春气息，避免珠光宝气、庸俗华丽的服装。形体条件对服装款式的选择也影响很大。如身材肥胖的人，服装面料要选择厚薄适中，轻柔而挺括，避免穿大花、大方格图案、横条纹的服装，不合适穿无袖短衫或连衣裙、喇叭裙；身材高瘦的人，应选择面料厚一点的服装，避免穿竖条纹、窄小、紧身的服装，避免使用暗色，尽量选择刚好合体的服装。

着装应与职业、场合相协调。工作时间着装应遵循端庄、整洁、稳重、美观，给人以愉悦感和庄重感。学生着装应与自己的身份和学校风格相一致，忌奇装异服。在正式社交场合，着装应庄重大方，不宜过于奢华。参加晚会或喜庆场合，服饰可以明亮、鲜艳一些。休闲时间、家庭生活中，服装可以随意、轻便一些。但不能穿睡衣、拖鞋去逛街或散步。

着装配色力求和谐。服装的色彩是着装的重要因素，因为色彩对人的视觉刺激最敏感、最快速，会让人留下很深的印象。全身着装颜色搭配最好不超过三种，而且以一种颜色为主色调，颜色太多则显得太乱，不协调。颜色搭配的方法有：同色搭配、相似色搭配、主色搭配。

仪态礼仪

仪态在礼仪中被看作是一种无声的语言，也被称作体态语言，平日人们所推崇的洒脱风度，其实就是训练有素的、优雅的、具有无比魅力的姿态，是一个人仪态的具体显现。仪态就像一面折射镜，能使人既见其表，又窥其内。日常生活中常见的仪态有表情、站姿、坐姿、走姿、蹲姿、手姿。

真诚的微笑：微笑是最有魅力的礼节，是一个人良好修养的体现，也是人际交往中最好的社交工具。初次见面，一个温馨的微笑往往可以消除彼此之间的陌生感，迅速拉近彼此间的心理距离。微笑是一个人内心世界的外化表现，微笑应做到亲切自然、真诚温馨、发自内心。规范的微笑应是：不笑出声音，不露出牙齿，面部放松，嘴角两端向上略微提起，表情自然不僵硬。

挺拔的站姿：站姿又称立姿，指的是人在站立时所呈现的姿态，是人最基本的姿势，是一切优美姿态的基础。正确、适宜的站姿可以使人减轻疲劳，给人以挺拔端庄、自信大方，蓬勃向上、轻松愉悦的感觉。站立时，双眼平视前方，下颌微收，挺胸收腹，双臂自然下垂，双腿基本并拢，双脚呈 45° ~ 60° 夹角。男士在工作中的站姿，双脚可调整成“V”字形，也可平行分开但不能超过肩宽，双臂自然下垂于身体两侧，或右手握住左手腕上方，自然贴在腹前或臀部。女士在工作中的站姿，双脚可调整成“V”字形或“丁”字形，右手轻握左手四指，被握之手的指尖不能超出右手的外侧缘，双手拇指自然弯曲向内交叉相握于腹部或脐部。站立时不要歪头、斜腰、屈腿等，在一些正式场合不宜将手交叉在胸前或插在裤袋里，更不要去做些小动作。总之，站姿应该是自然、轻松、优美。

稳重的坐姿：坐姿是人在社会活动中经常呈现出的姿态，它是一种静态的姿势。在与人交往或是长时间的交谈中，坐姿是人们采用最多的姿势。坐，作为一种仪态，也有着美与丑、优雅与粗俗之分。端庄、优雅的坐姿能体现出一个人的体态美感和文化涵养。坐姿的基本要点是：上身自然挺直，双膝自然并拢。坐姿的注意事项：落座时，一般不坐满座位，大体坐座位的 1/2 ~ 2/3 即可；坐下后，女性应双膝并拢；男性双膝部可稍分开一些，但一般不超过肩宽；与人交谈时，勿将上身前倾或用手撑着下巴；若与他人一起入座，则落座时要遵循先后顺序，礼让尊长，即请尊长首先入座；在正式场合，就座的方位应遵循“左进左出”的原则。在正式场合，入座的整个过程中，不管是移动座位还是坐下时，都不应发出异响，以免影响他人。

轻盈的走姿：走姿是指一个人在行走过程中的姿势，也可叫作步态。它以人的站姿为基础，始终处于运动中。人的走姿的总体要求是轻盈稳健。正确的走姿是：全身伸直，昂首挺胸；起步前倾，重心在前；脚尖前伸，步幅适中；双肩平稳，双臂摆动；直线前进，自始至终；全身协调，匀速前进。不好的步态会给人留下不好的印象，如：左右摇晃、弯腰驼背、左顾右盼、鞋底蹭地、八字脚、碎步等。

优雅的蹲姿：蹲姿是相对处于静止状态的一种体态。恰当的蹲姿要表现的舒缓、得体、从容，给人以稳重、大方之感。优雅的蹲姿一般采取高低式蹲姿和交叉式蹲姿。高低式：下蹲时一脚在前，另一脚在后；两腿向下蹲，前脚全脚掌着地，小腿基本垂直于地面；后脚脚跟提起，脚尖着地。女性应紧靠双腿，男性则可适度地将其分开。臀部向下，基本上以后腿支撑身体。交叉式：这种蹲姿优美典雅，适用于女性，尤其是着短裙者。下蹲时，右脚退至左脚后，双腿交叉重叠在一起，左小腿垂直于地面，全脚着地；右膝由后下方伸向左侧，右脚后跟抬起，脚掌着地；两腿前后靠近，合力支撑身体；上身略向前倾，臀部朝下。

优美的手姿：手姿又称手势，是人际交往中最有表现力的一种体态语言。手姿可以是静态的，也可以是动态的，做得得体适度会在交际中起到锦上添花的作用。运用手姿时，要注意与眼神、步伐、礼节相配合。常见的手姿有引导手姿、指示手姿、持物手姿。引导手姿：左手或右手抬高至腰部，四指并拢，拇指微张，掌心向上，以肘部为轴，向身体左侧或右侧打开约 45°，指向引导方向；指示手姿：用以引导他人及指示方向的手姿。右手或左手抬至一定高度，五指并拢，掌心向上，以肘部为轴，朝指示方向伸出手臂。持物手姿：即用手拿东西。可以用一只手，也可用两只手，拿东西时要动作自然。

社交礼仪

社交礼仪是社会成员在相互往来中的行为规范与待人处世的准则。社交礼仪是一个人文化修养和优良品德的外在表现，遵守交往礼仪的基本要求，可以拉近与交往对象的距离，取得对方的理解，以利于沟通，营造和谐的人际关系。社交礼仪的核心是尊重和友好。

握手礼

握手礼是社交活动中最常使用的一种见面礼。握手是交往的双方以身体接触来传递信息情感、联络沟通的礼貌举动。握手看似简单，但握手的很多细节往往能够表达握手人对对方的不同礼遇和态度，如握手的力量、姿势、时间、顺序等。通过这种方式，可以了解对方的个性，推测其心理活动，从而赢得交际的主动。

握手时应站立，伸出右手，手心垂直于地面，态度不卑不亢。不能伸出左手与人相握。

两个人握手，尤其是第一次握手，很难做到同时伸手，总要有人先伸手，有人后伸手，在国际上通用“尊者优先”的基本原则：女士先伸手；长辈先伸手；上级先伸手；先到者先伸手；接待来访者时主人先伸手，客人告辞时客人先伸手。

在社会交往中，如果一个人需要与很多人握手，那么最有礼貌、最符合礼节的握手顺序，也是遵循“尊重优先”的原则。

握手时，与对方目光接触、面带笑容。以示对对方的重视。最好再加上一些诸如“很高兴认识您”“久仰大名”之类的寒暄词。握手要有一点的力度。双手相握后，可稍稍上下或左右摇晃。

握手的持续时间一般控制在 3 秒以内。握手时彼此之间的最佳距离为 1 米左右。

介绍礼仪

在社会活动中，人们不断地结识新的交往对象，都会遇到自我介绍或者介绍他人的情况，无论哪一种介绍，都有一定的礼仪规范。

自我介绍：在社交场合，如本人希望结识他人或者是认为有必要让人了解自己，可以主动进行自我介绍。介绍时，态度一定要亲切、自然、友好、自信。根据交往的目的和对象不同，自我介绍的内容也应侧重不同，切不可一概而论。①一般性的自我介绍，应重点强调自己的姓名，中国的名字同音字比较多，最好在自我介绍时能够详细地说明具体是哪个字，如：“您好，我叫张鑫，弓长张，三金鑫。”②工作中的自我介绍，应该以工作内容为中心，包括本人的姓名、工作单位、职务或所从事的具体工作，如：“您好，我是省人民医院外科护士王红，是您的责任护士。”③相关内容的自我介绍，如果希望与交往对象有进一步的交流和沟通，介绍内容就应宽泛一些，包括自己的姓名、工作、籍贯、兴趣爱好、与交往对象的某个共同之处等，如“您好，我叫 ××，在 ××× 地方工作，是南阳人，听说您也是南阳的，对吗？”

为他人作介绍：为他人介绍前，首先要了解双方是否有结识的愿望。在介绍彼此的姓名、个人信息时，要尽量为双方找一些共同的谈话材料，如双方的共同爱好、共同经历或相互感兴趣的话题。一般情况下，介绍者应该平伸出右手掌，掌心向上，四指并拢，胳膊略向外展，眼神随着手势投向被介绍者。

介绍的顺序主要遵循“尊者优先了解情况”这一公认的国际惯例。即：先将男士介绍给女士；先将年轻者介绍给年长者；先将职务低者介绍给职务高者；先将客人介绍给主人；先将晚到者介绍给早到者；先将家人介绍给同事。如果被介绍者符合其中两个以上的顺序，一般应按照后一个顺序介绍。例如，一位年轻的女性来拜访一位年长的男性，就应先将这位年轻的女性介绍给这位年长的男性。

名片礼仪

在现代社会的人际交往中，名片是一种经过精心设计、用以表示自己身份、便于交往和开展工作的特殊卡片。它不但能推销自己，也能很快地助你与对方熟悉。

出示名片：向对方出示名片时，最好是起身站立，面带微笑，注视对方，双手持名片，名片正面面向对方，上身成 15° 鞠躬状态将名片递交给对方。同时，口头上最好还要配合一些话语，比如“这是我的名片，请多多关照”“很高兴认识你”“请多指教”等谦辞、敬语。

另外，还要讲究递交的顺序，一般应由近而远，先尊后卑。

接收名片：当他人递过来名片时，应立即停止一切工作，起身站立，面带微笑，礼貌地用双手或右手接过名片，并认真地看一下，使对方感到你对他的名片很感兴趣。还可以说“很荣幸得到您的名片”“谢谢”等话语。然后郑重地将名片放入稳妥的地方。切忌接过对方的名片后，一眼不看就随手丢在一边。

交谈礼仪

交谈是人际交往的主要手段。交谈不仅需要较强的语言表达能力，而且需要人们在与他人交谈时遵循的各种规范和惯例。一次满意的交谈效果，需要注意交谈的态度、交谈的语言、交谈的内容、交谈的方式四个方面的内容。

交谈的态度：从某种程度上讲，交谈的态度有时甚至比交谈的内容更为重要。交谈的态度总的要求是以诚相待、以礼相待、谦虚谨慎、主动热情。在日常工作交谈中，应自觉采用普通话。在公共场所与人交谈，必须有意识地压低自己说话的音量，以免妨碍他人。交谈时，应当目光专注，表情认真，表情应与谈话的内容相配合。自己讲话时，要不卑不亢，恭敬有礼；别人讲话时，要专心致志，洗耳恭听。

交谈的语言：在交谈过程中使用的语言要通俗易懂，表达准确，要充分考虑对方的职业、受教育程度等因素，说话力求平易通俗，便于信息的传达。要注意语言文明，善于使用一些约定俗成的文明用语，如“您”“请”“谢谢”“对不起”“再见”等。交谈中应尽量避免一些不文雅的说法，不宜明言的事情可以用其他委婉的语句来表达。

交谈的内容：交谈的内容是关系到交谈成败的决定性因素。交谈的内容要多从对方的角度出发，用对方感兴趣的方式引入，这样容易引起对方的情感共鸣，形成和谐的沟通氛围，以达到沟通和交流的目的。还要注意回避对方忌讳的交谈内容。

交谈的方式：交谈的方式选择得恰当与否，对能否正确进行人际沟通、恰当表达个人思想、友善传递交谈信息都起着相当关键的作用。在交谈中，要以对方为中心，处处礼让对方，尽量让对方先讲，把说话的时间留给对方，让对方感受到对他的尊重。当有不同意见需要表达时，尽量用委婉的方式表达出来。如护士发现病房里探视的病人太多，可以说“对不起，这里的病人需要安静的环境休息和治疗，请各位早点回去，好吗？”避免直截了当地说“病人要休息，你们快出去”。

移动通信礼仪

手机是目前使用率最高的移动通信工具，具有方便快捷的特点。它加快了现代人的生活节奏，改变了人们的生活方式，提高了工作效率。然而，人们在享受手机带来便捷的同时，不能忽略使用礼仪，避免影响他人的权益，或违背社会公德。

使用手机时要注意控制音量，不要影响周围的人。在会议厅、图书馆、教室等安静的公共场合，应自觉将手机关闭或调至静音，避免接听。在商场等人多嘈杂的场所，可以适当提高音量，但接听时不能对着手机大喊大叫。在正式场合，不宜当众使用手机，若确实需要使用手机，应暂时告退，另找一个僻静地方通话。

使用手机时，必须牢记安全至上的原则。不要在医院的急重症病房、手术室和油库使用手机，以免手机发出的信号影响仪器的正常工作，或引发火灾、爆炸等。乘坐飞机时，必须自觉关闭手机，以免干扰电子信号，影响飞机安全。驾驶车辆时，不能边开车边接打电话、发微信等，以免发生交通事故。

通信自由受到法律的保护。手机号码属于个人专有，如主人不愿意可不告诉他人，也不应当随便打探他人的手机号码，更不应当不负责任地将别人的手机号码转告他人。同样不要随便借用他人的手机。出于自我保护和防止他人盗机、盗码等原因，通常不宜随意将手机借给他人使用。禁止使用手机拍摄、转载、传播非法言论和视频。

公共场所礼仪

公共场所最能体现社会公德。在公共场所中，良好的公共礼仪能充分地展示自己良好的礼仪修养，使人际交往更加和谐，人们的生活环境更加完美。公共场所礼仪总的原则是：遵守秩序，仪表整洁，讲究卫生，尊老爱幼。

行路礼仪

道路上行走：行人在道路上行走时，要自觉走人行道，并注意自觉让出专用的盲道。无人行道时，应尽量走路边。要按照惯例自觉走在道路右侧一方，不可逆行。要与他人保持一定的距离，如果多人同行，不宜并排行走。要保持一定的速度，不要在马路上停留、休息或与人长谈。

在行走时，应体现“女士优先”的原则，男士应礼让女士进出大门和走廊。多人一起行走时，尊者应位于前面或中间，两人行走时尊者位于内侧。

上下楼梯：上下楼梯时，均应靠右侧行走，不宜多人或并排行走；上下过程中，不应进行交谈，更不应站在楼梯上或楼梯拐角处深谈，以免影响他人通行。上下楼梯时，若为人带路，应走在前面；与尊者、女士同行，上楼梯时，尊者、女士在前，男士在后，以示尊重；下楼时，男士在前，女士、尊者在后，以示安全。上下楼梯时，不管自己有多着急的事情，都不要推挤他人，也不要快速奔跑。

电梯礼仪

乘坐电梯时要注意安全，电梯关门时不要扒门，或是强行挤入，如人数超载时，要主动退出。上下电梯时遵守“先出后进”的顺序，一般情况是里面的人出来之后，外面的人方可进去。若不守此规矩，出入电梯人员过多时，就会出现混乱的场面；进出电梯时都要侧身而行，免得碰撞、踩踏别人。进入后应尽量站在右边，脸转向门，眼睛注视电梯层的指示灯，尽量不说话或小声说话，不可大声讲话或高谈阔论，更不可吸烟。人多时，最好面向内侧，或与他人侧身相向。下电梯前要做好准备，提前换到电梯门口。

乘交通工具礼仪

乘坐公共汽车：候车时应按先来后到的顺序在站台上排队。车辆进站停稳后，依次排队上车，对老人、儿童、孕妇及病残者要照顾谦让。上车后，不要抢占座位，更不要把物品放到座位上或替别人占座。应主动把座位让给老、弱、病、残、孕及怀抱婴儿的乘客。乘车时，若不小心踩到了别人，要及时道歉；被踩到的一方也要显出宽容的态度，接受对方的道歉，不要说脏话，挑起事端。在车厢要注意公共卫生，不随地吐痰、乱扔垃圾，更不能在车内吸烟。下车时，应提前做好准备，待车停稳后，有秩序地快速下车。对行动不便的老人、孩子、孕妇等乘客要礼让帮助。

乘坐轿车：遵循客人为尊、长者为尊、女士为尊的礼仪规则。在正式场合，乘坐轿车应分清座位的主次，非正式场合，可以不过分拘礼。上车时，应将车开到客人跟前，帮助客人打开车门，站在客人身后请其先上车。关门时切勿用力过猛。下车时，主人应先下车，帮助客人打开车门，迎接客人或长者下车。

乘坐火车：在候车大厅里，要保持安静，不要大声喊叫。一个人只能占一个座位，不要躺在椅子上或把脚跷在椅子上。检票时，要依次排队，不要拥挤推搡。上车后，应自觉按照车票标识的座位就座，要注意行李的摆放不能妨碍其他旅客通行。使用行李架时，不要独占太多的空间，不要粗暴地把自己的行李放在别人的行李上；当移动别人的行李时，需征得对方的同意；往行李架上存放行李时，不要穿鞋直接踩在座位上。要注意保持车厢卫生，当乘务员来打扫卫生和服务时，应主动配合并表示感谢。

乘坐飞机：上机时，不要抱侥幸心理携带违禁物品登机。登机时，应自觉配合例行的安全检查。遵守安全乘机的各项有关规定，如飞行期间，移动电话、手提电脑等电子设备均严禁使用。乘机时，还需要对安全设备有一定程度的了解。

旅游观光礼仪

旅游观光可以增长见识，陶冶情操，锻炼身体。现在这项活动受到越来越多人们的追捧，参加这项活动的人也更应注重一些礼仪规范。

爱护景区的一草一木。自然名胜是自然界的恩赐，历史古迹是前人留给我们的宝贵财富，一旦破坏便永久失去。因此，一定要爱护旅游景点的公共财物。在旅游景点攀折花木，随意涂写刻画，触摸珍贵的文物展品等都是违反公共道德的行为。

旅游途中还要遵守公共秩序，要自觉排队，主动谦让，不前拥后挤。如在景点拍照留影时，不要与他人争抢；走在狭窄的曲径、小桥时，要主动给老人、儿童、妇女让道，不争先抢行；如果冒犯了他人，要及时道歉。若是跟随团队一起出游，一定要听从带队安排，把握好集合时间，不要因为自己玩得忘乎所以而耽误大家的时间。

特定公共场所礼仪

图书馆、影剧院、博物院、科技馆、体育场、公园等都属于公共场所，为社会成员提供了公共活动的空间。一般的公共场所都有明文规定的秩序，身处其中必须遵守。如：严格遵守出入时间、依次排队、服从工作人员的管理；进出不能大声喧哗、走动时脚步要轻、不要吃带有果壳或能发出响声的食物、不能随意乱涂乱画、不破坏公共设施。有禁烟标识的地方，禁止吸烟。注意保护公共环境卫生。

根据不同的场所选择合适的仪表与着装。

在资源享用和次序上要做到礼让老幼，在其需要帮助时尽力提供帮助。

校园礼仪

校园礼仪，就是学生在校园文化生活的诸多方面应有的礼节和行为规范，是学生良好修养的表现。校园礼仪既是衡量一个学校文明素质的标尺，也是展现一个国家国民素质的社会窗口。

教室礼仪

同学进入教室要衣着整洁，面容清洁，头发整齐，不宜化妆。上课时，不宜吃东西，嚼口香糖，玩手机；坐姿要端正。夏天不能穿背心、拖鞋到教室，上课时不能扇扇子。冬天课堂上不能戴口罩。

自觉维护教室卫生，不要在黑板、墙壁、课桌椅等公共设施上乱涂乱画，不在教室里随地吐痰，乱扔垃圾，不在教室内吸烟。

晚自习时间不要在教室内大声喧哗、唱歌、接打电话等。整理课本、学习用具动作要轻，彼此体谅，不影响他人学习。

白天光照充足的时候，座位在开关旁边的同学应该及时熄灭日光灯。最后一个离开教室的同学，应熄灭日光灯，关好门窗。

对教学过程中所用的仪器、设备、设施等公共财物，要珍惜爱护，不私自拆卸、损坏或取走教室内的任何设备。

课堂礼仪

（1）课堂中的礼仪。

为教师做好课前准备，如擦黑板、打扫讲台、搬教学仪器等。

教师宣布上课后，班长喊“起立”，同学起立站好向老师行注目礼，老师向同学问好“同学们好”，同学向老师问好“老师好”，待老师允许后，同学们再坐下。

学生应以饱满的热情，集中精神，认真听好每一堂课。

老师提问时，学生应快速站起来回答问题。如有答不上来的问题，应说：“老师，对不起，这个问题我还没考虑好。”

有疑问需要向老师提问，应先举手，经老师允许后发言，不应边举手边说问题。

学生应按时、认真、独立地完成老师布置的各项作业。

对老师讲述的内容有异议时，最好下课后单独找老师探讨。若非提不可，也要注意场合和方式，态度要诚恳，不可扰乱课堂秩序，影响授课计划。

犯错误后，要虚心接受老师的批评和教育，并认真改正自己。若老师的批评与事实有出入时，要在老师讲过后平心静气地加以解释，或在事后寻找适当的场合、时机加以说明。若与老师发生矛盾，不要无礼顶撞老师，更不要在课后散布对老师不满的言辞。

上课迟到的同学应先在教室门外喊“报告”，待老师允许后再进入教室，未经允许不得擅自进入。

不要在背后对老师的相貌、衣着指指点点，品头论足，要尊重老师的人格和习惯。

（2）向老师请教时的礼仪。

请教问题前，要事先把请教的问题考虑清楚，以便明确地向老师提问。

请教时态度要谦虚。不要随意打断老师的讲述，若观点不同时，可用委婉的语气表达出自己的想法。

（3）课间休息的礼仪。

应主动询问老师是否需要擦黑板。

不得在教室或走廊大声喧哗，追逐打闹，大声喊叫。

在楼道内行走要靠右慢行，不要快速奔跑猛拐。

不能站在过道口说笑，挡住别人过往的路，给他人带来不便。

办公室礼仪

办公室是老师办公备课的地方，是一个非常严肃安静的场所，学生去办公室拜访老师、领导应注意有关的礼仪：学生在进入老师办公室前，一定要轻声敲门，得到老师允许后方可进入；进入后应向同屋办公的其他老师点头致意；没有老师的允许，不要坐在其他老师的座位上，更不要随意翻看办公室的东西；事情办完后，立即离开办公室并礼貌地与老师告别。告别一般是先谢后辞，如说：“谢谢老师，再见！”进出办公室，动作要轻，以免影响其他老师办公。

宿舍礼仪

（1）在宿舍应注意的礼仪。

宿舍是学生校园生活的主要场所，同学们住集体宿舍，应注意规范自己的言行，共同维护集体生活秩序。在日常生活中，要自觉遵守学校规定的作息时间，不用因为自己的活动而影响他人的学习和休息。未经主人允许，不要随便在他人的床上坐卧，不要随便动用他人物品；不窥探别人的隐私，尊重别人的私密空间；开关门窗，用力要轻，损坏宿舍室内设施应主动赔偿；严禁向楼下倒水、扔东西、吐口水；严禁私安、私接电源和使用超功率电器。宿舍室友之间要相互关心、相互尊重，彼此以礼相待，共同营造和谐温馨的环境。

（2）到别人宿舍应注意的礼仪。

到他人宿舍，应先敲门，得到允许后方可进入。

到他人宿舍，应主动向其他同学打招呼。

到他人宿舍，只能坐在你同学的铺位上，不能随处乱坐。

（3）在宿舍应注意的其他礼仪。

不妨碍公共休息，不占用公共空间。

维护公厕卫生，不随意倾倒垃圾。

对邻舍和宿舍管理员应以礼相待。

非经宿舍管理人员同意，男女生不能互串宿舍。

餐厅礼仪

按规定时间就餐，自觉排队，有老师排队时，应主动礼让。

文明就餐，不要拥挤或插队，更不应打闹、起哄或有其他不文明行为。

要尊重食堂工作人员的劳动，打饭后，应礼貌地说声“谢谢”。

保持餐厅公共卫生，保持就餐地点干净。

就餐后，应及时将餐具、剩饭剩菜放到指定位置。

就餐人多时，座位紧张，不要抢占座位，若有老师、女生就餐，应主动让座。

升旗礼仪

全体同学应按时参加升旗仪式，着装整洁，保持肃静。

升国旗时，全体同学应按标准站姿站立，面向国旗行注目礼。

唱国歌时，要声音洪亮，严肃认真，歌词准确。

与同学相处的礼仪

同学情是学生生活中最宝贵的财富。在学校，同学们朝夕相处，共同陪伴，可以使自己度过一段美好又难忘的校园时光，也能为自己将来的就业、创业道路奠定坚实的人脉基础。同学之间愉快相处，应从自我做起，学会善待同学，在交往过程中应遵循有关的礼仪规范。

学会尊重同学。见到同学时，要礼貌地与同学打招呼问候，在日常生活中要尊重同学的生活习惯。不要对同学的相貌、衣着等品头论足，不要嘲笑有生理缺陷的同学，更不能给同学取侮辱性的绰号。

要主动帮助同学。当同学遇到困难时，不应嘲笑讽刺，而是体谅难处并尽力帮助。

同学之间相处，如果出现误会，应主动与对方沟通，取得谅解。当有求于同学时，须使用文明礼貌用语，如“请”“麻烦你了”“非常感谢”等。借用同学的学习或生活用品，应征得对方同意后方能拿走，用完后应及时归还并致谢。

求职面试礼仪

求职礼仪是指求职者在求职过程中与招聘单位接触时应具备的礼貌行为和仪表形态规范。它通过求职者的仪表仪态、着装打扮、言谈举止等方面体现其内在素质。在求职过程中，一个懂得礼仪的人，在面试时，就能更加得心应手，获得成功的机会也会更大。

面试前的准备

（1）仪表的准备。

求职面试时，给人的第一印象往往是个人的仪表装饰。良好的第一印象是求职成功的基础。面试官通过观察应聘者的外在形象，能够间接地判断出应聘者的个人气质、文化程度、经济状况。面试中许多人被淘汰就是因为穿着不得体。因此，应聘者必须重视仪表修饰，做到整洁、庄重、正规，符合礼仪规范。求职面试时，个人的形象越好、越自信，越容易得到别人的敬重，取得就业成功的机会就越大。

化妆：面试时，一定要注意自己的仪容美，赢得面试官的好感，促使面试成功。化妆应该与自身的肤色、形体、发型、服饰、年龄、性格、身份相协调，而且要与面试的目的和要求有机结合起来。如护理人员在进行面试时，就应以淡妆为宜，以自然真实为度，以清洁健康为美，塑造出一副淡雅清秀、健康和谐、富有个性的容貌，使自己散发青春的光彩。

发式：发型是仪容美的重要组成部分。面试者要根据自身的气质、脸形和所要从事的职业选择发型。如面试护士时，一般不留披肩发，不染发，不佩戴艳丽发卡。

服饰：要根据工作的内容和性质选择服饰。服饰是一种感情符号，有经验的主考官都很注意这方面的表现，从一个人穿着的衣服上能看出其是否重视这次面试。如去医院面试时，着装就应该规范一些，男士可穿西装，女士可穿款式简单大方的裙装或套装，不要戴戒指、耳环、项链、手镯等装饰品，不要涂指甲油。另外，在一些细节方面也应该特别注意，如皮鞋是否光亮、鞋带是否系上、纽扣是否扣好、丝袜有无抽丝、领带是否齐整、衣领是否翻卷等。

（2）个人资料的准备。

个人简历，求职信，学位、学历证的原件及复印件，获奖证书，荣誉证书，发表的论文、著作，取得的资格证书，推荐信等个人资料务必带全，并整齐地放在文件袋中。

（3）随身物品的准备。

去应聘时最好带上一些随身物品，如餐巾纸、便签本、笔，女性还应带上化妆品（用于补妆），但随身物品应当放在包中，不可随便放在口袋中。

面试中应注意的礼仪问题

准时赴约：准时赶到面试地点参加面试，这是最基本的礼节。俗话说“一晚三慌”，应早做准备，提前赶到，尤其不要迟到。一般以提前 10 ~ 15 分钟为宜，一来可留下守时可信的好印象；二来有充足的时间稳定情绪，便于发挥。提前的时间太早或太晚，面试方都会觉得没有时间观念。

礼貌通报：到达用人单位的指定面试地点后，一定要有礼貌地先通报对方负责面试的工作人员，不可贸然进入。不论办公室的门是否关闭，均应先按两下门铃，无门铃时则可轻轻叩门三次，不可使劲儿、急促地长时间按门铃或敲门，等听见说“请进”后，便可面带微笑轻轻推门进入。

正确称呼：应聘者进入办公室后，首先面临的是如何同工作人员或考官打招呼的问题。正确的做法是，面带微笑向考官点头致意，若考官只有一人，则可说：“您好！我是 ×××，是来参加面试的。”如果是多位考官，则可说：“大家好！”，或者说：“老师们好！我是 ×××，是来参加面试的。”这样可以迅速消除紧张的情绪，缩短双方的心理距离，迈出成功的第一步。

热情握手：善于巧妙应用握手礼仪的应聘者，总是一见面就能给他人以好感。见面时，在点头致意或打招呼的同时还可行握手礼，面试结束时可握手道别。握手礼的具体规则可以参照前述关于握手礼的介绍。

文明谈吐：求职者在答问过程中要注意自身的谈吐。声音要适度，要克服口头禅，说话时不要唾沫乱飞，不要颠三倒四，语言要简洁明了，条理清楚，幽默诙谐。不要随便打断对方的话，万不得已时，先说声“对不起”，得到允许后再表达自己的观点。倾听考官说话时，要表现得彬彬有礼，可以不时地点头表示赞同。

告别：一般情况下，面试没有明确的时间限制，但应聘者把必须说的问题简洁、明了地交代清楚之后，就可以准备结束了。特别是当考官说：“你的情况我们已经了解了，我们研究之后会尽快给你消息”“谢谢你对我们工作的支持”等话时，应聘者就可以起身道别。

道别时，要先谢后辞。应聘者要感谢对方给予的这次面试机会，并表达希望被录用的意愿。如果面试的房间内还有其他工作人员时，离开时一并致谢。很多人在面试中表现得很优秀，但在结束时“不拘小节”使自己的形象大打折扣，甚至会改变考官的看法，导致面试失败，所以要做到有始有终。

（潘璐艳）

升学就业篇

启航追梦，出彩人生

人生的路上，我们每个人都在奔跑，期盼有一个美好的未来；

人生的真谛，就是现在你越努力，将来你越幸运；

人生的要义，就是欣赏沿途的风景，实现自己的梦想；

人生的快乐，就是走好自己的每一步，实现自己的人生价值。

一般来说，每一个中职学生，在未来的发展中都将面对两个选择，或者升学继续深造，或者实现就业、创业。近年来，一方面，国家加大教育改革力度，实施分类高考，打通从中职、专科、本科到研究生的上升通道，为中职学生提供了继续学习和深造的平台，中职生也能圆大学梦。另一方面，中职教育素来以“以服务为导向，以就业为目的”为培养目标，注重学生的专业技能培养，中职生步入社会之前就掌握了一技之长，助推他们在未来的职场生涯中匠心筑梦、成就出彩人生。

因此，升学与就业并重，技能与学业共长，已经成为中职学生的共识。跨进职业院校，只要有理想，不懈努力，就一定能实现技能修身、学业渐长，成就美好未来。

升学——榜上有名

当今社会，虽然很多人都说“学历不等于能力，文凭不代表水平”，但是每个人在择业的时候，都必然会面临学历的角逐。如果你缺乏高一点的学历，在未来的职场竞争中，这个短板很有可能会成为限制你上升的瓶颈，无情的现实会处处戳你的痛处。拥有高一点的学历，你未来选择的范围会更广、自由度也相应变得更大。有一句话说得好：学历决定你的下限，能力决定你的上限。终身学习的时代，我们每一个人的首要任务，就是不断完善自己、充实自己，不断积极向上奋斗，让自己的人生更精彩。

中职升学的特有优势：与普通高考相比，中职对口高考具有考试难度小、门槛低、参加考试人数少、升学录取率高、费用低、定专业早、就业前景广阔等优点。

中职升学的途径和相关政策：中职升学的基本途径目前有两种：一是单独招生，二是对口升学。

单独招生，即单招，是国家授权高职院校独立组织考试录取的一种方式，指的是具有高职单招试点资格的院校，被批准实行自主确定选拔标准、自主面试、自主录取，录取结果报省级招办备案。单独招生考试必须于高考前完成录取。按教育部规定，考生参加单独招生考试，若被正式录取，无须参加全国统一高考，未被录取的可继续参加全国统一高考。单招是国家高考的组成部分。

对口升学，是指职业中专学生在学完本专业课程后，可参加全国统一的升学考试，进入本科、专科高等院校继续学习本专业，成为社会急需的高技能技术型、实用型人才。

单独招生和对口升学对照表

项目	单独招生（高职院校命题、录取）	对口升学（省统一命题）
定义	由高等职业院校在普通高考前组织命题、评卷、划定分数线，确定录取名单，报教育厅核准备案录取	普通高校对口招生中等职业学校生，主要考试文化课、专业基础课和专业课，达到一定分数线，由本省选录。有专科和本科两种选择
报名时间流程	学校统一组织：报名—采集信息—体检—考试	
考试时间	11 月报名，每年 4 月同一天考试，考试时间为 1 天	11 月报名，每年 6 月 7 日、8 日考试，考试时间为 2 天
考试科目	文化基础课 150 分， 职业技能 50 分， 职业适应性测试	公共必修课：语数外 300 分； 专业基础课 250 分，专业课 200 分，总分 750 分
录取	择优录取	全省按当年考试成绩专业类别划定最低分数线，由招生学校择优录取
招生学校	97 所。医学专业 22 所（2018 年）	97 所。医学专业 23 所（2018 年）
填报志愿	1 所	5 所
待遇	与参加全国普通高考录取的学生待遇同等	

对口升学或单独招生的报考流程图

（以河南 2018 年对口升学或单独招生的报考流程为例）

环节	内容
报名	1. 毕业资格审查、缴费； 2. 网上报名，无警告信息； 3. 领取报名表，签字确认
采集信息	1. 集中高招办统一凭二代身份证、照相； 2. 录入指纹信息
体检	1. 集中统一到指定医院体检； 2. 按医院指定顺序排队
单独考试	1. 志愿填报：一所； 2. 考试时间：4 月； 3. 考试地点：大专学校校内； 4. 招生院校网站查询报名和录取结果
对口考试	1. 网上模拟填报志愿； 2. 无声入场演练； 3. 到校领取准考证； 4. 考点统一分配
查询成绩	网站查询： 1. 河南省教育厅网站 （http：//www.haedu.gov.cn）； 2. 河南省招生办公室网站 （http：//www.heao.gov.cn）； 3. 河南招生考试信息网 （http：//www.heao.com.cn）； 4. 河南省普通高校招生考生服务平台 （https：//pzwb.heao.gov.cn）
志愿填报	1. 登录河南省招生办公室网站 （http：//www.heao.gov.cn）； 2. 在首页网上服务大厅“网上志愿填报”登录界面输入考生号、身份证号和报名时使用的密码登录系统并填报志愿
录取查询	同查询成绩网站
领通知书和高考档案	高考档案交给大专院校存档

对口升学与普高高招的区别和联系

相同点：

考试时间相同。都是每年的 6 月 7 日、8 日，和普通高考时间同步。

录取的渠道和方式相同。都是由河南省招办统一建档，网上统一录取。

升学后待遇相同。对口高考升学的考生在大学期间无论是师资安排、课程设置还是学生奖学金、毕业证书及学位授予、就业待遇等各方面，同普高考入的学生无任何区别。

报名条件相同。具有正式学籍的中等职业学校毕业生，均可报名参加对口高考。

不同点：

命题单位不同：对口高考由河南省教育厅统一命题，普通高考由国家教育部统一命题（省教育厅命题相对简单，更容易考取高分）。

命题内容不同：对口高考考试科目分为文化课和专业课两部分，总分 750 分。文化课包括语文、数学、英语三科，每科 100 分；专业课包括专业基础课和专业课两部分，专业基础课两门共 250 分，专业课两门共 200 分。普通高考主要考语文、数学、英语三门基础课和大综合科目（文科综合或者理科综合），另要选考考生所报考学校规定的相应科目（科目多、难度大）。

考题形式不同：对口高考考核的重点为“以学生对知识的再现能力”为主，课本原题多，偏重记忆；普通高考考核的重点为“以学生对知识的运用能力”为主，没有原题，偏理解运用。

对口高考所开设的课程难度都低于普高课程，特别是数学和英语，非常简单，这对在初中成绩偏下的学生和有偏科的学生来说是非常有利的。

对口高考和普通高考相比优势

可以有效避开偏科的缺憾。普通高考尽管分文、理科，但学业水平测试要求学生必须学习高中阶段物理、化学、历史、生物、地理、政治等所有课程；否则，影响高考录取。而对口升学只学公共课（语文、数学、英语），其他文化课程不学，这对偏科学生来说，可以扬长避短，发挥自己优势，考上理想大学。

竞争力小。对口高考面对的是职业学校的学生，所以中招成绩一般化的同学，选择职业学校参加对口高考，无疑是考取大学的一个捷径。

大学专业学习较轻松。普通高考一般是高考结束后学生开始填报志愿，选择就读专业；对口高考则是学生进入职业院校的时候就开始学习专业课程，在中职期间就已经学习了 3 年的专业课程，专业基础较扎实，进入大学后学习专业技能较轻松。

就业稳定。职校对口升学的考生在职校已经学习了三年专业课，升入大学后再继续学习该专业，技能的掌握和运用要比普高生强得多，这些学生毕业后，他们既具备扎实的理论知识，又有较强的实践操作能力，学生就业率高，待遇好，就业更稳定。

对口升学学生可报考的院校：对口高考是国家计划内招生，我省对口高考学生可报考河南省各普通本、专科院校。我校是医学类院校，可以报考与医学相关的专业。如：河南医学高等专科学校、河南护理学院、郑州铁路职业技术学院、济源职业技术学院、鹤壁职业技术学院、信阳职业技术学院等 20 余所院校。

近 3 年河南对口招生录取控制分数线：2016 年、2017 年、2018 年，河南普通高校对口招生医科类录取分数线分别为 210 分、260 分、270 分。

学生升学应做好哪些准备工作

【案例】

美丽天使炼成记

2015 级学生张兰，入校时，个子矮矮的，站在班级队伍中，很难找到她，因为初中基础不好，她常常听不懂，一度很迷茫。但是在学校老师的引导、关心和支持下，她逐渐树立信心，设定目标，按照学校的要求，积极地参与学校的各项活动，她一直很努力，一年后，她成为一名班干部；两年后，她成为优秀学生会干部，优秀的品质和习惯是可以复制的，这种优秀品质促使她学习上更加努力；三年后，她以 485 分的成绩升入河南护理职业学院。

想一想：1. 同一所学校，同样的环境，同样的老师授课，为什么有的学生毕业后升入理想学府，有的名落孙山，学生之间的学习结果差距为什么那么大？

2. 张兰是如何度过自己的中职生活的？

启发：

（1）归结原因为三点：一是学生认识和确定的目标不同；二是学生努力程度不同；三是学生的学习态度和方法不同。

（2）在校学习，不仅要学知识、学技术，更要锻炼能力，要目标明确、勇于拼搏，以达到理想的彼岸。

从上述的案例中可以看出：一个人要想取得成绩，实现自己的理想，就必须未雨绸缪，时刻做好准备。把升学作为目标的同学们应该做好以下三个方面的准备。

一是要树立目标。进入职业院校，随着角色和环境的变化，心情突然轻松，相对于初中生活而言，相对宽松的环境易引起目标不明，以致迷茫、彷徨，出现失落感、空虚感。“凡事预则立，不预则废”。要想把握好自己的人生，就应该从入校开始，树立明确目标。对未来的人生方向进行深入思考：“我自己想成为什么样的人？”“我三年后目标是什么？”“我为未来做了哪些准备？”确定进一步深造求学目标后，确定自己的人生发展规划。应该“走一步看两步想三步”，踏踏实实过三年，清清醒醒去奋斗。

首先，制定三年总目标。总目标是方向，有了总目标就要“咬定青山不放松”，培养自己自主学习的能力，磨炼自己长期坚持的意志，克服前进路上的障碍，不偏离、不懈怠、不言败。

其次，制定学年或学期目标。制订一个完整、可行的新学期计划是非常有必要的。制定目标时，要立足现实，根据自己实际情况提出经过努力能够达到的目标。学习目标要具有适当、明确、具体的特点。适当指目标不能太高，过高，会使自己失去信心和斗志；过低，则会使自己失去前进的动力。明确和具体指学习目标要便于对照和检查。如："语数外要认真预习10分钟"，这样就明确了，是否达到就可以检查了。

最后，建立日常计划。对年度和学期计划加以细化。比如，学好一门课程，每周该做些什么，每天怎么安排学习时间，什么时间预习、复习。制订的日常学习计划要符合课程实际，通过努力可以实现。同时，注重养成良好的、有规律的学习习惯。科学、高效地做好课程的预习、听讲、复习等，以便取得事半功倍的效果。

二是要有心理准备。常立志不如立长志。把升学作为主要的奋斗目标，意味着付出与努力，必须要有毅力和恒心，"宝剑锋从磨砺出，梅花香自苦寒来"，浅尝辄止，不下大气力，难有大进步。在实际学习过程中，常遇到一些问题，有些同学容易气馁放弃。主要原因是心理素质不过关，缺乏恒心和自律意识。要解决好这些问题，就要从思想上筑牢防线，从心理上克服惰性，立长志、树恒心、破障碍。

首先，正确地认识自我。人生最大的不幸就是不能正确地认识自我。如果我们能对自我有全面、客观的认识和评价，就能够扬长避短，发展自己，完善自我。认识自我，可以通过自己和自身基础相似的人做比较，通过自我评估、别人的肯定和实际成果进行评价。要经常自己和自己比，把现实的自我和目标中的我做比较，看到差距；经常和过去的自我做对比，看到进步；经常和超过自己、与自己相似、比自己差的人对比，获得自信。将各个方面的信息综合起来分析，从而不高估自己，也不贬低自己。

其次，积极的自我暗示。每个人都是平凡的、普通的。当自己努力学习，但没有达到预定目标时，不要责怪自己，不要归因自己太笨，学不会，从而产生负面情绪。我们要悦纳自己，平静而理智地对待自己。我们可以采用积极的自我暗示，运用心理语言或书面语言调节和控制情绪。比如当你记住单词，但第二天想不起来的时候，你可以运用心理暗示："遗忘总是难免的，我多复习两遍，一定可以记得更牢固""我可以""我能行""我很棒"。在积极的自我暗示下，激发自己的潜力，潜力是超强的，能够实现你的想法，而想法决定未来，有什么样的想法，就有什么样的未来。

最后，磨炼自己的意志。学习是长期的过程，做任何事情，贵在坚持，贵在持久，贵在有恒心。毛泽东说过：苟有恒，何必三更起五更睡；最无益，只怕一日曝十日寒。唯有坚持，才能成功。持之以恒才能赢得最终胜利。书山有路勤为径，学海无涯苦作舟。人都有惰性，克服、抑制惰性，最主要的是养成良好的习惯，这是克服惰性和成功的基本要求与前提，比如每天坚持跑步，通过跑步养成良好的习惯，培养超强的意志力、忍耐力，增强自制力和约束力。

三是要有知识储备。知识的拥有不是一朝一夕的事情，需要不断长期积累，知识积累到一定程度才能实现由量变到质变的飞跃，才能一步一个脚印地把梦想变成现实。荀子曰：不积跬步，无以至千里；不积小流，无以成江海。成才之路要一步一步地走，知识要一点一点地积累。功夫在平常。积累知识在于日常做到三多：多读、多想、多记。

升学如一场战斗，打赢这场仗，要提前规划，做好全面知识学习计划。要做好三年学习规划，做好升学知识储备准备。升学考试科目有语数外、解剖学、生理学、内科护理、外科护理。根据开设课程，树立每学年的学习目标和任务。做到一年级筑牢基础；二年级注重专业；三年级重点复习。学好每一天，走好每一步，打牢基本功。总之，日常学习生活要注重对知识的积累，一点一滴，积少成多，聚沙成塔，逐渐使自己具有坚实的知识基础，为升学铺平道路。

想一想：1. 中职升学有哪几种形式，有什么区别？

2. 为升学应该做哪些准备？

就业——脚下有路

随着社会发展及人口老龄化的加剧，人们对健康越来越重视。社会养老机构和基层卫生院对医护人员市场需求量很大，医技人员就业前景广阔。当前各种医疗机构如雨后春笋般蓬勃发展，我院医学毕业生就业市场主要针对县级民营医院、基层社区卫生院和养老机构及学校校企合作单位，目前我院陆续与河南张仲景大药房，爱馨养老医院等7家单位签订了就业协议，为毕业生成功就业奠定了基础，创造了有利条件。但是，如何选择就业？在就业中应该注意哪些问题？怎样在就业中实现自己的理想和人生价值？很多同学存在迷茫。

就业的困惑及原因

当前医学院校毕业生就业的主要问题是社会的需求量与需求结构不一致问题，是个人期望值过高和用人单位需求之间的矛盾。根本原因还是择业观念的问题，分析原因有三个方面：一是自身没有实际工作经验，一般忠诚度低，而用人单位希望“来者能做”，欲进行培养又担心会跳槽；二是家长和本人好高骛远，职业规划不明确，盲目攀比；三是对自己、对社会缺乏一定的了解，缺乏科学的职业生涯规划。职业生涯指一个人一生的职业历程。科学的职业生涯规划可以从所学专业的角度，帮助你了解自己，了解社会环境，了解即将从事职业，了解今后的发展路径，了解职业素养的要求，了解怎样做才能打牢基础，珍惜时间，把握住机会，为自己增加筹码，争取美好的明天。四是急于求高薪，没有认识到单位如同学府，初次工作即为深造与锻炼。其结果犹如左河水的《鹧鸪天·毕业求职》所云：历尽寒窗出校堂，万千期盼系儿郎。天涯应聘茫茫路，壮志经风道道伤……悠悠日月临年岁，心恐无颜见故乡。因此，毕业生还应树立现实的就业观。

就业原则

当前社会就业压力依然很大，许多学生在就业发展方面面临很多瓶颈问题，我们究竟该怎样去选择就业呢？根据多年的研究和跟踪调查走访，就业应该遵从的基本原则主要有以下三个方面：

原则一：先就业，后择业。一个人职业成长经历多种变化，先就业可以练就适应社会的技能和能力，才能厚积薄发，为将来的成功奠定基础。

原则二：与爱好和兴趣一致。爱好和兴趣是一个人工作学习的原动力，更能激发人的潜能，能够更好地发挥主观能动性，因此就业要注意与自己的爱好和兴趣一致。

原则三：与所学专业一致。中职生接受了三年的职业教育，学到了一些专业知识，倘若弃之不用，所学专业知识很快就会落后淘汰。根据联合国教科文组织调查和研究表明：现在很多专业知识更新周期已经缩短为 2 ～ 3 年。所以，就业与所学专业一致就能更好地发挥专业知识，达到学以致用，也有助于以后的发展。

就业准备工作

有市场就有竞争，要在激烈的人才市场竞争中脱颖而出，就需要扎实的专业基础知识、熟练的实践操作技能、高尚的职业道德及良好的就业能力。

具有扎实的专业基础知识。正如习总书记所讲：干一行，爱一行，专一行，精一行，作为未来的“白衣天使”，我们医学专业的学生肩负着光荣而艰巨的使命。医生特有的行业特性决定了其必须具备扎实的理论功底，必须牢靠掌握基础知识且能灵活运用到实践操作中去。如果医学基础知识不足，如高楼大厦地基不稳，将来有可能会导致出现降低其就业竞争力、导致医患关系紧张等一系列问题。有效掌握医学基础知识，可以增强医学毕业生的职业素质，助其在激烈的竞争中脱颖而出。还可以提高医护专业水平，减少医疗纠纷的发生，并能够为临床中出现的相关现象和问题做一些基础性的实验及研究，可以从病因诱因、发病机制、病理生理学改变等方面深入了解疾病的发生发展规律，提出积极有效的治疗和预后措施，提高患者的生命质量。 医学专业的学生加强基础知识学习，不仅仅包括细胞生物学、解剖学、遗传学、生理学、分子生物学与生物化学、病理学等医学专业知识的学习，还应该包括思想政治、医学伦理学、医学心理学以及英语等方面的学习，充分掌握以上这些基础知识，对医学专业的学生未来的职场发展有着至关重要的影响。

具有熟练的实践操作技能。医学实习是医学高等教育的重要环节之一，是医学生由学校走向工作岗位的桥梁，是理论知识与医学实践相结合的过程。实习质量的好坏将直接关系着医学生今后的工作与发展。实习的主要任务是促进实习生将理论知识应用于实践，通过毕业实习，熟练操作，巩固医学理论和知识，将所学知识融会贯通于实践中，以提高对常见病的防治能力、综合分析能力和解决问题能力，成为具有良好职业素质和及时获取信息能力的合格医技人才。实习生的实践能力直接影响着医疗活动的效果。作为学生，要在实习中练就具有熟练的实践操作技能应从以下几方面着手：首先，应该把实习看成是从理论到实践的桥梁，不断地激励自己，去认识新的疾病种类，学到更多医护方法。其次，把自己锻炼成为一名合格的医护工作者。实习的目的是实现从学生到医护工作者的转变过程。这种转变不仅仅是角色的转变过程，还包括思维方式、工作态度、责任及心理素质等多方面的转变。在实习中，我们遇到的一个突出问题是理论上头头是道，而面对实际病人却不知所措。在实践过程中，应有意识地使自己实现从学生到医护工作者的转变，这是非常重要的过程。

具有高尚的职业道德。社会需要的人才不仅要有熟练的专业技能，更要有高尚的职业道德。职业道德是职业活动中应该遵循的职业道德要求和行为准则。恩格斯说，每个行业，都有各自的道德。作为医务工作者，应该遵循“救死扶伤”的医学道德，时刻为病人着想，千方百计为病人解除病痛；尊重病人的人格和权利，平等对待病人；礼貌服务、语言文明、态度和蔼；同情、关心和体贴病人；团结协作。这也是用人单位在录用医学工作者时十分看重的职业道德。俗话说，罗马的建成非一日之功，职业道德的养成也绝非一朝一夕，如果等到毕业前再培养，临时抱佛脚，往往会错失良机。职业道德的养成需要在日常学习和生活中不断地学习和提高，在专业学习中训练，在人际交往中体验，在做事中学会做人，在做人中学会做事。医学专业素养的培养要学习护理鼻祖南丁格尔“燃烧自己，照亮别人”的精神，要多向老一辈医务工作者学习。他们身上有着共同的特点——有爱心。爱心是医德的核心；爱心是做好医学工作的基础；爱心，是一种境界，是一种品德的自然流露。因此，培养爱心是医学教育的重要环节和过程。爱心的培养可以从学生身边人、身边事做起。首先，学会爱父母。父母是孩子最亲的人，他们含辛茹苦，为孩子的成长花费了许多心血，他们对孩子充满了希望、责任和爱心。每个周末回家，得做一件让父母高兴的事，比如给妈妈敲敲背、给爸爸倒杯水、和父母一起做做家务活等，结合节日学会向身边的人祝福，以此养成有爱心的习惯。其次，学会爱自己的老师。老师把我们培养成了有知识、有教养的人，我们要先学会关心和理解老师，能体谅老师的辛劳，主动为老师倒一杯热茶、擦一擦黑板，尊重老师的付出，做错了能虚心接受老师的批评和教育，自觉做到不顶撞、不埋怨，有则改之，无则加勉。尤其要刻苦学习，以优异的成绩回报老师的教导。最后，学会爱同学。一个懂得爱自己的人，他必然会爱别人。因为只有这样才能换来别人的爱。同学之间更应如此，当同学的学习或家庭生活有困难时，就应该伸出援助之手、爱心之手，帮助他们一把，最美的世界是需要我们用爱心来创造的！感恩天地，滋养万物；感恩父母，给我生命；感恩老师，辛勤教育；感恩同学，互相帮助，有感恩之心就会有爱心涌动。

具有从业资格证。在激烈的市场竞争环境中，中职生的优势不是学历，而是职业技能。证明这一优势的凭证就是职业资格证书。职业资格证书是表明劳动者具有从事某一职业所必备的学识、技能的证明。“证”是求职就业的“入场券”，也是证明有实力、有能力胜任岗位的标志。通过考试取得的资格代表了相应级别技术职务要求的水平与能力，这是很多医疗单位聘任相应技术职务时以及我们护理专业、助产专业学生就业的重要参照。

我们护理专业、助产专业学生可以考取全国护士执业资格证，参加考试，需要注意以下几个方面的问题：

（1）适用人员范围：在中等职业学校、高等学校完成国务院教育主管部门和国务院卫生主管部门规定的普通全日制3年以上的护理、助产专业课程学习，包括在教学、综合医院完成8个月以上护理临床实习，并取得相应学历证书的或当年应届毕业护理、助产专业即将取得相应学历证书的学生，可以申请参加护士执业资格考试。

（2）考试科目及内容：包括专业实务和实践能力两个科目，采用纸笔作答方式进行。一次考试通过两个科目为考试成绩合格。每个科目题量为 120 ～ 160 题。专业实务科目考查内容：运用与护理工作相关的知识，有效而安全地完成护理工作的能力。考试内容涉及与健康和疾病相关的医学知识、基础护理和技能，以及与护理相关的社会人文知识的临床运用能力等。实践能力科目考查内容：运用护理专业知识和技能完成护理任务的能力。考试内容涉及疾病的临床表现、治疗原则、健康评估、护理程序及护理专业技术、健康教育等知识的临床运用等。

（3）报名及考试时间：报名时间为每年 1 月，考试时间为当年 5 月。

具有良好的就业能力。一个人想要顺利地找到工作，在工作中做出成绩，就必须具备一定的就业能力。就业能力包括一般就业能力和特殊就业能力。一般就业能力指一个人的态度、世界观、价值观、习惯，主要包括与工作有关的一些能力，主要是指处理与周围的人和工作环境的关系的能力，如怎样进行工作，如何与人相处等；自我管理能力，如决策能力、对现实的理解能力、对现实资源的利用能力，以及有关自我方面的一些知识、对学校所学课程与工作中具体运用之间的关系的理解能力。特殊就业能力是指某个职业所需的特殊技能和环境所需的某种特殊技能，如护士需要某种特殊的护理技能，美术工作者必须具备色调感、浓度感、线条感和形象感等。一般就业能力和特殊就业能力在职业活动中都很重要。要成功地从事某种职业，常常需要一般就业能力和特殊就业能力的有机配合。如果一个人只有一般就业能力而无特殊就业能力是很难胜任某种职业的，一个不精通医术的大夫又如何能给病人治病呢。同样，只有特殊就业能力而无一般就业能力的人也是很难在事业上取得成功的，一个缺乏团结协作、全心全意为人民服务精神，缺乏事业心和责任感的人，纵使具有娴熟的职业技术，最终也会成为职业的失败者。

在现实生活中，我们在注重特殊就业能力的同时，更要注重一般就业能力。这是因为：首先，社会在发展，科学技术的更新在加快，一般就业能力强的人能更好地适应社会，在掌握新知识、更新技术方面更具主动性与积极性；其次，从事某种职业必须具备这种职业所需要的特殊就业能力，因此容易引起个人、学校或单位的足够重视，而一般就业能力由于与工作的关系不是十分明显，因而很少被注意到，而事实上，用人单位越来越看重一般就业能力，许多求职者就是因为一般就业能力不强而未被录用；最后，一般就业能力与失业关系密切。许多研究表明，人们失去工作不是因为缺乏特殊就业技能，而是缺乏一般的就业能力。美国一份有关失业的报告说，失业中的 90% 的人不是因为不具备工作所需要的技能，而是因为不能与同事、上司友好相处，或者经常迟到。实际上，这些人失业是因为他们缺乏一般就业能力而不是特殊就业能力。卡耐基曾说，一个人的成功 15% 靠专业知识，85% 靠人际关系和处事能力。良好的人际交往能力、为人处事能力往往是初入职场者面临的第一道关卡，作为中职学生，我们要从小事做起，有意识地锻炼自己的能力，培养自己的多方面的技能，这样入职后才能得心应手。

就业技巧

随着我国就业形势的日趋严峻和市场经济竞争的日趋激烈，对就业者的各种压力势必愈来愈大，若要在就业竞争中取胜，能拥有更好的岗位，能更好地实现自己的人生价值，拥有一定的技巧十分必要。

第一，要给自己的职业定位。在择业之前，必须要明确自己“想干什么和最擅长于做什么”，整合自身的兴趣、特长、专业或经验，制定比较适合自己的就业目标。在制定目标时，既不能好高骛远，也不要藐视自己，分阶段性进行，职位、工资待遇等均应循序渐进。

第二，要多渠道捕捉就业信息。有了目标之后，你就要广泛收集相应的就业信息，尤其是招聘（工）信息，从网络、报刊、广播电视，从职业中介机构、劳动力和人才交流市场，也可托熟人、亲戚朋友、同学，多渠道获取谋职信息，为自己拓宽就业门路奠定基础。

第三，要分析对比，锁定岗（职）位。从就业信息中，选择自己的理想职位，然后按此单位招聘（工）要求，与自己现有的能力条件作比较，认真分析自己能否胜任。与此同时，你还必须从网上或通过熟人、电话咨询等方式了解该单位的一些基本情况，如单位的性质、从事行业、工作方法和单位的价值观、经济效益、工资待遇等，便于“知己知彼，百战不殆”，更能准确地锁定符合自己目标的且“力所能及”的岗（职）位。

第四，要做好应聘前的必要准备。锁定了现有的单位与职位，你就得做些必要的应聘准备：根据应征岗（职）位写简历，表格设计美观大方，力求语言通俗易懂，内容简明扼要，写明个人基本情况、学业和实习情况、专业特长、求职意向，相关的经历、技能和荣誉，以便顺利获得面试机会；有计划地向单位预约面试时间；温习应聘职位具备的基础知识和基本技能，巩固一下专业技巧，避免面试或笔试时不知所措，给人留下“滥竽充数”的印象；不妨预先托人向锁定单位介绍和推荐自己，写封自荐信。把自己的学习、实习、实践、获奖情况进行全面整理，列成条目式清单，客观精彩的自荐信可以迅速抓住应聘者的“眼球”，打动应聘者，获得面试机会；尽可能地打听到锁定单位历任此岗（职）的人员，向他（她）们讨教一下工作要领和经验，特别是关于面试的；通过上网搜索和实际观察来了解和加深应聘的岗位的形象，并以此强化自己。

第五，规范面试的容貌、衣着和言行，塑造职业形象。面试第一印象很重要，需根据应聘职位修饰一番自己的容貌、衣着，做到整洁、大方、庄重，体现出自己良好的风貌。俗话说得好“做什么应该像什么”，给人留下好印象；言行举止得体。时常注意自己的一言一行，把握每一个细节，因为这是你综合素质的体现，也是自己塑造形象和表现自己的机遇。如进办公室要敲门，交谈中使用礼貌用语，介绍情况和回答问题时要紧扣主题，发表意见要措辞恰当、多用职业语等；要充满信心，消除紧张情绪。因为面试关系到前途，所以人们面试时容易有紧张情绪，要以平常心对待。可通过容貌手相、衣着打扮、知识能力等多种形式表现自己的自信。

第六，要把单位当成学府，要把工作视为深造。就业之后，要居安思危，要把单位当成学府，要把工作视为深造，在工作中要不断地培养自己、锻炼自己、提高自己，取同事之长补自己之短，学多种知识、习多种技能，有条件的还需考取职业资格证书、职称证书，为自己的晋级和再就业夯实基石。这样你才会“是直木做梁，肩负千斤；是弯木成犁，耕耘大地！”

就业应注意的问题

信息的安全。应该尽量通过正规途径获取信息。尽量选择信誉佳的单位应聘；对于那些并不熟悉或没听说过的，应征前先打电话求证，通过区号 +114 查询当地街道办事处的电话，咨询相关情况。

求职面谈要注意安全。切记清楚告诉家人或亲友面谈的时间和地点；初次面试尽量不吃点心或饮用饮料；注意面试场地的外观与对外通道；注意观察面试者的言行举止，如有暧昧不清，应立即离开；如需交证件，只能交影印本并注明用途而不应给原件；不轻信许诺到外地上岗；求职面谈时，最好有友人相伴，并备有适当的防范器物。

平时工作时的安全。上班时，衣着、态度、言行均应谨慎；不轻言允诺非公务以外的不当要求；刚到新单位应先熟悉环境，谨慎处理不熟悉同事的邀约；如需交大笔金钱或保证金，需高度警惕（法律规定不许设立担保和保证金）。

加强个人信息保密。不要将个人的所有联系方式都提供给招聘单位，一般提供手机号码和电子邮箱即可，最好不要提供宿舍或者家庭电话；接到陌生人的电话，不要轻信，应拨打 114 进行核实，或者与老师、同学一起分析商量；对于各种渠道特别是互联网上的招聘信息，一定要慎重核实，不要轻易填写过于翔实的个人信息，不要采取“天女散花”式的求职方式，对不规范的公司不要随便递简历。

【案例】

小雨的就业之路

2018 年，我院 2015 级学生小雨面临毕业，虽身边有些同学就业时内心恐慌，但她却很沉着。因为她从入校开始，就按照老师要求，在做好自我分析基础上明确了奋斗目标，即好好学习，成为班干部，锻炼能力。别人玩手机的时间，她在认真读书，别人休息时间，她在参与班级和学校的活动。

学校统一安排到医院实习，起初小雨带着欣喜，但是第一周只能看，不允许操作，她有点失落，但是她很快意识到用心观察的重要性，跟着带队老师，细心观察，虚心求教。经过半年的不懈努力，她可以顺利地完成扎针了。实习结束时，受到实习医院的表扬。

为了考护士资格证，她废寝忘食，常常和同学争论题目，功夫不负有心人，她顺利获得护士资格证。

机会总是垂青有准备的人，就业时，小雨扎实的基础，出色的能力，得到用人单位的青睐，她顺利应聘进入县 ×× 医院。入职后，面对新环境、新角色，遭遇很多困难，她甚至怀疑自己的知识技能和适应能力，但是她想起当班干部时能做得很好，现在更能做好。于是，她及时调整心态，勤学习，善于向前辈请教，并不断反思。最后，小雨顺利实现从“医学生”到“职业人”角色转变。

现在小雨无论遇到谁，都笑脸相迎。她很快适应工作岗位，认真的态度多次得到表扬。小雨的顺利入职，受欢迎的原因是什么呢？主要来自她有清晰的目标、明确的职业生涯规划、不断学习的精神。

下面是小雨的职业生涯规划：

认识自己：

只有在认清自己的基础上，才能制定适合自己发展的道路。我属于中间型性格，开朗乐观。愿意和别人打交道。性格温和，比较喜欢安静，遇事冷静。对待人和事抱着积极乐观的态度。喜欢帮助别人，同学和朋友比较信任我，做事踏实、认真，我认为认真是一种可贵的品质。做事就应该把每一件事做好。我的兴趣爱好是读书，看电影，听音乐，聊天。喜欢结交很多朋友，爱笑，最喜欢的运动是打羽毛球。喜欢新鲜事物，处理问题比较灵活，待人热情、大方、友善，有一定的亲和力。我喜欢从帮助别人中获得快乐。班级的同学生病时，我都会主动帮忙，陪伴、挂号、倒水。帮助别人是美德，我希望用自己的力量让身边的人快乐。我对职业的认识是初次接触医学，了解不多，但是医护工作是很神圣的职业，我一直向往自己未来的职业是白衣天使，愿意为之努力。

外部环境分析，确定职业发展目标：

目前，医疗行业医护人才缺口比较大。我的奋斗目标是毕业后做一名业务扎实的医护工作者。我的分解目标是在校期间，学好文化课，专业课，各门成绩 80 分以上；重视护理技能实训课，实习时严格要求自己，认真学习掌握技能；担任班干部，积极锻炼各种能力；考取护士资格证；意志坚定，始终坚持。

想一想：小雨成功入职对你有哪些启发？如何做好自己的职业规划？

总之，升学与就业，不同的途径，共同的目标；不同的经历，皆是人生的财富；人只要不失去方向，就永远不会失去自己；只要梦想永存，就一定会开出绚丽之花；只要我们百倍努力，就一定能到达理想的彼岸。能力永远和曾经的付出成正比，机遇总是垂青时刻有准备的人。作为新时代的有志青年，从不缺少美丽的梦想，为了实现梦想，勇于担当，勤学苦练，意志坚定，永不言弃，一定会奏出人生最华美的乐章。

（刘　锦）

教育管理篇

服务学生是最好的教育

一个孩子就是一个世界，在他们成长的过程中受到来自各个方面的影响。当代教育应该是家庭教育、学校教育和社会教育三者结合的整体的育人系统。在这个系统工程里，家庭、学校和社会都担负着重要和不可推卸的责任，任何一方教育不到位，尽不到应尽的职责，孩子就会走弯路，出现各种各样的问题，对于中职生来说，教育管理模式的改变和创新对于培养技术精湛、心理健康、道德规范、社会需要的技能型人才尤为重要。

以生为本，引路前行

据网上统计，目前全国中职学校有1万余所，在校生达1599万人之多；河南省中职学校有716所，在校生近120万人。由此可见，中职生已经成为学生阶段的主力军。因此，当前中职学生教育管理工作是摆在中职学校面前的一大课题，是学校工作中的重中之重。近几年，随着生源的变化，中职学生管理难成为当前中职院校教育存在的普遍问题。做好此项工作，是对每位教育工作者，尤其是学生管理工作者的一个重要考验。如何采取有效措施，加强对学生的管理，培养出既符合社会需要，又符合社会发展的高素质技能型人才，是每位中职教育工作者必须深入思考的问题。

传统的中专学生教育管理，主要是通过众多的规章制度来约束学生的行为，采取的是硬性管理。随着社会的不断发展，文明程度的逐步提高，对中职学生教育管理者来讲，越来越需要树立以人为本的教育管理理念，更多地从人性化和情感关怀上进行管理，才能适应新时期中职教育管理的需要。

作者在中职院校从事学生教育管理工作20多年了，这20多年亲身体会到由教育管理学生到服务学生的变化，随着中职生生源质量的下降（由高中毕业到初中毕业），年龄结构的低龄化（15～18周岁），学生数量的增加，获取信息渠道的多样化，理念形成的差异等多种因素的影响，迫使教育者与时俱进，逐渐转变管理理念。目前，对于中职生如何教育和管理，怎样才能真正达到并实现教书育人、管理育人、服务育人、环境育人的目的，并没有成熟的方法和措施可以借鉴。在教育管理中，应根据自己学校的情况进行探索。

根据近几年对中职生教育管理的情况，作者从以下几个方面介绍自己在实际工作中的做法和体会，以和同仁进行交流。

一、目前中职生存在的主要问题

近几年的中职生生源大部分是中招落榜的学生，这些学生在中学阶段，由于注意力不在学习上，形成了个性复杂、品格特征多元化和素养参差不齐等状况。升到中职学校后，受初中阶段惯性思维的影响，学生在思想、学习、生活、心理、行为等方面表现出来各不相同的问题，主要特点如下。

（一）认知能力不强

中职学校门槛低，入学容易，生源年龄偏小（15～18周岁）、综合素质偏低，认知能力不强。中职生属于未成年人，未成年人的人生观、世界观、价值观都没有形成，认知世界的能力有限，加之中职生大多都是初中毕业，所以站位不高，对问题认识不到位，老师与学生交流难度很大。

（二）想法简单执拗

这个时期的学生正处在青春期，好玩、好动、好奇是他们的天性，想法简单，常常异想天开，行为千奇百怪。若家长、学校不能正确引导，学生找不到有效的学习方法，学习成绩就不理想。在当今应试教育的时代，分数就是学生的全部，成绩不佳得不到家长和老师的认可，家长和老师往往又以批评代替教育，以打击代替鼓励。学生单纯的个性，就会对学习产生反感情绪，认为都是因为学习才得不到家长和老师的欣赏，便把学习当成是一个沉重的包袱，急于甩掉，对学习产生回避、厌恶，甚至恐怖心理，缺乏学习的兴趣和动力。

（三）存在叛逆心理

在教育心理学上，叛逆心理通常是指一种反常的情感体验和行为倾向，通常表现为情感的对立、抗衡和情绪上的嫌恶、不满，故意做出与该事件发展的常理背道而驰的举动的一种心理状态。它和中职生的执拗性是紧紧联系在一起的，是中职生的一个鲜明的心理特点和年龄特征，也是发生在中职生身上的一种普遍的社会心理。

叛逆心理严重影响着学生的健康成长和学校的管理秩序。出现这种现象的原因大概可以概括为以下几点：首先，中职生的年龄小，正处在青春期，青春期的孩子本来就处在叛逆阶段，缺乏对事物的辨别能力，难免会受到一些不健康社会现象的刺激并对其产生好奇与向往心理。其次，中职生一般都是一些学习成绩不太好的孩子，他们在家庭、学校、社会受到的批评一般都比较多，得不到应有的尊重，自己找不到存在感，由此产生自卑逆反心理。再次，有的中职生受网络武侠小说的影响，江湖义气浓重，遇到同学发生矛盾不问缘由便抱拳相助，显其“侠骨”风度，结果使问题更加复杂，还认为是打抱不平，帮助弱者，不听老师的劝解。以上行为就是不理智加叛逆心理的具体表现。

【案例】

某班学生小伟，在班级中大错不犯、小错不断，经常做出一些出格的、哗众取宠的行为，博取教师和同学的关注。学生们都把进办公室谈话俗称“小黑屋一日游”，入学仅仅两个月，小伟同学就已经是个“深度游客”了，而且是非暴力不合作的类型。在对其成长背景多方面了解后发现，小伟在中学阶段曾因违纪被任课老师刻意忽视，导致小伟内心极度缺乏存在感，产生叛逆心理。

（四）缺乏自信心

从教育心理学的角度，自信心是完成学习任务，获得成就的前提。学生的自信心与自我效能感是分不开的。自我效能感体现在学生在生活和学习中对自己能否成功地执行某些行为的能力的认可度。自我效能感越低，该学生就会越缺乏自信。著名的“跳蚤实验”就恰恰验证了这一点：心理学家将跳蚤放在一个瓶子里，他可以跳起 1 米高，但给瓶子加上盖子后，跳蚤反复跳起撞到盖子上，因为疼痛和失败，逐渐地就不再用力跳。过一段时间拿掉盖子以后，发现跳蚤依然不会跳出高于瓶口的高度。这便是失败带来的效能感降低，自信心受挫，从而影响到实际能力的发展。

这种现象主要来自，一是家长对自己的孩子保护过度过细，捧在手上怕摔了、含在嘴里怕化了，日常生活中什么事情都不让孩子接触，比如：孩子要碰一下扫把，家长就说“小心扎着你，多脏啊，快放下”；孩子想洗一下碗，家长就嚷嚷：“别动，会摔烂的”，这些种种的小细节，使孩子没有在尝试和实践中得到经验，从而变得胆小，当孩子逐渐长大了，也还是照样保护着，正是这种保护导致了孩子的胆小。二是上学后，班级学生较多，老师根本不可能像家长一样对其呵护，做错了事情反而还会受到批评。此时，孩子会感到无助，不敢说话，见到陌生人，往往会满脸通红，不知所措。时间久了可能导致孩子患上“社交恐惧症”，从而产生“不自信”的心理。曾经有调查表明：因为过于害羞，有的学生最终退学回家，这些孩子便离社会越来越远，影响其正常生活和社会功能的发挥，觉得处处都不如别人，极度缺乏自信。三是中职学生中还存在着另一个自信缺失的群体，因中考失利，无奈选择中职院校。他们或多或少都有点“失败者”的心态，往往背负着被人瞧不起和自己瞧不起自己的包袱。这些同学会自觉不自觉地与进了重点中学的同学比较，考试的挫败感、对环境的不适应、对所就读的中职学校缺乏信任与认可，导致茫然失措、情绪消极。

【案例】

中职学生欣欣，学习很认真也很努力，但从不敢在课堂上发言，老师提问时，他就紧张、出汗、害怕与老师对话，不敢与他人对视。平时的生活中，喜欢一个人独处，对现状不满，敏感多疑，总认为同学们在背后议论自己，思想上背负着沉重的包袱，影响了正常的学习生活，这是缺乏自信的典型表现。

（五）自控能力不足

自控能力是一种内在的心理功能，可使人在没有外界监督的情况下，恰当地监督和调节自己的行为，抑制冲动，抵制诱惑。

中职学生正处于青春期，是个体接受世界观、人生观、价值观教育的重要阶段，也是自控能力形成的关键时期。但处在这一阶段的中职生心理发展尚不成熟，在初中阶段，学校和家长对他们的关注程度不高，监管力度不够。同时，他们又容易受到同伴和外界不良之风的影响，普遍缺乏良好的自觉性和自律性，尚不能很好地控制自己的活动行为，需要老师进行适当的教育和引导。其实，这些学生也常因为不能很好地约束自我而感到自责、内疚，自我评价较低。

【案例】

同学小杰是班里有名的“调皮鬼”，上课要么说话，要么睡觉，要么捣乱。老师找其了解原因，小杰告诉老师：“我想好好学习，但我上课听不懂的时候就想玩，管不住自己啊。”老师问他：“既然你想好好学习，说明你还是喜欢这个专业的，对吗？”小杰用力地点点头：“嗯！”老师接着说：“既然选择的是自己喜欢的专业，就更应该好好珍惜机会，遇到不会的内容可以先保留，下课告诉老师和同学，大家都会帮助你，但如果你因此而捣乱，不但影响他人，更重要的是影响自己。以后毕业走向社会，用人单位看重的是能力和素质，同学们都有一技之长，而你却因为上课捣乱而什么都没学，在就业时会遇到很大的困难，老师也会替你感到惋惜的！所以，试着控制自己，慢慢来，认真地听课看书，可以吗？”小杰若有所思地低下了头，等了一会儿和老师说：“老师，我试试吧！”经过一段时间，小杰真的能控制住自己的言行，学习一天比一天进步，得到同学们和老师的一致好评。说明只要真正下决心就能把握自己。

（六）学习目标不够明确

中职生在中小学阶段学习成绩不理想，其中一个重要因素就是学习目的不明确，没有目标。家长、老师只看学生的成绩，不讲学习的目的和目标。孩子不知道是为什么学习，为什么要学习？大部分学生认为是为家长和老师学习，导致学生在校不认真听课，在家不按时完成作业，学习没有动力，出勤不出力，达不到学习的实效。

【案例】

新生小健，由于在中学阶段家长忙于做生意，无暇关注小健的学习，使小健没有形成良好的学习习惯，到中专学校后，没有学习目标，更不懂职业规划，便得过且过。久而久之，学习跟不上，只能提出自动退学申请。小健认为，不上学也可以像父母一样去做生意，同样能养活自己。小健同学这种想法就是因为父母只顾做生意，不懂和孩子交流造成的结果，导致小健缺乏明确的学习目标，从而丧失学习的动力，产生厌学的心理。

（七）责任意识比较薄弱

责任意识是教育心理学研究的重要内容之一，责任意识是个体在社会化过程中内化社会公认的规范，产生相应的内心体验，表现出某种态度，逐渐形成责任意识。由于对社会规范的内化程度不同，不同的个体会形成不同的责任意识。

现在的中职生缺乏集体责任意识，例如：班级和宿舍安排学生轮流值日打扫卫生，部分学生就不值日。问其原因，他们还振振有词地说：“我在家都从来不打扫卫生，凭什么要让我打扫班级和宿舍卫生啊？”。他们不懂“一屋不扫何以扫天下”的道理。再例如，还有的学生对集体活动不感兴趣，学校组织运动会这类的集体活动都不愿意参加，问他们原因，学生还理直气壮地说：“那是集体活动，不关自己的事。”不明白自己也是班集体的一员。出现这样的问题原因很简单：现在的中职生大部分都是00后，在家里都是“小皇帝”“小公主”，家长对他们过度地溺爱，除了自己吃饭、穿衣，其他的家务活都是由家长包办。久而久之，就把他们宠溺得比较自我，不懂感恩，不懂孝道，更缺乏责任意识。

二、问题产生的主要原因

（一）家庭原因

家庭是孩子的第一座学校，父母是孩子的第一任老师。对于学生教育来说，家庭教育是基础，良好的家庭教育不仅有益于增强学生的身体素质，而且可使学生的智力得到尽可能早的开发，使他们从小就受到思想品德的熏陶，形成最初的伦理道德观念、审美观念和劳动观念，养成良好的行为习惯，家庭教育是终生教育，具有长期性、持久性。

孩子从出生到长大，几乎2/3的时间生活在家庭之中，朝朝暮暮，都在接受着家长的教育，这种教育是在有意和无意间，由家长以自身的言行随时随地影响着孩子的生活习惯、道德品行、谈吐举止。其潜移默化的作用相当大，伴随人的一生。家庭家长不当的言行对孩子产生的影响是深远的……

1. 望子成龙心切

部分家长由于受社会影响，脱离实际要求孩子。所谓“不能让孩子输在起跑线上”观点盛行。于是，家长就逼女成凤、逼子成龙，不考虑孩子的承受能力和个人爱好，加重各种学习负担。课余时间让孩子参加各种学习班、补习班，想培养全能孩子，整天让孩子学、学、学，使孩子没有自己的闲余时间做自己喜欢做的事情。学习压力大，结果什么都没有学好，于是就产生反感情绪，这样孩子就会产生自卑心理，容易否定自己，怀疑自己，不安、烦恼、孤独、离群等情感障碍随之而来，为此不愿学习、厌恶学习，产生叛逆心理。家长这种“望子成龙”的心态就是没有遵循孩子成长的自然规律，因此达不到预期的目的，事与愿违。

2. 缺乏沟通交流

部分家庭因经济压力，常年在外面奔波打工无暇管理孩子。有的半年，有的一年，有的甚至几年，孩子都见不到父母，因此出现了中国特有的群体——留守儿童。家长和孩子之间缺少必要的情感沟通，学生在学校一旦发生问题，老师需要和家长沟通交流时，家长远在百里、千里之外，鞭长莫及，不能和老师进行有效的沟通；还有的家长把孩子交给学校，就认为教育孩子是学校单方面的事情，不懂得也不愿意和学校老师配合，使老师很难掌握学生成长的全面情况，造成管理上的难度。

3. 教育方法简单

少部分家长文化程度不高，不懂得如何教育孩子。平时溺爱，小错不纠，大错发怒，教育方法简单粗暴。不懂得大错是由无数个小错堆积而成的，造成孩子无所适从，不知道什么是对的，什么是错的。平时只看孩子的成绩，不懂也不重视孩子心理，不知道孩子需要什么，按照自己的需求来要求孩子，往往言教大于身教，起不到教育的作用。

4. 家庭情况特殊

个别家庭比较特殊，如单亲家庭，再婚家庭或失去双亲家庭，这三类情况若不重视孩子的思想和心理，孩子的心理就会不正常，因为孩子的世界是个简单的世界。承受不了复杂多变的事情，家庭结构的改变一定要和孩子讲明原因和道理，不要欺骗和隐瞒事实情况，让孩子明白不论家庭如何改变，父母都是爱自己的孩子的，给孩子以安全感；否则，就会伤害孩子，对其成长和学习都不利。还有的是独生子女家庭，孩子从小受到家长呵护，像温室里的花朵，经不住风吹雨打。这些孩子多数是由一帮人（爸爸妈妈、爷爷奶奶、姥姥姥爷）带大。他们好像永远“长不大”，遇事以自我为中心，我行我素、不懂礼节。这些坏习惯带到学校就产生不讲秩序、不服从管教的现象。

（二）学校原因

学校是对学生进行教育的主体，是学生进行素质教育的重要场所。不同于家庭、社会的影响，它对学生思想品德的健康成长，人生观、世界观、价值观的正确树立有着不可替代的而且是不容忽视的优势。

从近几年学校发展的情况来看，教育管理现状不容忽视，育人功能、育人环境都在发生着明显的变化，学生管理的难点也越来越凸显，原因是多方面的，主要如下：

1. 中学惯性

中学阶段学生处在未成年时期，心理叛逆、感情脆弱、行为自大，这三种性格交织在一起，思想工作做起来就比较困难。加之个别教师在管理中对一些学生不够了解，不够关心，就容易造成对这些学生的评价偏低，使这些学生产生失落感，在老师那里长期得不到表扬，久而久之便不相信自己的能力，越来越不自信。另外，老师为了追求升学率对部分优秀学生比较偏爱，使一些学生产生很大的压力，自卑心理日趋严重。到了中职学校后，由于短时间内老师很难进入学生心里，造成对学生难管理的局面。

2. 责任担当

部分学生是独生子女，学生在学校是百分之一或千分之一中的一个，但对于家庭来说那是百分之百。加之个别家长特别偏袒溺爱孩子，在孩子的要求上没有原则，没有底线，到校后孩子特别难管，对这部分学生，老师就更加小心谨慎，不敢有一点闪失。认为管理得太严，学生接受不了，家长也不满意。于是，老师本着多一事不如少一事的态度，对不好好学习的学生睁只眼闭只眼，不敢担责，由此学生对老师没有敬畏感，难以管教。

3. 教育底线

教育对成才很重要，但教育不是万能的，教育是有底线的，学生不是都能通过教育来改变的；否则，就不用设立公、检、法部门了。个别学生由于成长环境特殊，异常人格非常明显。在中小学阶段就不服从管教，经常受家长和老师的训斥，接受批评已经成为家常便饭，抗压能力超强，对任何事情都满不在乎。到中职学校后，这些学生仍不能转变态度，依旧我行我素，对老师的耐心教育无动于衷，你有“千条计”，他有“老主意”，怎么也走不进他的心里，让管理者失去信心，无奈放弃管理。

4. 生均经费

现在中职学校的经费实行的是生均经费，财政拨付学校的经费与生源数直接对接。中职学校招生本来就比较艰难，学校管理者为了教职工的生存和绩效，不影响生均经费，尽量不流失学生，在学生管理方面采取相对宽松的管理政策。对违纪达到应当劝退或开除学籍的学生尽量对其实行教育—教育—再教育措施，给学生多次改正错误的机会，长此以往造成：犯错误的学生认为学校不会开除自己或不敢开除自己，造成犯错误的学生屡教不改，对校规校纪没有畏惧感，使问题不能得到有效解决，影响了学校的管理秩序。

（三）社会原因

社会教育是学校和家庭教育的继续延伸和发展，是学校和家庭以外的社会文化机构以及有关的社会团体或组织对社会成员特别是青少年所进行的教育。

社会教育组织机构繁多，其教育内容具有广泛性、适应性、及时性与补偿性，其方式方法具有灵活多样性，若善于利用，引导得力，必然会对不同兴趣、爱好、特长的青少年的素质提高产生广泛而积极的影响。通过社会教育，学生可以在复杂多变的社会环境中不断增强分析能力和应变能力，可以在社会大课堂中，体验各种不同的社会角色，学习社会规范，扩大社会交往，养成现代素质，适应市场经济和现代科技的需要。反之，则会对学生产生不利的影响。

1.“读书无用论”的抬头

改革开放几十年，经济发展了，人民生活富裕了，但也出现一些不好的现象，如道德缺失、拜金主义、理想信念薄弱，眼前利益盛行，等等。“读书无用论”的重新抬头，使尊师重教流于形式。我国本来就人口众多，就业形势严峻。而众多媒体上被夸大的低学历的所谓成功人士的创业经历，更是对中职教育造成了相当大的冲击和负面影响，使部分中职生产生“读书可学可不学”“只要会挣钱就行”等想法。“读书无用论”的思想蔓延，导致了学生学习动力不足，教育管理难度加大。

2. 网络发展的影响

随着网络的发展，现在基本是个透明的社会，什么事情都能在网络上找到。好的东西在网上能学到，不文明、不理智的行为在网络上也伴随而生，尤其是娱乐追星，电子游戏风靡网络，网络对管理来说就是一个看不见硝烟的战场。 现在大部分学生都是手机控，有的甚至 24 小时离不开手机。电脑、手机除了影响学生的学习、生活和身体外，最重要的是影响学生的思想。因此，老师很难摸清学生天天在想什么，想要做什么，教育学生无从下手，无形中加大了管理的难度。

3. 教育理念的转变

随着以人为本的理念深入人心，各行各业都提倡以人为本，和谐共处，学校也不例外。自古“严师出高徒，棍棒出孝子”。但随着社会文明程度的提高，现在家庭没有了棍棒，学校的严师更是屈指可数。而当下又没有很好的教育理念、教育方法、教育手段解决这一难题，在处理学生问题上，也是仁者见仁，智者见智，使得中职管理陷入尴尬境地。

4. 社会媒体的参与

现在网络发达，社会媒体繁多，个别媒体为了抢新闻先入为主，对学生在校出现的问题，只听一面之词，进行不实报道，误导社会和家长，这些也影响到学校管理的深度和广度。

三、学校在教育学生中的主要管理模式

针对上述问题，作为学校的管理者应从多方面、多视角入手做好学生的教育管理工作，使更多的学生在良好的教育下成才。自己在多年的教育管理中，对于这个阶段的学生提出了“先成人后成才”和“以生为本”的教育管理理念，从而探索有效的教育管理模式，主要做法如下。

（一）齐抓共管管理模式

齐抓共管管理模式，是指在中职学校的学生管理过程中，需要学校全员参与、齐抓共管，需要调动方方面面的积极性，多渠道、多方位做好学生工作。

1. 领导引领作用

俗话说：头雁领飞，群雁齐追。单位强不强，关键领头羊。说的都是领导引领作用。

中职学校的工作重点和服务对象是学生，对学生管理工作应该贯穿“全员管理，上下联动”的管理理念。这就要求学校每一位工作人员，都要担负起对学生进行教育管理的职责和义务。中等职业学校学生管理工作不是学生（科）、班主任哪个部门、哪个人的事情，它是一个整体管理系统。由政治思想工作、行政管理工作、教育教学工作、后勤保障工作等多部门及班主任相互作用、相互依存的系统组成，形成了一套条块结合、纵横联合的网状管理机制。

在教育管理中，我们采取领导引领、中层带动、教师响应、班主任实施的管理模式，发挥各自的优势和作用。例如：在晚上值班中，实行院领导带班、中层干部值班、班主任（辅导员）24小时跟班的管理制度。遇到问题和突发性事件，第一时间领导指挥决策，中层干部带领班主任亲临现场解决，高效、快捷、有序地处理和解决学生出现的突发问题，形成齐抓共管的局面。

2. 班主任带动作用

班主任是班级建设最直接的经营者，担负着学生的思想品德、学习、生活和身心健康等方面的特殊教育工作，对学生的健康成长有着直接和间接的影响。

班主任工作具体体现在学生管理工作上，只有各班级形成好的班风，整个学校才能有良好的学风和校风，进而推动学校教育教学质量迈上新台阶。班级就像是一个细胞，是学校机体的重要组成部分。班主任作为班级工作的教育者、组织者和指导者，是班集体的核心，对全班学生的成长负有全面的责任。在学生心中，班主任是代替家长的最亲的人；在家长心中，班主任就是学校的代表，行使着学校的管理权。

班主任既是学校德育工作队伍的重要组成部分，也是教职工队伍中的中坚力量，更是保证学校教学秩序正常化最基本的单元和学校开展教育工作的基石。它对学校教育教学等各项方针措施的贯彻落实起着上传下达的作用，也是学生、家长和任课老师之间相互沟通的纽带和桥梁。因此，从一定程度上讲，班主任工作质量的好坏，可以反映出学校的教育教学质量的好坏，班主任工作在学校全面推行素质教育教学过程中发挥着巨大的和不可替代的作用。

班主任的言行潜移默化地影响着学生的个性、品德的发展，所以班主任工作是班级工作的关键。班主任的一言一行、一举一动都应该是规范的、科学的，必须真正做到“身正为范”。班主任要明确自己的职责，明确培养学生目标。如：制订班级目标发展计划，制定切实可行的班级管理制度，组建一支强有力的班级干部队伍，定期召开班干部会议，了解全班学生的思想情况，等等，有针对性地解决学生中发生的各种问题，并加强班与班之间的交流和沟通；积极参加学校组织的班主任培训；全面提高解决综合问题的能力，带好班级队伍，管理相长，和学生共同成长。

班主任要选拔好班干部，因为优秀的学生干部是班主任进行学生日常管理的得力助手。班主任接班后要细心观察，深入了解每个学生的中学情况和家庭情况，选拔出品质优秀、为人正直、有魄力、敢说敢管、能说能干的学生担任班干部，并对他们进行严格要求和悉心培养，使他们牢固树立全心全意为班级和同学服务的意识，树立他们在同学中的威信，使其他同学能够自觉自发地团结在他们周围。班主任要及时向学生干部传授正确分析、妥善解决问题的方法，提高他们管理学生、控制局面、控制事态发展的能力，使他们能够独立处理问题，成为班主任的得力助手。

3. 教师教管作用

学生管理是基础，教育教学是目的，只有在管中教，在教中管，管教结合，于教于管，以管促教，以教促管，把教育教学和学生管理有机地结合起来，才能取得良好的效果。这样的管理才是好管理，这样的教学才是成功的教学。

要做到“管教结合”，就是班主任和任课教师要建立“统一战线”。班主任要做任课教师和学生之间沟通的“桥梁和纽带”，全力支持任课教师的课堂管理工作，把学生的个性和特点及时反馈给任课老师，以便任课老师更好地掌握情况、更好地安排课堂教学。同时，还要把任课老师的情况反馈给学生，以便学生更了解老师的初衷和用心，增进师生感情，提高教育教学效果和学生管理的效果。

基于中职学生的特点，针对学生厌学的状况，任课教师要及时调整自己的教学方式，以最大程度、最佳手段吸引学生的注意力，提升学生对学习内容的兴趣。首先，任课教师要转变传统的教育观念，注重采用“以学生为本”的双主体教学方式，如任课教师可采用故事教学、情景模式、角色互换等教学方式，让学生喜欢上教师的课程。教学内容要深入浅出，易于学生接受和消化，只有学生对课程产生了兴趣，其注意力才能转移到学习上来，学生管理问题也就迎刃而解。其次，现代教育对教师有更高的要求，教师只有树立“终身学习”的观念才能满足学生的需求，中职教育内容也需要不断调整，不管是专业理论还是实践操作，都不能固守传统，死守课本，任课教师要不断更新、补充新知识，才能从容应对学生提出的问题，这样的教师才能受到学生的爱戴，对其任课才有兴趣。

4. 管理员服务作用

宿舍管理是教育管理的重要环节，管理员必须树立全心全意为学生服务的思想，高标准、严要求，不断提高管理服务水平，为学生创造良好的生活环境。

学生宿舍是学校最为集中的场所，也是各种信息交流、思想碰撞的地方。调查显示，学生每天除了正常的学习时间外，大约有 14 个小时以上的时间是在宿舍里度过的。发生突发性事件，大多是在宿舍中引起或发生的。因此，宿舍管理非常重要。在某种意义上，宿舍就是学生的小家，管理员就是家长，管理人员对学生要像对待自己的孩子一样关心照顾。白天了解学生在宿舍里的动态，生活上有没有困难？晚上查看每个宿舍的就寝情况，有没有晚归的？夜不归宿的？不按时就寝的？有没有不安全因素？同学之间是否和睦，等等。这样可以及时发现问题、及时解决问题，防患于未然。

另外，学生宿舍是学生日常生活与学习的重要场所，又是课堂之外对学生进行思想政治工作和素质教育的重要阵地，同时还是学校精神文明建设的重要窗口。加强学生宿舍教育和管理，关系到正常的教学秩序，关系到学校的安全稳定，关系到学校精神文明建设。因此，学生宿舍教育管理工作在学校的教育系统中起着举足轻重的作用。

5. 自我管理作用

真正的教育是自我教育，这也是管理者所要达到的终极目标。

传统管理模式中，学生处于从属和被动的地位。在这种模式中，学生管理工作常出现监管不到位和管理滞后的现象，常常是在学生出了问题后才强化管理，处理问题不可避免地影响师生的关系。在现代管理中，管理者要强调把学生的发展作为重要目的，积极地创造条件，不断提升学生的自身地位，使学生感受到自我管理的重要性。自我管理的过程，也是自我选择、自我发展的过程。

同时，通过多种途径加强学生自我管理能力的培养。学校各部门、班主任、任课老师要创新“情景模式”，调动学生自身参与管理的积极性，让学生积极参与学生管理工作，改变大部分学生在学生管理工作中的从属和被动地位，从根本上改变学生仅把自己看作是受安排、被管理的求学者，让他们实现“跳出自身”管自己的目标。

学生管理中采用在学生处（科）的指导下，以班主任为指导，各授课老师为辅助、以学生自治为中心的学生管理方式。在这种方式下，学生本身既是管理者，又是被管理者，他们在角色转换中大大提高了自我管理的积极性，特别是增强了学生的自我约束、自我管控能力，使他们在学习知识的同时也锻炼了自己的能力，既学到了“立业之本”，又学会了“做人之道”，主体意识和责任感也明显增强，为日后的工作奠定了良好的基础。

（二）因材施教管理模式

管理者应该针对中职学生的特点，因地制宜、因材施教，结合区域环境、人文条件、时间的差异，制定出细致的、行之有效的管理方法。在管理中刚柔并济，既严格管理，又给学生以温暖，维护学生尊严、培养学生的集体荣誉感，激发学生的求知欲。这些管理方法既可来源于学生，又可制约学生，用一些实际、实用的方法，就能把中职学生管理得很好。我们采用的方法主要如下。

1. 亮点法

亮点法也称欣赏管理法，在班级管理中，班主任要用欣赏的眼光看待每一位学生，相信他们人人都是独一无二的，都是出色的，都是能成功的。

美国哈佛大学教育研究院的心理发展学家霍华德·加德纳提出的多元智力理论认为：智力就其本质来说是在一定的社会背景下，个体用以解决自己面临的真正难题和生产及创造出社会所需要的有效产品的能力。就其结构来说，是由八种智力组成，即语言智力、音乐节奏智力、数理逻辑智力、视觉空间智力、身体运动智力、自我认识智力、人际交往智力和自然观察智力，且它们是相对独立、相互平等的。这就要求班主任在班级管理中，用欣赏的眼光去寻找发现每一个学生身上的闪光点。如：文笔能力强的学生，鼓励他多写宣传稿；乐于助人的学生，鼓励其加入志愿队为大家服务；人际交往能力强的学生，让其担任班级联络员和班干部，使其发挥桥梁作用；身体运动智力强的学生，鼓励他们多参加学校的各种体育比赛，为班级争光；音乐节奏智力强的学生让其参加舞蹈社团，等等。发挥其各自的特长，使其走向成功。

2. 激励法

没有天生的信心，只有不断培养的信心。

中职学生对成就感的渴求比高职学生更加强烈。因此，班主任要给予学生更多的关爱，对有问题的学生要正确地教育和引导，使学生保持乐观的情绪，积极地面对人生，提升学生解决问题的能力，增强学生的自信心。应该培养学生对职业教育的认同感，方式方法可灵活选择，可以采用以鼓励为主的管理方法，比如，变“扣分制度”为“奖分制度”，变“罚短教育”为“扬长教育”，用量化的方式记录学生的进步，让学生有发展自己、展示自己的机会，不断激发学生的成就感，达到让学生身心健康成长的目的。

学生都有争胜心理，集体荣誉感较强，在教育管理上，抓住这一特点，坚持开展“文明班级”“文明宿舍”“每周每班一星”“学习流动红旗”“卫生流动红旗”“纪律流动红旗”等诸多评比活动，并在每周一班会上给予表彰奖励；要在班级中选树先进典型，弘扬正能量，营造争当先进模范的氛围。

3. 互助法

互助法又称服务管理法。互助可以分为班主任和学生互助，学生和学生互助。

班主任在和学生互助时，首先要树立服务育人的管理理念，以学生为本，多与学生谈心，增进师生感情；多替学生着想，为学生办实事，让学生感受家的温暖。针对中职学生每个家庭的特点，班主任多与学生谈心，了解学生的家庭情况，真正关心、爱护班上的每一位学生。特别是新生班班主任，学生来到一个全新的环境，此时只有与学生谈心，主动了解学生的家庭状况及初中时的学习情况，才能有的放矢地帮助学生。学生遇到挫折和困难时，应带领班干部和其他学生一起关心帮助他，用实际行动感化学生。反过来，学生要尊重班主任的劳动，要配合班主任的工作，要理解班主任的难处，要学会换位思考。

学生之间互助时，应建立在平等尊重的基础上，互相关心，互帮互学，大家都是来自全省各地四面八方，风俗习惯、生活习惯相差较大，同学之间更应该相互理解、相互支持。尤其是当今社会，多元价值观已取代单一价值观，成功的标准并不仅仅意味着成绩的提升，积极的生活态度、豁达的胸怀、开阔的视野同样重要。

除面对面的交流外，利用现代网络，创建班级QQ群或者微信群，邀请全班同学加入，周末或学校放长假时，在网上相互交流，讨论大家关心的问题，利用网络进行学习，拓宽学生的视野，培养他们积极乐观的生活态度。班主任通过网上言行，教育并指导学生培养良好的行为意识，提升班级的正能量。

4. 真实法

成为一个完整的人，首先要做真实的自己，虽然敞开真实的一面，会让人感觉不堪，可能还少不了痛苦，但如果你要想使自己的一生充实、有价值，唯一可以选择的，就是做真实的自己。

人人都有被尊重的需要，中职学生有着更为强烈的自尊心，他们需要人们的理解，更需要得到人们的尊重。管理中，在不伤害他们自尊心的同时，教育他们要做真实的自己，不攀比，不虚荣，面对现实，自强不息。有的学生家庭条件不太好，怕同学看不起自己，于是就采取非正常手段谋取利益，和同学们比吃比穿，结果让同学们唾弃。针对这方面的问题，班主任要多加引导，告诉同学们：人重要的是志气，贫穷并不可怕，只要诚实，只要努力，就会得到大家的尊敬。另一方面，班级要多宣传勤奋进取学生的典型事例，帮助他们正确认识困难，对待困难，做到不气馁，不服输，树立起克服困难的决心和勇气，靠自己的实力去争取各种荣誉。追寻内心、做真实的自己，这是通往成功之路的最有效准则。

5. 自省法

自省法又称目标管理法。目标管理是 20 世纪中叶由被誉为“管理学之父”的美国经济学家、管理学家德鲁克提出的管理方法，通过组织成员亲自参加工作目标的制定，实现“自我控制”，并激励大家努力完成工作目标。

在班级管理中运用目标管理法，就是让学生为自己确立一个目标，并为实现目标而努力。可在教室设立“我的目标”栏，让学生每周给自己制定一个目标贴，目标制定要切实可行，内容可以多样化，学习、生活习惯、同学关系等都可包括在内。公开目标可以让学生了解彼此的努力方向，互相督促、共同进步。

部分中职学生往往认为自己朽木难雕，难成大器，从而自我菲薄、自卑自弃。因此，作为管理者必须真正把学生看作活生生的“个体”来对待和尊重，以学生为中心，对学生进行人性化管理，多关爱，多鼓励，所言所行以不伤害学生的身心健康为底线、以促进学生快乐发展为准则。

以学生为本就是要把学生看作是学校的第一主人，培养学生的主人翁意识，使学生明白在学校享有的权利和义务，全力把学生推向表现和发展的大舞台。只有让学生感觉到学校和老师的温暖，感受到自我的重要性，体会到学习生活的意义和价值，他们才会自信起来，进步起来。

（三）学生自主管理模式

一切管理应设法提升学生的自信心和自尊心，发掘学生个性中深层次的动力因素来感化、激发和引导学生。自主管理可以唤醒学生的主人翁精神，对于培养学生的独立自主、团结合作能力及建立民主的师生关系等方面都起到了很大的作用。在学生管理中，可以利用学生中的优秀分子对学生实行自行管理，具体可采用以“小组长—班委（团支部）—学生会”为监管主体的三级协同、自下而上“学生自主”管理模式。

1. 班小组长作用

班小组长是班级的最基层管理干部，在班主任的指导下，班委、团支部的领导下开展工作。

各小组长是班级达成综合目标的实施者。小组长在班级管理中起着承上启下的作用。各小组长职责履行的好坏直接影响到班级工作计划的进度。本班级学生的学习、纪律、生活、卫生等都与班级小组长的工作能力、管理水平、管理风格息息相关，小组长也是班干部管理人才的梯队，因此小组长在班级管理中的作用至关重要。

通过小组的建立、培育和运用等措施，激发学生的自主意识、合作意识，它是学生在分小组互助活动中，让每名学生都有一个“表现自我、让人了解”的平台和窗口，小组长的选聘没有班委（团支部）程序严格，根据情况，班级每个同学都有机会担任小组长。因此，让每个学生都能找到一个“证明自我”的方法，形成“班级是我家，管理靠大家”局面。通过这种方式可以锻炼学生的胆识，提升学生的自信。最大限度地促进自己与他人的学习和合作，培养学生的团队精神，实现相互管理、相互促进的管理目标，并以小组的整体贡献为奖励依据的管理体系。这种管理模式把主动权还给学生，培养和锻炼他们的自我管理能力、团体合作能力等，为以后的工作打下良好的职业基础，也减轻班主任的工作负担，提高班主任的管理水平。

2. 班委（团支部）作用

在班级建立班委（团支部），辅助班主任做好班级管理工作。

俗话说："千军易得，一将难求"。一个班级中班干部的组织领导作用发挥得如何，往往会直接影响到一个班级的凝聚力，影响到一个班级的学习氛围，影响到一个班级在全校的位置。班干部就是班主任的得力助手，是协助班主任进行班级管理的左膀右臂。因此，班干部要用心协助班主任组织开展各项活动，要用心参与校园组织的各项活动。班干部的组织作用、领导才干只有在不断的活动中才能得到培养、提高和发挥。班干部是班级良好舆论氛围的创设者、维护者、引导者和实践者。

榜样作用：喊破嗓子，不如做出样子。班干部与同学朝夕相处，一言一行均为其他同学所关注，因此班干部就是同学们的一面镜子。班干部只有从自身做起，从一点一滴、一言一行做起，做好表率，充当模范，树立榜样，做到"言必行，行必果"，才能够真正起到班干部应有的作用，在班级管理中，才能让同学心悦诚服。作为班干部，首先，在思想上真正起到榜样的作用，要爱校园，爱班级，爱同学，尊师重教，诚实守信，团结友善，做到温良恭俭让。其次，在学习上也要起到榜样作用。以端正的态度对待学业，要做到勤勉好学，孜孜以求，不断进取。班干部在学习上的榜样作用，并不是说每位班干部的文化课成绩都务必在班级或年级中名列前茅。班干部学习上的榜样作用表现在：有自主学习的意识和潜力，有锲而不舍的学习意志和顽强拼搏的学习品质。再次，班干部在日常生活方面更要严于律已，要培养自己良好的生活自理潜力和养成良好的生活卫生习惯，树立正确的、科学的消费观念，提倡勤俭节约，反对铺张浪费。最后，班干部在行为习惯上，要做到衣着得体、举止大方，要模范遵守校园的各项规章制度及各种校纪班规，即使偶尔犯错，也要有应对错误的勇气、承受挫折的潜力和改正错误的决心。

桥梁作用：班干部首先应是班主任与同学之间的桥梁。班主任对同学的了解有时并不如同学之间了解得仔细、全面、深入、及时，如果班主任偏听偏信，主观臆断，很有可能导致工作的被动，甚至做出错误的决定，带来不必要的麻烦，乃至造成不良后果。这时，班干部就要及时发挥自己的桥梁作用，客观公正地向班主任带给相关信息，使班主任能做到"兼听则明"，做出正确的决定。其次，班干部应是同学与同学之间的桥梁。俗话说："牙齿还会咬着舌头呢！"同学之间难免会因为一些琐事而产生矛盾、误会、纠纷，有时甚至会大打出手。在这种状况下，班干部应主动进行力所能及的调解，当好"调解员"的主角，客观公正地传递双方的信息，促使双方消除隔阂，弥合裂缝，或阻止事态的进一步恶化。在问题面前，班干部不应事不关己，高高挂起，更不应碍于面子、讲哥们义气而偏袒、包庇。最后，班干部还应是班主任与任课教师之间的桥梁。班主任不可能每节课都去听，这时，班干部就应发挥自己的桥梁作用，客观及时地向班主任反映任课教师的上课状况、同学的学习状况、任课教师对本班同学的要求和期望、表扬和批评，进而使班主任能全面及时地了解全班同学。

3. 学生会干部作用

学生会是在院党委的领导下，在学生处（团委）具体指导下的群众性组织；是学院联系广大学生的桥梁与纽带；是来源学生、服务学生、指导学生的学生最高组织；在各班的班委、团支部配合下，协助学院搞好学生管理工作。

学生会干部在学校和学生之间起着上传下达的作用，扮演着承上启下的角色，提倡自我服务、自我管理、自我教育，开展有益、健康、丰富多彩的课外活动，努力为同学服务，解决同学的一些实际问题；增进班与班之间的团结互助；协助学院建立良好的教学秩序和学习环境，创建优美的工作环境和学习条件。

学生干部管理是学生自我发展教育的一个重要组成部分， 一方面，他们将学校教育思想、教学方针以及管理制度等贯彻落实到学生当中，有利于学生综合素质的提高和终身发展，唤醒学生内在发展的需要及参与班级管理的主人翁精神，促进学生自主意识、合作意识和自主能力、合作能力的发展，锻炼学生的胆量，增强学生的班级归属感、岗位责任感和集体荣誉感，从而提高学生的整体素养，为毕业后成为高素质的技术人才打下坚实的基础。另一方面，他们将学生的状况和诉求及时反馈到学校，促进学校管理和教学工作的转变。因此，校学生会干部工作对学校管理工作效能的提高起着十分重要的作用。

（四）爱心育人管理模式

教师的教育工作不仅是“教书”，更重要的是“育人”。在学生的成长发展过程中，教育不当会使学生在心理上产生阴影，引起学生心理不适应、情绪不协调。而“育人”的关键在于情感的投入，对中职学生的心理健康教育，必须从其心理特点出发，带着爱来进行。这里着重介绍以下四种方法。

1. 聊天谈心法

聊天谈心就是沟通。良好沟通是管理最有效的方法，是实现目标、满足需要的重要工具。

对中职学生进行更好的管理，就必须和学生多进行交流谈心，尤其是那些学习成绩较差、自我管理能力不足的学生。他们常常处于自卑状态之下，受这种情绪的影响，他们会做出一些违反纪律或者自暴自弃的事情，以引起老师和家长的注意。对此，老师应该多与他们交流沟通，通过聊天谈心，了解这类学生的心理诉求，并及时进行心理疏导，避免悲剧的发生。例如：有些学生虽然学习成绩很差，但是他们非常重情重义，在与这类学生进行聊天时，应充分抓住这一点，打开他们的心结，进而引导他们真正地接受自己、接受同学，更好地充实自己。

中职学生产生心理问题的原因尽管十分复杂，但由于他们正处于由不成熟向成熟的过渡阶段，其心理具有可变性、可塑性、过渡性、动荡性等特点，老师如果有的放矢地加以正确地引导、扶持、帮助和教育，这些学生的心理问题是能够得以纠正与调整的。

2. 励志激励法

励志的“励”，是指激励、鼓励、勉励之意；“志”是指有志气、志向、意志之意，追求上进的决心和勇气，要求做成某事的气概，表达要做什么样的人的意愿和决心，决定达到某种目的而产生的心理状态。

“励志”意为振作精神，奋发志气，始终保持昂扬向上的精神状态，去实现远大目标。励志教育可以激发人在困境中的潜力，使人不畏艰难，发挥个人最大动能，为了理想去拼搏。每个时代每个人都需要这样的励志精神，它可以使平凡者不屈服于命运的安排，通过自身的努力转变命运；又可以使成功者向着更高更远的顶峰攀登，创造更大的自身价值。所以，在学生管理中要特别突出感恩励志教育，给学生启示，能有所感悟。教育的形式也应该是多样化的，可以是观看视频，引起共鸣；也可以对文字材料进行分析探讨，加深体会；还可以让学生收集一些励志格言、名人名言以共享；向学生推荐一些励志书籍以给予激励等。教育过程也应该是常态化、反复地进行。

3. 角色转换法

每一个人都充当着不同的社会角色，有时是数个不同的社会角色于一身，但在具体交往时一般总是呈现出某个特定的角色。

因此，在社会交往时，人们不仅习惯于从自己的特定角色出发来看待自己、看待他人的态度与行为，而且还习惯于自我中心式的思维方式，从而引发一幕幕角色冲突的悲剧。如果大家都能从对方的角色去思考一下，都能将心比心地换位思考一番。那么，许多冲突、矛盾就可以迎刃而解，有的根本就不是什么问题，这就是角色置换效应的积极作用。

在传统的教育中，教师是绝对的权威，学生只能被动地接受信息，学生对此极为反感，使师生关系严重失调，我们要尊重学生个性的多样化发展，师生相互理解，互动合作，来改变这种传统的交往模式。例如：在教育管理的过程中，班主任首先要扮演的角色，是先做学生的朋友，再做学生的老师。是学生的良师益友，做学生的人生导师和知心朋友。在开展班级工作中首先要以生为本，发展和建立良好的互动。只有做学生的朋友，与学生真心实意地进行情感交流，学生才能敞开心扉和老师说真心话，这样的管理才能事半功倍。

4. 心理咨询法

良好的心理素质是健康心理的重要体现，一切智慧、成就、财富和幸福都始于健康的心理。心理咨询能促进学生人格的健康成长，是学校心理健康教育工作顺利开展的一条有效途径。

中职学生不仅需要学习与创造的空间，而且需要心理的支持和成长的助力。如何让他们敞开心扉，诉说痛苦与烦恼，帮助他们解决成长中的困惑与无奈，使他们顺利地度过青春期，重要的是老师要取得学生的信任，并帮助他们建立自信。有时候，一句话、一个微笑、一段评语、一次表扬，就能取得学生的信赖，被学生视作知心朋友。老师对接受心理辅导的学生要亲切、关爱，对前来咨询的学生要平易近人，更要严格做好保密工作。只有做好保密工作，学生才会信任你。

【案例】

曾有一个女生主动与班主任谈及近期心里不快、情绪低落的事宜。班主任经交谈发现该生有早恋、单恋现象，被男生拒绝而烦恼。老师针对这一问题首先对她进行心理疏导，继而讲明早恋的危害性，并嘱其把秘密藏在心底里，不让任何学生知道。这次心理辅导后，该生十分相信班主任，大事小事都愿意跟班主任谈，成绩进步显著。

可见，老师只有发自内心地、真诚平等地对待每个学生，多想办法让学生亲近、靠近、与学生建立融洽的关系，才会使学生感到轻松愉快。如果学生感到快乐，学生的亲师之情也会油然而生。心理咨询不是思想政治工作，而是竭力使人们积极地看待个人所经受的挫折与磨难，在危机中看到生机，从困难中看到希望，更好地应对日后生活中可能出现的各种不愉快事情。

做好心理咨询工作的关键是爱心与耐心，而爱心和耐心是牢固建立在以生为本的理念上。心理咨询教师面对的大多数是有心理问题的学生。这样的学生，情绪、情感有时会有一些非理智的表现，这就需要教师有足够的耐心和爱心。有了爱心，就会对咨询的学生充满理解和尊重，能够以平等和接纳的态度，尊重求询学生的人格，对求询学生面临的困难给予关注。当求询的学生身上产生令人讨厌的恶习时，如果教师没有爱心就会很难接受他，会对他产生不满，致使咨询关系紧张，收不到满意的效果，甚至适得其反。有了爱心，对求询的学生就会以礼相待，不管其相貌美丑、言语雅俗、脾气好坏、年龄大小，都会平等对待，使学生感到亲切可信，并愿意对老师吐露真情。有了耐心，才能不厌其烦地倾听咨询学生的各种诉说，才会在整个过程中充满热情。有的学生由于语言表达能力所限，用词不准，使人感到不知所云；有的学生心存顾虑，吞吞吐吐，不讲实情，这都需要老师耐心地启发，帮助学生理清思绪。如果没有耐心，不但搞不清问题，而且会使其感到沟通困难，心中产生畏惧，效果大打折扣。有了爱心与耐心，才能够认真遵循心理咨询工作的基本原则，为学生保守秘密，使学生得到尊重与关爱。唯有如此，学生才会把心理咨询教师当作心灵的寄托、值得信赖的朋友、成长的导师。

四、在教育管理工作中的几点体会

近几年来，随着中职教育规模的扩大，教学质量的不断提高，培养目标的清晰明确，管理理念的不断创新，我院采取了一系列转型发展的创新模式：更新办学理念，调整专业结构，抢抓招生机遇，开拓就业渠道。采取校校联合，校企合作等形式在办学规模、办学质量上有了很大提高。尤其是在学生管理服务方面更加与时俱进，提出“一切为了学生，为了学生一切，为了一切学生”服务理念。树立管理就是服务的意识，采取以服务学生为宗旨，以制度管理为保障，以思想道德建设为基础，以全面发展为目标的管理理念。积极探索新形势下学生管理的新模式、新方法，全面提升管理水平，提高科学决策能力，力求在严、细、爱、真、实上下功夫，为构建平安和谐校园发挥良好的作用。

在学生教育管理上，本人经过多年的实际工作，得出以下体会。

（一）抓政治学习，确保管理“方向”

学校是德育教育的重要场所，是思想政治工作的重要阵地，利用好这个阵地，传播正能量，压倒一切歪风邪说进校园。要利用周一晚班会、周二下午团会时间组织学生进行政治学习，学习新时代青年的理想追求。利用广播、板报、微信等多种媒体进行宣传报道党的新思想、新理念、新观点，并让学生积极投稿。确保学生在校方向明确，思想纯洁，政治坚定，旗帜鲜明。

（二）抓制度建设，保障管理“重点”

多年学生管理工作得出，制度建设非常重要。管理者应从管理制度抓起，建立健全各项工作制度。如：制定《学生手册》《班主任管理实施办法》《评先评优办法》《双值班制度》《学生检查评比制度》《奖、助学金制度》《勤工俭学办法》《公寓管理制度》《干部选拔制度》等，使学生管理有法可循，有制度可依。

（三）抓思想工作，解决管理“难点”

抓学生的思想和心理，要考虑到现在中职生的各种实际情况：如年龄小，基础差，成长环境各异，叛逆期情绪多变等情况。这些可能导致学生出问题（如旷课、抽烟、喝酒、打架、占小便宜、结交不良社会青年、晚归、夜不归宿等）。面对这种现状，这就要求学生管理人员，特别是班主任（辅导员）要熟知学生的家庭情况，了解学生的成长环境，找到、找准学生问题成因，进行分类沟通指导，有针对性地对学生做思想工作，从思想上解决学生的根本问题。

（四）抓班主任队伍，打造管理“亮点”

在指导班主任抓班级建设上，提出“各班推亮点，一点带全面”的管理理念。为了提高班主任积极性，我们做到两个“凡是”：凡是需要处理学生，首先听取班主任意见；凡是班主任上交的问题，学生处及时帮助解决。每周一召开班主任例会，解决上周学生存在的问题。同时，还定期组织班主任专题座谈会和管理交流会，探讨学生问题和管理方法，使大家统一思想认识，形成上下联动、协调一致的教育合力。

（五）抓干部网络，寻找管理“突破点”

学生干部是管理的重心。学生干部队伍抓好了可以带动大部分学生守规矩。首先，指导各班建立班委、团支部，学生公寓设立楼层长、宿舍长形成干部网络。其次，规范纯洁学生干部队伍，对各类干部采取能上能下的组织原则。使干部们有责任感，学生们有威严感，从而取得好的管理效果。

（六）抓奖励机制，挖掘学生“闪光点”

大部分中职生是有理想、有追求、有抱负的，需要我们为他们提供一个有理想、有抱负的平台。我们在管理中，常对班主任（辅导员）说的一句话：要挖掘每个学生身上的“闪光点”，使每个学生在我院都能找到自信！有的学生成绩上不去，就发挥其他方面的特长。我们举行各类文体活动、评先评优活动；制作班级“每周一星”光荣榜，建立好人好事登记簿，开展各种社团活动等，激励每一个学生在不同的方面取得不同的进步，激发学生积极上进的热情，让学生在校产生自信心和自豪感。

（七）抓家校共育，增加管理“着力点”

在学生工作中，家长的配合非常重要。因此，应把家长融入学生教育管理中，家校共育有助于深入到学生成长的全过程。成立家长委员会，班级建立家长微信群，班主任通过电话、短信、微信、电子邮件等社交软件定期或不定期地向家长通报学生在校的情况，家长也向班主任反映学生到家以后的表现情况。必要时，学校组织家长委员会到校召开座谈会，让家长和老师相互座谈，从而双方都能了解学生的全面情况。采取家校共建，形成教育合力，使学生管理工作更透明、更科学、更规范。

（八）抓校园文化建设，促使学生全面发展

根据学生年龄的特点，我们提出“先成人后成才”教育理念。培养他们正确的人生观、世界观、价值观。为此，除学习专业课外，组织学生开展丰富多彩的校园文化活动、社团活动和宿舍文化建设。陆续开办国学班（千人诵论语，人人弟子规）、诗词班、乐器班、化妆班、舞蹈班、跆拳道社、篮球社等多个社团；成立“志愿者”服务队；定期组织学生进行书法、绘画、手工制作比赛活动；每周一举行爱国升旗仪式；每天推广人人讲普通话活动；开展“课前一支歌”“主题板报演讲”活动；要求学生进校后必须学唱具有代表性的三首爱国主义歌曲（国歌、国际歌、团歌）。

通过校园文化建设，开展积极向上的社团活动，使全校同学在不同的方面都能找到自己的位置。激发同学们的热情，拓宽同学们的视野，锻炼同学们的体魄，增进同学们友谊，从而提高同学们的整体素质，达到学生全面发展的效果。

最后，用几位著名教育家、作家的观点表达写这篇文章的目的，以此和大家共勉。

我国近代伟大的教育家陶行知先生曾经说过：没有爱就没有教育。

俄国作家高尔基说过：谁爱孩子，孩子就爱他；只有爱孩子的人，他才可以教育好孩子。

德国教育家巴特尔说过：教师的爱是滴滴甘露，即使枯萎的心灵也能苏醒；教师的爱是融融春风，即使冰冻了的感情也会消融。

古希腊伟大的教育家、哲学家亚里士多德说过：教育的根是苦的，但其果实是甜的。

近代中国教育家蔡元培说过：教育者，非为已往，非为现在，而专为将来。

（赵　丽）

培育成长篇

默默耕耘，静待花开

陶行知先生说：“真教育是心心相印的活动。唯独从心里发出来的，才能打动心的深处。”知之深，爱之切。深厚、真挚的情感都是来源于对人、对事真切、深刻的了解。

对于每个园丁来说，每一个孩子都是一朵花，只是花期不同而已。有的花开在春天，有的花开在秋天，有的花则开在冬、夏。还有的花不是开在一年的四季而是经过无数个春夏秋冬才会绽放。所以，当别人家的花在春天开放时，你不要着急，也许你的花是夏天开；如果到了夏、秋还没开，你也不要着急，说不定你的花是棵蜡梅，花开时会更楚楚动人；但如果到了冬天你的花还没开，你更不要生气，没准你的花就是一棵铁树，铁树多少年不开花，开时惊艳四方，绚丽无比。真正的园丁不会在意花开的时间，只会默默耕耘，静心等候。

红杏枝头春意闹

春和景明的季节，最先绽放的往往是那竞芳斗艳的红杏，把春天点缀得生机勃勃，所以，古人有“红杏枝头春意闹”那传神的诗句。在我院2015级护理二班的百花园里，爱笑爱闹的女孩徐露（化名）就像一枝追赶着春潮、追赶着花期，攒着劲儿争奇斗艳的杏花笑栖瑶台，晶莹带露，花团锦簇。

优缺点并存的新任班长

最初入校，徐露身上优缺点都很突出。三周的军训，烈日炎炎下每日的训练，有的同学偷偷抱怨，有的同学愁眉苦脸，徐露却身姿挺拔、朝气蓬勃，她的表现受到教官和同学们的一致好评，被评为当之无愧的军训标兵。由于军训表现突出，徐露高票当选班长。然而不久她身上就暴露出很多问题，比如说周末玩起来就没有时间观念，接连好几个周六晚上宿舍楼锁门了她还迟迟未归。被我抓住几次后，我语重心长地和她谈了很久，告诉她作为班干部想管别人，先要管好自己；否则，得不到同学们的信任。只有以身作则，才能像班集体中的“火车头”，真正起到名副其实的带头作用。不断的提醒与敲打，让她逐渐克服了自由主义的毛病，开始遵章守纪。

单打独斗的“逞能班长”

没有哪位班干部一开始就会做班干工作，徐露积极性很高，凡事总冲在最前面，但她做事喜欢单打独斗，比如班级出黑板报，她一个人从搜集素材、绘画到书写全部搞定，可时间久了，别的同学就不再插手了，每周她总要在这方面耗费很大精力。我一方面夸奖她确实多才多艺，另一方面提醒她参与工作的人少了，力量就单薄了。做班长，不能大包大揽，要发掘、团结更多同学共同发挥作用，这样大家都有成就感，群策群力出来的结果会更出彩，她也可以有更多的时间发展其他方面的能力。这样，她学会了友爱互助，在和同学们的协作中，我们的班级愈发像个团结友爱的大家庭。

众口称赞的一专多能

做班长，口才要好，徐露最初登台时总不知道说点什么，我一点一点地指导她写作，有时还一句一句地教她发音，把可能出现的问题都思考到，并教给她怎样应付。鼓励她参与校广播站的播音员竞选、参与校礼仪队的训练，课余时间参加舞蹈训练，慢慢地她成长为我们班的多面手——运动会开幕式上，她是班级引导员，紧握班牌，昂首挺胸地走在队伍最前面。她是所向披靡的短跑冠军，是球场上英姿飒爽的乒乓健将。拔河场上，她把拔河长绳紧系腰上，是班级队尾的“定海神针”，女篮赛场，她带领我班的几位姑娘勇夺冠军，力压群芳。纪念“五四”歌咏比赛，她是班级的总指挥，红色长裙曳地，在《隐形的翅膀》的歌声里，引领未来的白衣天使们用整齐的手势，诉说对美好明天的希望与憧憬。毕业晚会上，她化身女神白浅，伴着《凉凉》美妙的音乐，翩翩起舞，姿态万千。她还从班长一步一步干起，到参加学生会，到通过竞聘当选学生会宣传部部长，再到当选学生会副主席，真正做到了德、智、体全面发展。

脱颖而出的竞赛选手

学习是学生的头等大事。在学业上徐露一年级第一学期成绩很好，但第二学期一度掉了链子，有段时间她说自己在本班无心学习。针对她的问题，我安排她到别的班听了几节课，让她观察外班学习标兵的听课状态，激励她的上进心，并推荐她参加学校技能大赛培训。培训采用严格的淘汰制，最初她仍有点不在状态，前几轮表现不算拔尖，中期还差点在激烈的竞争中被刷掉。我就鼓励她“驽马十驾，功在不舍”，督促她不停练习，终于她凭借勤学苦练的好成绩被定为代表学校参赛的四名正式选手之一。在 2017 年河南省中职学校护理技能大赛上，徐露在比赛中沉着应战，荣获“口腔护理”个人奖项一等奖，不仅自己得到了锻炼，把书本知识应用到实践中，而且为学校争得了荣誉。

不扫一屋的尴尬女孩

实习开始后，踏上实习岗位的徐露成绩好、技术强，但是谁都想不到外表光鲜亮丽的她居然还有个短板——不会收拾住所。在校时每次检查卫生，她的床铺基本上是最差的，虽然我屡屡提醒教育，但她一直没有大的改观。究其原因，她从小家境优越，有点娇生惯养，家里一直有保姆照顾，所以自理能力特别差，也没有兴趣做这些事，口口声声称将来大不了雇保姆。然而谁也没有想到，就是这样她原本看不到眼里的小事情，让她在实习期间由于租住房间凌乱不堪，被多次警告后没啥改变，结果差点被房东扫地出门。我闻讯后匆匆赶去她租房的地方，一进门就看到桌上堆满了大包小包没吃完的零食、瓶瓶罐罐的饮料，还有吃完的水果皮，旁边的床上，衣服堆得跟小山一样，还有几件散落在地上。我先领着她把房间打扫干净，再从叠衣服到整理衣柜等，手把手地教了一遍，当她看到原本混乱不堪的房间变得井井有条时，终于领悟到“房间混乱不堪，生活也会凌乱无序”的道理。随后我告诉她做大事更要拘小节，扫天下先从扫一屋做起，并给她留了个任务，每周发一张住处的照片给我。后来她发来的照片中，衣服能够整齐地挂在衣橱里，桌子上也做到干净整洁了，甚至摆着绿植，安静又养眼……这，也是一种成长。

春到人间花如海，现在 18 岁的徐露，花一样的面庞，花一样的体态，她已经以优异的成绩，通过了对口升学考试，开始了自己的大学生活。她就像一朵娇艳欲滴的杏花肆意地绽放着生命的美丽，醉了时光，不负青春。

（罗　青）

霜叶更胜二月花

枫叶，经霜而姹紫嫣红，“万山红遍，层林尽染”。本是平凡低调的枫叶，在此时成为山谷的主人，为本该肃杀的秋日山谷再把火热平添。

成长何尝不是如此？耐得住寂寞，守得住孤独，不太焦虑，慢慢积累，在繁华炙热之后才粉墨登场走上自我的人生之巅。

2015 年，学院迎来了第一批医学专业的学生。他们大多生于千禧，还是稚嫩而柔弱的少年。父母眼中的宝贝，在父母为之营造的“温室”中，成长缓慢迁延。他们没有学会交流，遇事不会沟通，融入集体很慢；他们知识储备少、理解能力差，与逻辑思维更不沾边。男生虽多，却不会开玩笑，不会也不喜欢任何室外运动，手机、游戏是最好的伙伴。

小 × 是最先引起我注意的男生，因为他有着同龄人少有的健康和阳光。他热爱公共事务，只要能做的事，来者不拒；他仿佛永远没有脾气，在同学中有最好的人缘；他喜爱自己的专业，是班里仅有的能拿到奖学金的男生；他有着少年的自恋，白球鞋总是一尘不染！

他对篮球痴迷，喜爱在阳光里尽情地挥洒着自己的汗水而不顾夏日炎炎，只为了自己的热爱，哪怕没有观众、没有伙伴。而此时，多数同学都躲在空调屋里惬意地玩着手机游戏打发业余时间。他是班级篮球队的主力，带领球队在运动会上三连冠；他也是跑步和跳远的佼佼者，拿第一拿到手软，教室里的奖状有一半与他有关。

当然，没有完美的青春期少年，他同样会偷懒，偶尔在宿舍里蒙头大睡，间或多看倾慕的女孩几眼。但是，他喜欢交流，能接受意见。老师话不用多，只要指出缺点，他就能从善如流，用最大的毅力克制自己去改变。他也曾经谈过理想，并不羡慕光彩绚烂，只想做好自己的事情，不断进步，低调平凡。

两年的在校时间转眼即逝，小 × 和其他几位同学也将奔赴新的“战场”——实习医院。他选择的是郑州烟厂医院，这是一家名气不大、以康复治疗为主的专业医院。医院要求很严，观察、动手、总结考试，要一样样地过关。小 × 很珍惜实习的机会，认真学，踏实做，进步不断。实习开始一个月后，便捷报频传。代教老师反馈说：小 × 很聪明，又很好学，所以康复技能进步得特别快，已经可以把一些基础康复治疗放心地交给他一个人做完。

因为始终如一的出色表现，在实习即将结束前，小 × 被医院真诚挽留，作为康复团队的一员。对于中职学生，中专学历，这是难得的荣誉，遇到这样的机会太难。但是，他并没有选择留下，因为他热爱这个职业，觉得自己还年轻而且知识储备不够，害怕将来走不太远。他婉拒了邀请，参加了今年的对口升学考试，顺利地考入大专，为自己的人生道路打开了更大的空间。

此刻，三年已经过完，少年已经蜕变成一个青年，祝愿他如经霜的枫叶，热烈而低调，一如那个在阳光下挥洒汗水的少年。

（张铁良）

一朵水仙，开花香

世上有朵美丽的花，那是青春吐芳华。世上的花千千万，而我却独爱水仙花。因为它虽然没有牡丹的国色天香，没有荷花的出淤泥而不染，但是我喜欢它那淡淡的清香。从寒冬到初春，花儿经久不衰，一幅锦缎始终保持着恬静、优美，傲然直立。我觉得它的性格非常像我们班的凌菲同学。

还记得我第一次见凌菲同学的场景：那是在 2015 年 8 月 6 日的上午，来学院报名的一名小姑娘分到了我的班。她见到我冲我腼腆地笑了笑，叫了一声：老师好！她瘦瘦高高的，很清纯的样子，当时给我留下了深刻的印象。记得开学以后第一次升国旗，团委的肖老师让我们班选一个学生进行国旗下的演讲。当时我选的是另外一个学生，可是那个学生说她不行，并且帮我推荐了凌菲同学。当我把这个任务交给凌菲的时候，她非常愉快地接受了。但同时她又担心讲不好，我就鼓励她，并且说老师会帮她的。就这样她开始准备稿子，一遍又一遍地修改，稿子写完以后，她就开始一遍一遍地朗诵。升国旗那天早上，凌菲以饱满的热情非常圆满地完成了国旗下的演讲。

凌菲平时对自己要求非常严格，上课认真听讲，课后认真写作业和复习，所有的任课老师都非常喜欢她，她还是一个多才多艺的孩子，在 15 级校广播站的选拔过程中，她以总分第一的成绩当选，并且还有幸当选为校广播站的站长。她积极参加学校组织的一切活动，经常带领她们全宿舍同学去参观，去过郑州市科技馆、河南地质博物馆等地方。

每学期的考试她的成绩都在全年级名列前茅，每学期都被评为优秀学生干部和三好学生；她经常跟我说，她非常感谢河南卫生干部学院，是河南卫生干部学院让她学到了知识，让她开阔了眼界，让她懂得了很多以前不懂的东西。她经常跟我谈心，她说励志要做一名像南丁格尔那样的白衣天使。2016 年至 2017 学年年终总评，四门考试课，她有三门成绩位列全年级第一，每次学校开运动会她都积极报名参加，曾经取得过羽毛球比赛第一名和乒乓球比赛第一名的好成绩；她被评为 2016 年度全省文明学生、2018 届省级优秀毕业生、实习医院的优秀实习生。主持过学校两次“五四”文艺演出。

她们刚入校的时候，我曾经跟她们说，毕业的时候你们一定要拿到三个证，咱学校的毕业证，护士资格证以及高一级学校的录取通知书。她做到了，她三证都拿到了。

从刚来河南卫生干部学院上学时不谙世事的小姑娘，到毕业时出落的亭亭玉立的、留着披肩发的大姑娘，凌菲同学自己都说她自己变了，在校的这三年，她长高了，也变漂亮了。我说她像是一朵水仙花，恬静，优美，没有开花前活像一颗生长在水里的大蒜，开花后却拥有自己独特的芬芳，花是那么淡雅，香气却是那么醉人。正是“清香自信高群品，故与江梅相并时”。

（邹　慧）

风信子的绽放

蓝风信子是深受欧洲人喜爱的盆栽植物代表之一。若要让凋谢的蓝色风信子重新开放，必须剪掉枯萎的花朵，有着重生的意味。因此，它的花语是“生命”。凡是受到这种花祝福的人，人生洋溢着生命力。

中职的学生有很多都是“问题”学生，在诸多问题中，有些学生的心理问题比较突出，因为他们年纪不大，在处理突发事件或是遭遇家庭变故时，容易出现偏激情绪，导致比较严重的心理问题。

2015 年，我接任护理四班班主任，在这些学生刚一入学时，我就发现我班的一位女孩和别的同学不一样：她不和其他同学讨论问题；也不和其他同学一起玩；每天总是心事重重的样子，一点儿都没有十五六岁孩子该有的活泼；上学、放学也总是独来独往。和她谈过几次，总是我在说，得不到她的回应，收效甚微。小小年纪的她为何如此封闭自己，而缺少了本该属于她的天真和快乐，她成了我重点关注的学生。经过了解，我发现她的家庭给她造成了很大的困扰，由于父亲早逝，母亲改嫁，她从小和姥姥生活在一起，导致了她敏感的自尊心和强烈的自卑心理，造成了她的这种自我封闭状态。

2016 年初，在班级第一次元旦晚会上，甚至出现了精神分裂的症状，面对这种新情况，我一边通知了她的妈妈，一边给学生处领导汇报。赵主席亲自带领学生处的全体老师一直在办公室陪伴和做工作，直到他妈妈在凌晨 3 时赶到学校他们才离开。当晚，为家长和学生安排好住宿后，我陪同学院专业心理咨询师张老师为她做心理辅导一直到第二天上午，待情况稳定后，让她家人先把她带回去治疗。

针对这样的学生和这样的情况，我的内心当时是充满了矛盾的，家长和学生很渴望留在学校继续学习，但她的状况很令人担忧。在经过了反复的思想斗争和权衡后，本着“不抛弃，不放弃”的精神，把情况给领导汇报请示，得到批准后，让她继续上学。我知道，在班里她就是一颗“不定时炸弹”，随时可能会出状况。为了帮助和改变她，经常不露痕迹地和她谈话，还在生活上关心她，一有成绩取得，就在班级里及时表扬她，树立她的自信心。安排责任心强的班干部和她住在一个宿舍，时刻掌握她的动态，动员其他同学主动去接近她，和她一起做作业、做游戏，使她逐渐感受到集体的温暖。慢慢地，终于看到了她的变化，她变得开朗了许多、积极了许多，班级活动的参与感明显增强，直到毕业，不但再也没有犯过病，而且顺利考上了大专。在我们班，她就像蓝色的风信子，忘却过去的悲伤，开始崭新的生活。

班主任工作有很多的苦与累，但更多的是幸福与满足。著名教育家叶圣陶先生的一句话：只有做学生的学生，才能做学生的先生。所以，在班级的管理过程中，力争让自己沉下心来，以生为本，切实了解他们的诉求，以便更好地教育、引导他们。苏联教育家马卡连柯说：“爱是教育的基础，没有爱就没有教育。”的确，“爱”是班主任工作中的最关键、最重要、最核心的内容。爱学生的方式方法可能有一千种一万种，但如果方式方法不得当，真的很难走进孩子的心灵。所以，力争能做到“无痕迹教育”，对中职的学生，越是让学生感觉不到我们是在教育他，我们教育的效果往往越好，只有这样才能让他们在“润物细无声”中快乐成长。

（黄　涛）

愿你如葵花向日

我们班有这么一个同学，虽然是家里的“乖乖女”，却是学校的“瞌睡虫”。

“老师，程可可又迟到了，一周迟到旷课5节，都是早上第一节。我问她怎么回事，她说是起不了床，咱班的分都被她扣完了。”班长气呼呼地向我汇报。我让班长通知程可可课后到我办公室来一趟。下课后，程可可大摇大摆地敲开门，我招呼她：

“来，可可，过来坐，喝点水吧。”

“不喝了，老师有什么事？”

“这周怎么了，迟到有点多啊？”我避重就轻，没有提“旷课”，只是轻描淡写地说了个“迟到”。一个好班主任，要善于遗忘，忘掉学生所有的不好，只记住学生的好。

可可说，“早上太瞌睡，起不来。我就好睡懒觉，改不了。”

我：“一天睡几个小时能睡醒？”

可可：“这没准儿，有时十来个小时，有时更长。”

我：“有福气啊，能睡有福。那晚上早点睡，不就能起来了。”

可可：“不行啊，睡早了睡不着。”

我：“睡不着干什么呢？”

可可：“看个电视剧什么的。”

我：“看个电视剧得一两个小时吧，11点多才睡能睡醒吗？”

可可：“我就是控制不住，光想看。”

我：“看电视剧上瘾，别说你，我看着这集还想下集呢。”

可可：“真的吗，你也爱看？我可爱看了，看着看着觉得自己就是女主，我还能预测下一集剧情的发展呢！”

我：“你还有导演天赋呢！坐吧，喝点水，说说你怎么预测的？”

可可：“嗯，我喝点，还真有点口渴了。”聊到兴起，可可也不拘束了。“先看女主人物的处境。如果她过得不错，肯定还会有更好的发展，无非是考上好大学、找到好工作、钓到金龟婿。顺利着、顺利着就会碰到困难、遭受挫折，然后一路艰辛，最后历经磨难，但总能赢在最后。”

我：“嗯，分析得有理。那要是女主过得不怎么好呢？”

可可：“那也不用担心。经受些挫折、磨难，她会愈挫愈勇，九九八十一难后，必然会踏上康庄大道。”

我："这么肯定？"

可可："当然，都是'套路'。电视剧我看多了，结局大部分都是什么'有情人终成眷属''有志者事竟成''邪不压正''恶有恶报'，等等。大家都想要好结局。导演就得这么编，要不会挨骂的。"

我："不错，分析得头头是道，有当导演的潜质。可以试着写个剧本，回头咱班开联欢会了，你闪亮登场。"

可可："我？你别笑我了，我就说说而已，再说，好多字也不会写。作文都写不好，哪能写剧本。"

我："元旦晚会怎么出节目，我正发愁呢，你试试吧。时间这么长呢，慢慢写。不会的字先用拼音，回头查字典给补上。这些，都是小事儿。有想法，最重要！"

可可："真的行吗？我，我好高兴啊！那我走了，谢谢老师！"欢欢喜喜走到门口，还给我挥了挥手，关上门。不一会儿，又低着头回来了。"老师，对不起，我忘了我是因为迟到旷课被叫过来的，你还没批评我让我写检查呢。"

我："写检查就不用了。你好好想想，如果你每天能早睡早起，按时上课，早点做完作业。业余时间写个剧本什么的，想想有没有成就感？到时大家都会用崇敬的眼光看着你，你也希望这样吧？"

可可："那当然。可我基础差，一上课就瞌睡。"说着还低下了头。

我："那咱们就从一天不迟到、听好一节课、按时完成一次作业开始。敢不敢试试？"

可可："试试就试试。其实，我小学成绩还不错，全班前10名。初二看小说，跑着玩，成绩就不行了。"

我："想想你当前10名的时候是怎样上课、写作业的。拿张纸一条条列一下，手机拍个照，每天上课前、下课后、睡觉前，看一遍找找感觉。就像是你的专属电视剧，你，就是女主。要演得真切、到位、身临其境。演出时间，暂定一星期吧。"

可可："好嘞，既然您看得起我，我就试试，这次我也过过当女主的瘾。"

第一天，可可早早来到教室，坐在座位上，手里拿着书，看没看进去不知道，但看起来还是很认真的样子。第二天，可可来教室比第一天略晚一点，但也比打上课铃提前了十分钟。第三天差两分钟上课时，可可气喘吁吁地奔到了教室。课间我听见可可对同学说，"谁说早睡早起啊，分明是早起才能早睡。累了一天，躺床上就想睡。"我不由得偷笑了一下。

第四天下午，可可找到了我。"老师，我，我快坚持不住了，我装得太累了。好多同学都笑我，我自己也觉得很可笑。"我停下脚步说："不用管别人，做好自己就可以了。记住，你是女主，不经历磨难，怎能幸福，拥有大美结局呢。走自己的路，让别人羡慕去吧。"我也挤眉弄眼地演上了，仿佛自己也女主附体。

第五天早上我偷拍了一张可可咬着牙冲向教室的照片，课间发给了她，还附上了一句话：姑娘，你努力的样子虽然很狼狈，但是真的很美！加油！愿我们都做向日葵，勇敢地去追求自己想要的幸福。

（贾　颖）

用爱赢得心灵的共鸣

我是15级的班主任，自从我接手15级护理3班以来，我们班大部分同学都还不错，但我们班也像其他班一样多多少少有所谓的后进生，后进生的形成有诸多原因，有来自社会上的不良现象、有家庭教育的失误、有学校教育上的偏差和过失。这里我就重点说一下我班学生张棋文的转变过程。

这个同学刚来时不爱学习、纪律极差，上课不是睡觉就是玩手机，接任课老师话多且是负能量的，上课好动，爱讲话，坐在凳子上就像凳子上有刺不停地摇来晃去，常以自我为中心、特别爱面子、动不动出口成"脏"，老师批评甚至都要顶嘴。我一直在想怎么做才能让他认可我。

这个孩子虽然成绩差但是很聪明，我采取的做法是：向同学了解，掌握他的兴趣、爱好、习惯，掌握他不易被人发现的种种心态和表现；向他本人谈心了解，掌握他现实的内心思想状况；向家长了解，掌握家庭教育的状况。通过了解知道了这个孩子是独生子，家里条件比较好，爷爷、奶奶、爸爸、妈妈都很娇惯他，所以养成了任性随意、不服管教的个性，以后就经常主动与他进行感情交流，有些话当面说可能不方便，我便多用微信沟通交流，并在节假日我个人送他些小礼物，还在放寒假前送给他我亲自写有寄语的皮质笔记本，渐渐地我发现了他细微的变化，愿意找我谈心了，上课不随便接话了，也能主动参加班级活动了。他还给我承诺歌咏比赛一定为我们班拿名次。

俗话说："金无足赤，人无完人。"每个人都有自己的闪光点。通过谈心也知道虽然他成绩不好但是他特别喜欢唱歌，而且唱得非常好，在学校举办联欢晚会时让他组织我班的唱歌比赛并担任领唱，而我只是作为指导，在大家的共同努力下我班获得成功。以后他有一点点进步我就在班里表扬他，并拿出班费给他实物奖励。学生需要教师的关怀，而后进生更加需要。同时，对他们的点滴进步要及时表扬、多鼓励，让他们感受到活动的乐趣和成功的喜悦，从而树立自信心。

此后，张棋文的自信心也得到很大提高，对学习也有了信心与兴趣。所有任课老师都说他变化很大，说他成熟懂事了，也有礼貌了，和他家长沟通时，他家长表示非常感谢，说他从一个不懂事的孩子到现在这么懂事非常不容易。他在毕业时给我发微信，说很幸运能遇上对他这么有耐心的老师……那一刻，我深深理解了什么叫作"春风化雨"。

我个人认为我们要用正确的观点去看待他们后进生。参天大树固然令人仰慕，难道芊芊碧草就不可爱吗？用不同的眼光去看待后进生，用不同的目标去要求后进生，用不同的方法去浇灌后进生，则无后进生。

（宁　静）

守住底线，信用之花终绽放

我班孙永贵同学，在校两年的学习时间最大的转变是守信用。刚入校时是我行我素，凡事讲条件，和同学的关系也不好，有一次上课的时候，和同学发生矛盾打了起来，也不听班干部的管理。我了解事情的经过时，他讲各种原因、各种条件。怎么办，我也讲条件，在不违反校规校纪和班主任的权限范围内，各退一步，我答应他的条件，他也要遵守答应我的条件、约定，如果他做到了，我给他一定的奖励和表扬，不然，就是惩罚，就是他的下一次请求我的事不答应，原因讲明是他违约的结果，而且，我还要给他讲明白做人做事要守信用的重要性。然后呢，我把结果的好、坏全部剖析给他听，坏结果是他可以和同学一直关系不和、失信于人、闹矛盾等，违反纪律直到开除，完不成学业，无法改变周围亲人、同学和朋友对自己的成见，可能变成社会小混混，让家人失望，更是毁了自己一生；好结果就是改变自己，不断提高、不断进步，顺利完成自己的学业，进一步提升自己的学业水平，找一个好工作，找一个好媳妇，成家立业，幸福生活等，有一个好前程。让周围的亲人和朋友看到自己的改变、自己的进步、让他们看到别人能做到的自己可以做得更好。分析后让他自己选择做哪一个自己，然后要遵守约定，践行到行动中。

此后，不管是在学习、纪律、卫生、体育方面，还是在同学关系等方面，只要是要求他改进的，有进步，就及时表扬和鼓励。他热爱体育运动，在打篮球时积极、热情、奋力拼搏，就推荐他为优秀运动员。他和女同学说话粗犷难听，我和他分析：说话也是情商高低的一种表现，说话不好听，结果会怎样，说话悦耳动听结果会是怎样，让他自己选择说话方式，后来同学们反映，孙永贵不和同学说粗话了，而且变得容易沟通了，然后就及时表扬他说话文明有礼貌，行为大度有男子汉气魄，私下里表扬他守信用、值得老师信赖。接下来他表现得就更优秀了，比如，4 月底回家给实习介绍信盖章，我批他 3 天假，周五回去实习医院盖章，但医院盖章人不在，需要等到下周一，但周一超假期了，本来学校给予实习盖章的同学一定时间优惠待遇，可以多给一定的时间。我想他会请求延长假期，但他没有，周日下午按时返校，介绍信家人后来盖章后寄来的，这让我感到莫大的欣慰。后来他的爸爸说，孩子来我校后，变得懂事了，守时、守信、做事知道考虑后果了，家长感到非常高兴，感谢老师两年来的教育和辛苦付出，听到家长这样的话，我感到很幸福、内心满满的价值感和成就感，自己也算对社会有一介尘埃的贡献。其实，学生的成长和收获也是我的成长和收获，并且激励我在未来的教学工作中不断努力和提高，备足干劲，积极向前奋进。

（景香芝）

晚荷盛开，满园飘香

“燕子、盼盼，新生小静这两天表现怎么样？”当我这样询问班委的时候，她们俩都流露出迷惑不解的神情，一致答道：“小静？没有新生来班里啊。”我一下子就愣住了，那这一个大活人跑哪儿了？！马上心急火燎地开始找人，好不容易联系上，她支支吾吾说生病在宿舍休息。我推开门，映入眼帘的是脏乱差的环境、满桌的外卖餐盒，还闻到了一丝烟味儿。这个女孩怎么不知道珍惜自己呢？忍住了当面批评她的冲动，把班委叫上来，一是照顾“生病的”同学，帮忙收拾屋子；二来也正式认识一下。

这场风波就此平息，随着时间的推移，逐渐了解到由于小静是高中上了一年才过来，报名晚，融入集体较难。又因经济条件一般，家长让喜爱艺术的小静学护理专业，以便将来好就业。所以，她对学习该专业有强烈的抵触情绪。开学后陆续有旷课情况甚至还有一些不良习惯。我对她的印象愈加深刻，觉得她有甜美的外表，却没有正确思想。直到国庆假期返校日的深夜，她带着同宿舍生病的女孩一起去医院。我才发现她叛逆行为下一颗善良的心，关键时刻能挺身而出。同时，认识到班主任工作应本着“不抛弃、不放弃”的精神，于是我重点和她谈心、进行思想教育。一天晚自习，我把她约到校园里，我们俩边走边谈。我拿笔随手画了一张卡通画儿，她很惊讶。吸引到“听众”的注意力，我便缓缓地说道：“人生在世，不能光考虑自己。就以我的亲身经历来说，上学的时候要学画画儿，我父亲就说：一、家里的条件不允许。二、好多画家都是死后才出名的。学啥不如学个技术。画画儿是我的爱好，当老师是我挣钱吃饭的本事。趁热打铁我又劝说她担任团支书一职。团支书主要做思想工作，跟咱们班同学谈一谈你自己在高中的亲身经历。咱们中专生学习的目的是干吗，学个技术，学一个本事，再去谈就业，再去说考大专。这属于曲线救国。”同时，保持和她家人的联系，家校结合管理，一起多关心、多鼓励，帮助她建立自信心；树立正确的“三观”、长远的人生目标。种子终于破土发芽，小静就这样慢慢茁壮成长，似夏日晚开的荷花，迟来的花期不能阻挡它的盛放。小静心里憋着一股劲儿，在学习上一枝独秀，专业课老师以小静能否听懂来衡量我们班的接受程度。不仅她自己学习好，还带动整个宿舍、整个班级都学习起来。她成为最好的自己，同时带动起我们班其他同学的学习积极性。

后来的成果大家都看到了，小静在省护理技能大赛上取得第一名的优异成绩，成为代表河南省参加国赛的预备选手。这朵晚开的荷花，终于绚丽绽放，满园飘香。

（朱苑睿）

梅花香自苦寒来

百花之中有这样一种花，它像一个个害羞的姑娘，它没有月季的艳丽，没有牡丹的大红大紫，没有兰花的淡雅，没有荷花的高雅……但是，它不畏寒冷，独步早春，傲立雪中，它就是梅花。

我的班级里就有这样的一朵小花。陈茹，一个自小父母离异，和弟弟、妈妈、奶奶相依为命的贫困家庭的孩子。她黑黑的脸庞，瘦瘦的身材，眼睛里始终带着一种坚定和沉着。这也让我在入学之初就注意到了她。记得军训的时候正是夏天，好多孩子怕烈日暴晒，怕吃苦流汗，都找各种理由请假、不参加训练。可她却没有任何的怨言。每次看到她都是笔直地站在队伍中，认真地领会着教官说的每一个动作，做到近乎完美，汗水打湿了脸颊，浸透了衣服，鞋子磨破了脚趾，就是这样的坚持、努力，20 天的军训生活得到了同学们和教官的一致认可，成为班里的一名干部骨干——班长!

在班里她的成绩不是最好的，但却是最刻苦的，班里只要亮着灯准能看到她伏案学习的身影，同学们有时候和她开玩笑说："陈茹，你累不累啊？你是要当学霸啊！"她总是微微一笑不作答。谁也不知道她内心是多么渴望好好学习，将来可以出人头地，能够尽早地支撑起那个破碎的家呀！由于她的工作严谨、认真，也逐渐有了更重的担子交给了她——学生会女生部部长。她每天更是尽职尽责地带领着自己的团队负责好女生工作，往往是同学们都睡了，她还在查寝到深夜，确保每位学生都在位。工作的踏实细致也多次受到学生处老师的赞扬！她在生活上更是严格要求自己，没有请过一次假，旷过一次课。记得有一次她重感冒，一直高烧，为了能省些钱，也为了不耽误学习，靠每天下课后去输液坚持了下来！人整整瘦了一圈。运动会上，50 米接力她重重地摔倒在水泥路面上，脚踝扭伤，肿得像小馒头一样，可她还是坚持完成了接下来的拔河比赛。有的同学问她："陈茹，你这么拼干吗？"她说："这是班级的荣誉，不能因为我而丢掉了她！"就是这样的日复一日，在同学们眼中她成了工作中的拼命三郎，在老师眼中她永远是那个稳重、充满着正能量的美丽女孩!

梅花香自苦寒来，努力坚持，就会活出精彩的人生。

（郭丽强）

拼命“霸王花”

霸王花又叫“风雨花”，它花冠硕大，英姿无比，经历风雨后却纷呈竞放，我院2016级护理四班的张婷（化名）身材高大，性格坚毅，敢打敢拼，就像这样一朵在风雨中火热绽放的花。

咱班有我

新生刚入学没多久，我对很多同学还不是特别熟悉，也担心同学们不适应新的环境，晚上经常去宿舍查看。有一次，我在宿舍查寝时正好碰到张婷，她说：“老师，这么晚了，您早点回去吧，咱班有我，放心吧，不会有什么事的。”这句话让我对这个来自洛阳山村的女孩印象深刻。之后我发现张婷说的并不是客套的空话。她为人质朴，做事踏实，她所在的宿舍，无论是卫生习惯，还是整体团结，在我班宿舍中都是最出色的。同宿舍的学生说这都归功于宿舍长张婷，她就像个大姐姐一样热心负责，在她的带领下，她们宿舍被多次评为“五星级宿舍”。在班里，张婷更是由于处处积极，赢得了全班同学的支持肯定，成了我们班众望所归的班干。

爱拼才会赢

自入校后，张婷就有个特别迫切的愿望，就是加入学生会锻炼自己。学生会开始组织招新时，她多次请教我如何撰写竞选演讲稿，并在竞选之前反复精心演练。机会总是垂青有准备的人，功夫不负有心人。竞聘会上，原本并不被看好的、作为新生的张婷一登台，就以慷慨激昂的陈词、勇往直前的自信、激情四射的风范震惊四座，让她在众多的竞争者中脱颖而出，竟然一举竞选上了学生会副主席一职，成为这届学代会的黑马。

万事皆怕用心

当上学生会副主席的张婷刚高兴没几天，新麻烦就接踵而至了，很多老生都有点不服气，认为她一个新生凭什么一步登天，她能有多少本事来指挥学生会的众多学长。面对老生的责难，她苦恼不已。我告诉她，不要去太在意别人的看法，要用自己的实力来证明你适合这个职位，她若有所思地点了点头。随后学校举办秋季运动会，由于2015级学生会的干部都去医院实习了，所以组织筹备运动会的重任就落到她的肩上，需要提前一周确定众多的运动项目、规划比赛事宜、准备各种运动器材以及安排比赛场地，等等，时间紧、任务重，她没白天没黑夜地准备着，经常顾不上吃饭，导致突发急性肠胃炎，发烧到38摄氏度多，但她一声不吭地咬牙坚持。秋阳高照，她顶着大太阳忙前忙后，即使胳膊和脸的皮肤被晒伤也毫不在意。运动会圆满结束后她终于长出一口气，深有感触地对我说：“老师，虽然这段时间很辛苦，但是我觉得很开心，最累的时候，也是成长最快的时候。”两年时间匆匆过去，张婷在学生会一直努力工作，不仅个人能力得到了锻炼，还获得了“优秀学生会干部”“优秀省级文明学生”等荣誉称号，赢得全院师生的一致好评。

其实，成功并不难，只要你有一种态度、一种精神、一种坚持，坚强面对风风雨雨，泪水汗水凝聚在一起，就可以成就自己。

（潘璐艳）

栀子花开，淡淡飘香

栀子花　花芳香　冬孕育　夏绽放
含苞期越长　芬芳愈久远
看似不经意的绽放
却是经历了长久的努力与坚持

开学第一天晚上，班里值日的同学就给班主任说，坐在第二排的王鑫（化名）扔了一地的垃圾，她们连扫带拖地清理了好几遍才打扫干净。班主任对王鑫同学还是有印象的，身材胖胖的，走路经常低着头。军训期间就曾多次找各种理由偷懒，其他同学都在站军姿、走正步，王鑫总会说自己这里那里不舒服，然后躲在树荫下面喝水休息。班主任从此开始留心观察王鑫的表现，发现她上课经常无精打采，要么偷偷吃零食，要么左右说话影响别人学习。她本人对于学习提不起一点兴趣，作业要么不做，即使做了，也做不完整。第一学期临近期末时，竟然出现借周六白天可以自由进出学校之机，出去玩而夜不归宿的情况。发现这个情况后，班主任立即找她谈话，希望她能遵守学校的各项规章制度，以学习为重，按时完成作业，知错就改，争取进步，争做一个他人喜欢、父母喜欢、老师喜欢的好孩子。王鑫刚开始是一副爱答不理、不耐烦的样子，后来班主任又多次找她谈话，次数多了，她口头上虽然答应了，行动上却一如既往、毫无长进。此时的班主任，心都快凉了，想放弃。但又觉得身为班主任，不能因一些困难就退缩，不能因一个后进生无法转化而影响整个班集体，必须面对现实！班主任暗下决心：不转化她，誓不罢休。

于是班主任给王鑫入学填表时联系人一栏里留的号码打了电话。辗转几次后，从王鑫亲戚那里才了解到她父母外出打工，带走了她的弟弟妹妹，唯独把她一个人留给年事已高的爷爷奶奶。爷爷奶奶只能管她吃饱穿暖，根本管不了她的学习生活。在王鑫内心深处，觉得父母把自己抛弃了，对父母有抵触报复心理。对于老师平时说的，好好学习成绩好父母会高兴会喜欢之类的话，她不屑一顾甚至有逆反心理。详细了解了王鑫的性格、生活环境等情况后，班主任又再次找她谈话，希望通过深入的谈心了解她心里的真实想法，逐渐找到她思想深处的症结。经过多次谈心谈话，她由最初的不信任、不想多说，慢慢地敞开心扉。班主任用过来人的经验给她讲了许多道理，开导她、鼓励她，使她逐渐明白了学习不是为了别人，而是为了自己这个最简单的道理。后来，王鑫无论是在纪律上，还是在学习上，都有了明显的进步。当她有一点进步时，班主任就及时给予表扬、激励，使她感到老师在处处关心她。她也逐渐明白了做人的道理，明确了学习的目的，端正了学习态度。

为了提高她的学习成绩，除了在思想上教育她、感化她，班主任还特意安排班上责任心强、学习成绩好、乐于助人、耐心细致的女同学跟她“结对子”，目的是发挥身边人的力量。在每周日值班时，班主任都会让王鑫来找自己背书，每个星期任选一门课，背诵任课老师划的重点 10 页。期中期末考试前，班主任也会让她来背诵任课老师划的考试范围重点。在同学们的帮助以及她自己的努力下，各方面都取得了不小进步。学习上更努力了，纪律上更遵守了，集体活动也更积极了，成绩也有了很大的提升。在第一学期期末考试时，5 门考试科目她有 2 科都不及格，分数只有四五十分，其他科也只有六十多分。但是到了第四个学期期末考试时，4 门考试科目，她全部及格而且有一科九十多分，一科八十多分。

在更新教育观念的今天，作为一名热爱学生的教师，有责任让学生树立信心进而达到育人的目的。愿：我们携起手来乘赏识之风，捧起关爱之情，燃起信心之火，播下希望之种；倾谆谆之情，燃烧无悔青春，浇灌绵绵春雨，孕育美丽花朵。使每一位学生都能沐浴在师生的关爱之中，不抛弃不放弃每一位同学，共同把后进生转化成为先进生，使其成为傲雪经霜的栀子花，成为国家的栋梁之材！

（付　静）

仙人掌也有春天

仙人掌长着奇形怪状的茎和锐利的尖刺，总是因为太过锋芒而令人望而生畏，我们班就有这么一个浑身有“刺”的学生。

我接手这个班没几天，一个宿舍长就义愤填膺地来“告状”，说同宿舍的王莉（化名）总是不按照规定值日，每次提醒她，她总跟人争吵不休。这让我有点诧异，印象中王莉是个很秀气的女孩子。我随即向同宿舍其他同学了解情况，她们提起王莉，个个气都不打一处来，“王莉这人太自私了，别人午休她唱歌、别人睡觉她打电话，半夜不睡觉开着扬声器看电影，影响别人休息。”“她就像个仙人掌一样，处处扎人，还几次对我们大打出手。”班干部也说王莉在班里也常因为一些鸡毛蒜皮的小事和别人争吵，谁去劝她就和谁过不去，班里人都讨厌她、孤立她，她一个人独来独往，越发我行我素了。

这是我接手以后遇到的第一个棘手学生，处理的恰当与否直接影响到我在学生们心中的威信。在与王莉父母沟通后，我了解到王莉是独生子女，在家娇生惯养惯了，以前上学就因为这火爆脾气常和人发生摩擦。我深知，人无完人，每个学生都有闪光的一面，不要只看到她的不足，而应该用赏识的眼光去激励她，让她也有表现自己的机会，花多了，“刺儿”就会少了。

正巧学校需要每班选两个同学去执勤，我特意在班会上强调要选形象好、气质佳、服从命令、热心班级活动的女生，全班很多人都跃跃欲试，可我把其中一个名额给了王莉。当听见我点她的名字的时候，全班同学都有点难以置信，而王莉的神情则是意外中夹杂了点兴奋。我一看就知道有戏，这孩子肯定会好好努力的。果不其然，王莉在执勤工作中的表现可圈可点，当我在班会上及时对她做了表扬后，班干部事后偷偷地告诉我王莉最近心情很好，和同学们的关系也没以前那么僵了。

一天我随手翻阅王莉书本时，发现她在课本上的几幅涂鸦画得活灵活现，于是我安排团支书找她出黑板报。可团支书和王莉以前有过摩擦，王莉一点不给面子。我故作不知，这天我发现她的书本上又有了新涂鸦，我一面连连称赞，一面当众问团支书是否想好本期的黑板报主题，顺势把这期板报交给了王莉负责，板报办得果然很出色，后来团支书告诉我，王莉精心画了好几张草图，用手机搜了好多资料，甚至误了饭点，饿着肚子完成了板报。

这些小小的进步可能在别人看来微不足道，但是我都拿来不断放大，用来激励王莉继续进步。果然，有了用武之地，有了老师和同学的肯定，王莉的脾气收敛多了，身上的“刺儿”慢慢变得不再那么锋芒毕露了。

新年快到了，我们班要举办元旦晚会。我听说晚会那天刚好是王莉的生日。在王莉和一个同学上台共同表演歌伴舞之后，我特意安排几个同学给她送生日祝福，并且每个人都要说一个王莉的优点。在这种温馨氛围的烘托下，又陆续有几个同学站出来给王莉送祝福，全班同学一起给她唱生日歌，此时的王莉满脸开心，她终于完全卸下了以往那冷冷的伪装，收起了她的锋芒，与同学们相拥在一起。

这个曾经全副武装、张牙舞爪的仙人掌，在班级温暖的关爱下，迎来了新的春天，焕发了生命的绿色。

（梁　巍）

舞动青春

每当校园里响起音乐，我就会想起一个正在跳舞的男孩，他浑身散发着青春气息，每个动作都那么的有力、到位，至今这个充满阳光充满朝气的身影还一直在为了实现自己的梦想而努力着，而他就是 2016 级康复一班学生文雨航（化名）。

初见文雨航，第一印象是很懂事，性格很好。随着接触增多，感觉他做事稳妥，很有亲和力，人缘也不错，组织能力强，我就希望他能够获得锻炼机会，能够在班里担任班干部，但是他表示不想任职，后来的学生会竞选也没有报名参加，我知道这个事情急不得，也没有勉强他。2016年元旦班里接到通知要举行入校以来的第一个晚会，在筹备的过程中，我惊喜地发现文雨航对活动的策划、舞蹈、节目的编排有特长和兴趣，就和他谈了想让他负责本班的节目编排，可能是对这个感兴趣，他同意了，在不到一星期的时间里，就和同学们排练出舞蹈和小品《甄嬛传》。排练时文雨航坐在舞台前面给同学们纠正台词和发音，时不时地为舞蹈演员演示指导舞蹈动作，设计各种舞台效果，他导演编排的节目在此次本班组织的与其他班的联合晚会上获得了最多的掌声，后来这两个节目也在2017年五四晚会上完美地亮相，展现了学生的活力与风采，受到全校师生的一致好评。整个过程我都默默地关注着，也对文雨航有了更深的认识，他练习过跳舞，对文艺活动的组织也有很强的能力，思维敏捷，责任心强，为了他的发展，需要有一个平台去展示和锻炼自己。而这次的成功，让我觉得说服他的机会到了，演出一结束，我马上就对他的成功表示祝贺，并以此为契机跟他谈了自己的看法，为能有更好的发展，他需要更大的平台，希望他要在保证学业的前提下一定要到学生会发展，老师可以推荐他到学生会。在征得文雨航的同意后，就将他的情况和特长多次报给学生处，学生处同意其暂时加入学生会的文体部成为一名干事，后来通过努力文雨航竞选成为文联部部长，竞选中慷慨激昂的演说，充分展现出年轻人无所畏惧的精神，也得到赵主席的点名表扬。

文雨航同学接手文联部后，用人格魅力感染着周围的每一个人，亲力亲为，把部里管理得井井有条。但当时除了日常检查，部里的活动并不多，觉得文雨航无法充分发挥特长，我就给他提了两个问题："文联部要负责学生的文化活动，你准备怎么做？""除了日常检查，等着一年几次的文艺演出，你还可以做什么？"在问完问题后，我就引导他如何丰富学生在校生活，带动更多的同学参与到校园文化建设中来，这也是文联部的职责。文雨航考虑后表示对舞蹈有兴趣，也想在校练练跳舞，可以顺便带着有兴趣的同学跳舞。几天内他就和几个同学开始在操场练习跳舞，每当跳舞时都能引来不少人围观加入。学院对这个非正式的舞蹈队也非常的关注，没过多久学院为丰富学生课余生活，增强学院校园文化氛围，推广了"千人千舞"的活动，文联部也正式成立舞蹈队（社团），并由文雨航带队负责舞蹈教学和学院各类活动的舞蹈演出编排工作。正式成立舞蹈队的初期遇到了不少困难，文雨航来找过我说太累了，自己患有鼻炎，平常又要带着同学们练习，还缺乏练习的场地和音响，更重要的是，很多学生放不下面子去练习舞蹈，舞蹈队不知道该怎么办下去。我一听就明白最近他承受了不少的压力，需要开导和帮助了，对他说："遇到困难更要迎头而上，作为班主任，我会全力支持你，缺音响可以给你音响，没地方阶梯教室可以借给你们练习，至于舞蹈队，要想吸收更多的同学参与进去，首先是要降低入门难度，这里只能给你出主意，至于方法，由你这个部长自己来想。"这孩子很快想到了办法，他每天晚上下课后在操场打开音响练习，带着几个舞蹈队的成员跳在抖音中比较火的短舞蹈，降低学习舞蹈的难度，在晚上学生也容易克服羞涩。发现有人加入，文雨航就和舞蹈队骨干及时沟通，通过宣传和展示，舞蹈队成员慢慢多了起来，舞蹈队的规模和在学生中的影响力也越来越大，每天都能见到文雨航带着同学们在操场上挥洒着汗水，青春洋溢的身影。在2018年春季运动会会前演出中，文雨航带领的舞蹈队展现出当代学生朝气蓬勃、昂扬向上、充满正能量的精神风貌，此次演出也成了他在校期间的完美谢幕。

文雨航在实习期间担任实习大组长，也多次得到医院和病人的好评，应该也是得益于在校期间点点滴滴的积累和加入学生会所锻炼出的意志品质。后来文雨航给我打来电话说在实习期间他依然在坚持每天课余时间不间断练习舞蹈，被某一知名舞蹈社录取，想在现专业学习的基础之上，在舞蹈道路上也想走得更远一些，甚至是往职业方向发展。我告诉他，虽然追梦的路上困难重重，我相信他凭借自身的坚韧不拔的毅力、稳妥的性格，一定能够成为一名优秀的舞者，成就一个完美人生。

作为一个班主任，学生的成长带给我的是无尽的幸福感和成就感，同时也带给我很多成长和感悟，人生当中接触的每一个学生就像一朵含苞待放的花朵，在静静地等待属于自己绽放的那一刻，需要班主任本着一颗匠人之心精心地雕琢和培育，方能绽放出属于自己的美丽花朵和璀璨光华！

（岳　珍）

用爱浇灌花朵终开

在带班这两年中，我始终奉行着一切为了学生的服务宗旨，针对每个学生个体的差异，出现的这样或那样的不同问题，我坚持具体分析、分别化解，从细微入手，通过谈心，面对面讲解他们每个时段的发展变化，以提升学生信心和自强的心理，通过实践，确实有效。

张小强同学 2016 年 8 月来到康复二班以来，少言寡语，很少与同学交流，喜欢独来独往。我经过细心观察，言语交流，发现他说话吞吞吐吐，言语间思绪混乱，有种心事重重的心态。记得有一次，他打电话给我，说想和我聊聊，我很重视，特意安排晚上在安静的环境中与他交谈，去聆听他的心声，他说："老师，我对咱们班很多人很多事都看不惯。"他一口气列举了十几个同学的种种表现，说是这令他极度反感，甚至是生气，他们凭什么去蔑视别人，为什么那么虚伪，为什么拿着父母的血汗钱肆意挥霍等一系列问题，我发现在一般人看来很稀松平常的问题，在他那里都成了难题，他很难做到一笑而过，这更加引起了我的警觉。后来经过与其母亲的几次沟通交流，得知他患有轻度的抑郁症。起因是八年前家里发生财产被骗事故，父母情绪失落，生活环境压抑，给孩子带来了很大的伤害和心理阴影，因没有及时治疗，导致他患上了抑郁症。三年来，家人带着他跑遍了省市几家大医院治疗，光在郑大一附院看病吃药就花费了五六万元，效果一直不理想，这对本来家境就不是很富裕的他也是一种无形的压力。得此消息，我第一时间向学生处领导汇报，向学院心理教师请教相关心理学知识和治疗方法，依据他的兴趣爱好制订治疗缓解方案。

首先，我发现他非常喜欢打篮球，就尝试以运动疗法、疲劳战术来分散他凌乱的情绪，经向学生处领导申请并批准，我安排本班 2 名爱打篮球的学生，利用晚自习时间陪同他在操场训练篮球，直到跑到疲劳躺床上就想睡的状态；其次，每周开完班会，我会以朋友角度找他谈心，谈谈篮球，说说生活和学习等，让他以放松的心态说出自己的感悟，以便制订下一步的方案。经过两年坚持，张小强的情况变化超乎我的想象，他家长和同学一致反映："他变了，发型变得时尚，说话也开始侃侃而谈，也看到了他脸上挂满了真实的微笑，"结论是——他走出了阴霾，基本上恢复了。

李小鹏同学性格很孤僻，整天上课旷课迟到，做事我行我素，对于班主任和上课老师的批评和教育不以为然，很让老师头疼。经多次和家长沟通，了解他在初中及家里的生活和学习情况，家长反映学习成绩不好，家长有打骂孩子的情况，造成孩子逆反心理很强，这是很典型的青春叛逆。了解此情况后，作为班主任要想和他近距离地有心灵接触，必须要放下老师的身份，以朋友身份和他平等地交流，记得有一次，他因为上课迟到，还在上课时间打手机游戏，被老师批评，他不但不听，还和老师发生激烈的争吵，说老师讲课不好，不能吸引住他，所以他才玩，说的"理直气壮"，把老师都给气哭了。

为了改变李小鹏这种任性的行为，转变其学习态度，学会怎样尊师重教，我决定与他促膝长谈。为创造良好的交流氛围，放松他抵触的情绪，我选择地边摊烧烤，边吃边谈，一起谈生活、朋友圈，谈兴趣爱好，谈可怜天下父母心，谈人生理想，等等，交流过程中，我几次发现他都慢慢地转过脸庞，眼睛湿润，几度哽咽，说明他听进去了，而且开始发现自己的所作所为是种错误，并当面给我保证，他要改变。经过一段时间的转变，他做到了不迟到、不旷课，学习成绩一下子跃升到班级前十，这极大地提升了他学习的信心，人也变得活跃开朗起来，主动申请加入学生会，要为同学们服好务。

看到他们这样的结果，我心里踏实了，感觉收获满满。

现在他们已走上了医院实习的岗位，带班医生反馈他们表现出色，实习期间积极请教交流，动手操作起来很认真、很规范，也很负责。

（郅春辉）

用心倾听向日葵花开的声音

如果老师是辛勤的园丁，是辛勤播种的耕耘者，那么学生就是需要灌溉的花朵，是一支需要被倾听声音的花。在这里，我想谈谈身边的这朵向日葵，而我最喜欢的就是倾听这朵向日葵花开的声音。

"穿的一身棕色，裹得跟个烤红薯似的！"这是我踏进这个班，听到的第一个声音。循着声音望过去，映入眼帘的是最后一排那个抹着鲜艳红嘴唇、妆容艳丽、一头黄发的女孩儿。女孩打眼看上去桀骜不驯、不屑一顾，我意识到这是一个"难以驯服"，像那倔强地昂起脑袋、努力从乌云密布的天空中寻找太阳的向日葵。而我也明白，作为一个半路接班的班主任，真正走进学生心里，让学生接纳自己，不是一件容易的事。

接班的一个来月，反复听到各个任课老师的抱怨，"你们班的王 ×× 上课一直玩手机，说她也不收起来""王 ×× 口红画得也太红了，都没个学生样""我这门课的作业别人都交了，每次都缺王 ×× 的，就她特殊”！接班的这一个月里，我也明显感觉到班里有一股躁动的气息，而王 ×× 表现得尤不“安分守己”，而我几次在班会上、私底下都与她进行了沟通和交谈，她往往是口头爽快答应，事后却依然我行我素。

俗话说“育人先育心”，要想让学生信服老师，遵守校园规章制度，作为班主任，就应该走进学生的心灵，倾听她的声音。我相信，任何一个学生的偏差行为都有其背后的深刻原因。在王 ×× 的第三次迟到事件发生后，我忍无可忍，毅然选择向其父亲反映她在学校的表现情况。当王 ×× 听到要给家长打电话时，她表现出了不同以往的焦虑与不安，甚至掺杂了些担心和愧疚。此时我意识到学生反应的差异，将她单独叫到一旁，向其深入了解情况。经过一番推心置腹的交谈，我真正了解到王 ×× 目无尊长、行为乖张的原因。由于父亲常年在北京工作，母亲身体欠佳，她成长的很多步都缺乏父母的悉心陪伴和关怀，也由此造成了她行为的懒散。在明确了原因后，我积极鼓励她，肯定了她性格张扬、乐于助人、多才多艺的优点，鼓励她多参与学校组织的文娱活动，真正将自己的长处发挥出来。为了尽快帮其进行行为的转变，我时常与她私下谈心，会上积极鼓励。慢慢地，王 ×× 迟到的次数越来越少，两周后已经不再迟到，作业也开始主动上交，最主要的，她利用节假日也把一头黄发恢复了正常的颜色。

一年一度的元旦晚会如期而至，这个女孩就像向日葵一样，拥有着一颗灿烂若明的心，顽强地凭着自己的才艺优势，一点点努力，一步步前行，在晚会上绽放了光彩，就像向日葵那样，追逐阳光，绽放光华。转眼第二学期的运动会马上到来，王 ×× 亲自找到我向我表达了想当运动会裁判的心愿，一方面我对她的想法表示肯定，另一方面鼓励她踊跃报名，那几天，运动场上，比赛项目旁，活跃的都是她的身影。比赛后，她获得了优秀裁判的荣誉称号，那些平时抱怨她的老师，也感叹她的成长与变化。

而我知道，我们班的这支向日葵，已经逐渐花开。

（张　敏）

悉心浇灌，如期花开

假如将学生比作花，那么这些花需要我们去精心培育，用心浇灌，耐心等待，历经春夏秋冬，多一些宽容，多一些期待，多一些鼓励，多一些引导，每日浇水，或迟或早，终会开出美丽动人的花朵。

记得 2017 年深秋的一个夜晚，时钟已过 11 点，忙碌了一天，刚刚躺下准备休息，听见手机铃声响起，心中有一种不祥的预感，赶紧起身接听电话，原来是我班的一位男生熄灯后在洗漱间不小心碰伤脚趾，血流不止，情况危急，我披上衣服直奔公寓楼，只见他脚上缠着厚厚的卫生纸，已经被血渗透，让人揪心不已，我赶紧用电动车带他冒着刺骨的寒风赶去医院就诊，止住了血，包扎了伤口，我悬着的心才总算放下，等回到家已是凌晨两点，一身疲惫，沉沉睡去……这次事件之后，他从原本冷漠消沉的叛逆少年，转变成一个热情积极，尊敬老师，关爱同学，关心班集体的热心班干部，并最终成长为一名认真负责的学生会副部长。

学生们正值十五六岁的年纪，年少叛逆，活泼爱动，自我保护意识薄弱，几乎每个月都会出现不同程度的“事故”，有的腿摔伤，有的手指扭伤，有的皮肤过敏，还有的突发肠胃疾病和洗冷水澡导致感冒发烧……每一位学生的安危都牵动着我的心。像这样的情形不胜枚举，一个好的班主任老师一定要无微不至地关心、爱护每一个学生，因为中国有句老话：亲其师则信其道。

学生们普遍不明确自己来到学校的目的、人生目标和发展方向，缺乏兴趣和求知欲，茫茫然无所事事。作为班主任，看在眼里，痛在心里。我在班会中着重给学生讲解学习的意义、价值和重要性，但是理论是抽象的，得不到学生的心理共鸣，收效甚微。之后我想，不如通过他们感兴趣的书法、音乐、体育比赛，让学生自己来感受和体验。在入校以来第一次春季运动会中，我班输掉了拔河比赛，学生们个个垂头丧气、伤心落泪、士气低落，我及时召开班会，和学生一起积极探讨失败的原因，教会他们要取得胜利，必须要订立目标，学会方法，掌握技巧，加强训练。在接下来的其他比赛项目上，我和学生们通过上网查询的方式，看比赛视频，揣摩参赛队员是如何配合的等来学习比赛中的技术技巧等，因为提前掌握了要点，所以在比赛中发挥得游刃有余，团体冠军、亚军、个人冠军、亚军拿下九个之多，并获得了校级优秀组织奖的集体奖项。这次运动会结束后，学生们群情激昂，信心倍增，尝到了成功的喜悦，并纷纷表示认识到所学和所用紧密结合起来，学习才有意义！

在首次班级元旦晚会的筹办初期，学生们并不积极主动，报送节目少之又少。于是，我连夜书写了大幅的书法作品，比如：仁义礼智信，剑胆琴心，有容乃大，业精于勤，天道酬勤，等等，想以充满着正能量，饱含人生哲理的文字激励学生在晚会上积极表现，并表示会以此奖励优秀节目的表演者，果然学生们看到后非常喜欢，积极踊跃地报送和准备节目，元旦晚会节目形式多样，精彩纷呈，高潮迭起，最后，获得书法作品的学生们欢呼雀跃，脸上露出灿烂的笑容，学生们饶有兴趣，争相传看，针对书法内容展开热烈讨论，度过了一个欢乐又充实的夜晚。如今，这些书法作品仍朝夕陪伴在学生的身边，慢慢地影响着他们的心灵世界，激励学生不忘初心，砥砺前行。

在学校举办的“五四青年”歌咏比赛中，我班学生的参赛曲目是《国歌》和《怀念青春》两首歌曲，学唱之前，学生们因为要登台比赛表现出抵触和畏难情绪，无精打采，声音低沉，兴趣不足。于是，我先从歌曲歌词的创作背景、文化内涵、主题思想讲起，然后又给学生们作示范演唱，用投入和热情的演唱打动和鼓舞他们，之后的学唱，学生们自然流露出饱满的情感和积极的精神状态，眼睛里闪烁着激情的光芒和感动，唱起歌来全情投入。就这样不厌其烦，几十遍的练唱歌曲，我也不遗余力，嗓子都唱哑了，有的学生还积极献计献策，设计出用手机灯光造势，渲染了表演效果。比赛时，学生们演唱情绪饱满，表演形式独特，展示了我班学生积极向上的青春风采，在全校二十多个班的激烈角逐之中脱颖而出，荣获二等奖。学生们再次战胜自我，尝到了成功的喜悦，露出了自信的笑容。

在学习上，大多数学生没有养成良好的学习习惯，自律能力不强，缺乏吃苦精神和学习毅力，一遇到学习困难就“缴械投降”，而不惜把时间用到打游戏、谈恋爱等上面。于是我用了三步走：第一步，把“表现突出”的学生一个个找来谈心，帮他们端正学习态度，设定考分目标，找寻学习方法；第二步，建立了学习微信小组，零距离交流、督促和激励，提高学生们的学习竞争意识；第三步，每晚的自习时间我都和学生们在一起，共同营造浓郁的学习氛围。2017 年度的期末考试，我们班平均分 80 分以上的有 20 名，占比达百分之四十。

现在的学生们积极努力，乐观自信。班集体积极向上，团结奋进。如今，豆蔻花季，含苞待放。

我还写了一首打油诗来鼓励学生们：

班级是咱家，全靠你我他。
齐心又合力，个个乐哈哈。
知识与文化，我们都不差。
能力与素质，全都棒棒哒。
自律有理想，一天天长大。
乘风又破浪，路就在脚下……

（史全乐）

栀子花开

每年的四五月份，栀子花就准备盛开了。栀子花的花瓣白白的，向那出水的芙蓉一样神秘、一样娇嫩。栀子花的形状是由多个花瓣重叠起来组成的。既不失美观，也不失芬芳。它的花蕊很特别，最里层的花瓣是几根椭圆形的软绵绵的根，很细很小。根的中间就是花蕊。花蕊是由三个或五个嫩嫩的芽儿组成的。每个学生就犹如栀子花一样，当她开放时是那么耀眼夺目，而她凋零时又是那么黯淡无光。这是发生在我们班一朵栀子花的故事。

有位女同学性格活泼开朗，但是她平时着装个性，跟她的年龄也完全不符。有次星期六，这位女同学跟同寝室的另一位同学去逛街，这天她穿了一身比较个性的服装，化了一个浓妆，还顶着一头刚放完五一假期回校后染的绿色头发。她们两个人正在逛街时，也不知是谁在这位穿着个性的女同学头上扣了一碗不太热的麻辣烫，这位女同学当时很害怕，回学校后几天不说话，就好像栀子花凋零似的。我及时发现了她情绪上的变化，就问她同寝室的同学们是怎么回事，那位跟她一起的同学告诉我事情的原委。我就让她同寝室的三位同学陪同这位女同学一起来到了我的办公室，我给她讲了我上学时因为着装问题而引发的女同学受校外的社会人欺负的一个真实事情，通过这件事让这位女同学意识到她自己的着装、打扮并不符合她的年龄，也认识到这个年龄段应该穿什么样的服装和怎样装扮。

从那以后到放暑假离校前，这位女同学再也没有穿过个性的衣服，也没有化过浓妆。同时，她也把头发染了回来，又恢复到了原来那个活泼开朗的性格，而这朵栀子花又再一次绽放！

（李陶钧）

从点滴事做起，托起全班花朵

千里之行始于足下，任何事情从点滴做起，必能展露光芒。我是 17 级护理五班的班主任解旺，从 2017 年 8 月，她们（全班 55 个女生）来到了我的身边，当时我心里没有任何的担心和顾虑，虽然我没有带过班，但是既来之，则安之。我深知：在以后的道路上会遇到很多困难和挫折，但是我相信，她们永远是最美丽的花朵，经得起风，经得起雨，经得起所有的考验。

从入学军训时，我就做好了接受任何挑战的准备。军训期间，我们都在熟悉和了解对方，希望能够掌握更多的信息，我相信学生也是如此。慢慢地，这种师生关系就逐步建立起来。但是问题来了，怎样才能做一个称职的班主任？怎样才能带好这个班级呢？我想了很长时间，也听到其他班主任总结的经验，一个字：哄。但是在这件事上我有不同的看法，什么是哄？哄真的能够管住学生，解决问题吗？不能。我要做一个不一样的班主任，我的做法很简单，就两个字：真实。我会用真实的我去带领她们认识这个社会和她们自己。

有一次，我们班两个女生 ×× 和 ×× 签协议周末回家。按照往常惯例，她们周五放学回到家，家长都会第一时间给我发信息确认孩子已安全到家。如果在学校住，会提前和我说，可是当天没有收到短信，我一直等到晚上 8 点多，给家长打电话询问孩子的情况，家长给我的回复是孩子说今天在学校住，于是我给两个孩子打电话确认，两个人都不接电话，我想了多种可能，把和她们身边关系好的同学全部问了个遍，最后得知是其中一个女孩生日，两人晚上出去吃饭了。我就一直在学校里面等，大概晚上 10 点的时候，两个人才从外面有说有笑地进来了，当她俩刚进大门的时候，第一反应不是正常地往宿舍跑，而是瞬间躲到了花丛后。为什么是这种反应呢？答案很简单，害怕。既然给我演戏，我就配合你们，我原地不动，假装看不见。看咱们谁能坚持的时间长，我在明处，你们在暗处。但我还是没有耐性，毕竟更多的是内心的担心。于是我把她俩喊了出来，先是询问了这么长时间她们到底去了哪里，干了什么？两人也都很诚实（以前是不诚实的），因为她们了解我，老师不是脾气不好，也不是厉害，更多的是对她们的担心（也许只有我们班女生会懂）。经过一番询问，我批评了她俩，语气也重了些，但同时也把她们没有考虑到的后果以及危险告诉了她们。最后，其中一个女孩说：老师，我从上学那时候开始，就喜欢和老师对着来，但是你以后说什么，我一定听（此时的她眼中强忍着的是泪水，是平时的一点一滴，日积月累的感情和互相信任，才会说出此番之话语）。批评教育完临回宿舍的时候，我说：生日快乐。

当你看完这个真实的故事后肯定觉得这是一件小事，不足为奇，但是我要说的是，就是平时的这些小事，才能够让学生发生转变，就是因为这些小事，你的做法和态度，才能影响到她们。为什么说我要用真实去引导她们，因为我平时和她们的对话就能让学生们感受到老师的亲切和老师的威严。我不会说一些什么大道理，我只会用最简单、最真实的语言去和她们交流（接地气）。这里我更多的是换位思考，更多的是我会站在她们的角度去考虑问题，为她们着想。

我记得教育学生有两句话：一句是要让学生对你又敬又怕。怎样才能做到呢，说实话，不容易。敬是要让学生尊敬你，说简单点就是要让全班同学服你，这就是我上面说的，不是说学生非出个大事，你班主任替他拦下或怎么样，而恰恰就是平时的小问题，你处理时的语言、态度，甚至于眼神里的交流。怕是老师要有老师的样子，有老师的威严，学生才会怕（性格因素可能也会占 50%）。还有一句话是不要求你学习有多好，但是一定要学会做人。我是非常认同这句话的，学习不好的学生，你就能说他是坏学生吗？不能，只是说他没有把重点放在学习上而已，不能用学习去衡量一个孩子，孩子的天性就是玩。他们没有错，但要分时候，只是大部分是因为家庭环境和社会环境改变了他们，每个孩子从出生到现在，都不坏，只是没有正确地去引导。我们学校的学生也都是好样的，没有一个坏学生，只是说他们被影响了，需要我们去转变他们，这就是老师。

发生在身边的故事很多，不是一件事就能让学生转变的，是班主任和学生之间日积月累的感情去感化他们。

每一朵花都有自己独特的风格，每一个学生都有自己不一样的风采。

（解　旺）

游戏小魔女的绽放

微风吹过，远处飘来夜来香的香味，它白天清幽淡雅，夜晚花香加浓带毒，寓意着危险中的美丽和温柔，这不禁让我想起来班级游戏小魔女王玉。

热火朝天的新生报到结束了。班里来了 60 个可爱的学生。我走入宿舍看望大家，有的学生兴高采烈地同室友们聊着，有的学生默默地收拾行李。还有一个身穿深绿色休闲运动服，慵懒地半躺在床上，目不转睛地盯着手机屏幕，用力戳着游戏，眼里却闪着泪花的学生。我进来后，她仍一直玩着游戏。我和同学们相互聊着天，而这位叫玉的学生对身边发生事情，丝毫不感兴趣，大家都称呼她“游戏小魔女”。

我静静地坐在她的身旁，轻轻地问：“玉，是不是想家了？”她低着头，白皙的脸上无丝毫反应，房间静得掉根针都能听见。我默不作声陪着她，递上纸巾。10 分钟后，玉抬起头愤怒地说，“老师，我就是不想上学，家长硬逼着上，我讨厌我爸妈，为什么生下我，让我上学，我爸妈从来不关心我。”说着，眼泪哗哗地往下流，她很委屈。瞬间，屋子里气氛凝固了。

我听玉说，她的父母很忙，很少给她打电话，虽然给钱多，但关心很少。玉特别厌学，她用游戏麻痹自己。

我每天至少 3 次到宿舍看望大家。有一次我看到玉目不转睛地玩着游戏，轻声说："玉，游戏玩得很好呀，老师还不会玩游戏，可以教一下老师吗？"只见玉猛地一下坐了起来，开心地说："老师，其实很简单的。"接着，她认认真真地拿着手机，先介绍游戏的规则，然后示范操作方法。第一次见她这么认真。

第二天午餐后，我又到宿舍去看玉，我发现玉和同学们的聊天话题多了，玉开始聊起她最喜欢的人，最喜欢做的事，开始聊起知心话。我也静静地听着。接着，班级开展《我为团结友爱的班集体添彩》的演讲活动，同学们讨论得热火朝天，玉也托着腮，若有所思地看着我，时不时也发表下意见。私下，我让同学们聊学校生活时，多和玉交流，吃饭、玩耍的时候，主动邀请玉一起，影响带动玉。之后，我还在班里推荐两名品学兼优、乐于助人的学生作为学习榜样，用榜样的力量影响身边人。

转眼间，第一学期期末考试来临了，玉考得不太理想，4 门不及格，心情很低落。第二天，我看到玉无精打采，昏昏欲睡，满脸通红。我摸下她额头，烫手，原来玉发烧了。我陪玉一起到校医处看病。回到宿舍后，我倒杯热水，端到玉面前，看着她吃下药。这时候，同学们带着热气腾腾的馄饨回来了，玉的身边围满了人，关心问候声一片，一个室友端着碗，另一个拿着勺子把馄饨送到她的嘴边。她吃了一口，瞬间感动了，眼眶滚动着热泪……哽咽许久，说了一句话："你们对我太好了，太感谢你们了，我平时爱玩游戏，很少和大家交流，没想到你们这么关心我，我太感动了，有你们真好！"随后和室友们紧紧抱在一起。

经历了这件事后，玉开始爱说话了、爱笑了，开始主动找室友们聊天。不愿进教室的玉，开始喜欢待在教室，上课开始认真听课了，还主动向老师请教问题。室友们说玉像变了一个人似的，大家开始喜欢和玉比成绩，比学习劲头了。

有一天下课后，玉端着一杯温开水送到我的面前，搂着我的脖子说："老师，第一次给妈妈送礼物，想问问你送什么最好。"我说："有份心意就好。"接着玉拿来一张贺卡，上面有立体红心，有幸运鸽，十分精美，我很惊讶地问她哪里买的？玉说："我自己手工做的，以前不理解妈妈，现在明白她的辛苦，想亲手给妈妈做个礼物。"我给她竖起大拇指。打开贺卡，上面写着："妈妈，你辛苦啦！女儿现在不怨你送我上学了，我在这里很开心，老师和同学们对我很好，我学习很努力，一定可以取得好成绩，请爸妈放心。祝亲爱的妈妈生日快乐！你的女儿：玉。"看完，我的眼圈红了……

转眼间，第二学期考试成绩出来了，玉的总分班级第八名，拿到最佳进步奖，我真为玉高兴。从此，室友们送她绰号"学习小魔女"。

夜来香静静地绽放了，香味沁人心脾……

（刘　锦）

茉莉花开，香气宜人

茉莉花，虽然没有玫瑰花的香，没有牡丹花的高贵，没有杜鹃花的艳姿，但它同样是一种不需要花枝招展，同样会盛开，同样会香气宜人的花。

在军训期间，我留意了一下刘钰同学，她积极热情，乐于助人，能和班里的同学打成一片，在正式开课后我就推荐她为我们班的班长，并对她讲："班长是负责班里的全面工作的，班长要有责任心和担当，在管理别人的同时，自己要做得好，有些时候自己要以身作则，只有自己做了才知道同学们的问题在哪儿。"

茉莉花有着初绽的花朵，默默地散发出阵阵清香。每周二下午大扫除，值日的同学已经回宿舍了，她还在教室里检查有哪些没有打扫干净，她再打扫一下，东西没有摆放整齐的，她再调整一下，尽力做到最好。平时学习中或生活中同学们遇到的问题，如果找她帮忙的话，她都会尽自己最大的能力帮助同学。

她刚管理班级的时候会遇到一些或大或小的问题，比如同学们的不理解不配合，我知道她心里或多或少有些委屈，每当我问起的时候，她总是笑着说没事。经过慢慢熟悉和锻炼，班里各种活动，学院布置的各种任务，比如班里的板报，每周组织的演讲等，都是在她的带领下，圆满完成的；开运动会时，班长起到带头作用，带领大家一起报名，积极踊跃地参加，增进同学们之间的友谊。班长从不迟到早退，起到了一个表率作用。

今年五四青年节歌咏比赛时，我们全班同学都积极排练，但到比赛时，需要一个同学放伴奏，也就是说放伴奏的这个同学就不能上台演唱，班长主动提出她要去放伴奏，我知道她也练习了这么多天，也很想上台演唱，但是为了班里其他同学，她舍弃自己上台的机会，这让我和同学们很感动。就像茉莉喜欢在深夜绽放，没有一点声音，却努力释放出全身的香味给予人们。我作为班主任看到这一点，看似是小事，却反映她的思想品德而感到欣慰，我们班在这次歌咏比赛中获得了组织奖。

好一朵美丽的茉莉花，芬芳美丽满枝丫，又香又白人人夸……

（刘怡凡）

繁星点点，汇聚成光

世界上没有一朵鲜花不美丽，没有一个学生不可爱。每个学生都是一本需要仔细阅读的书，是一朵需要耐心浇灌的花。护理八班的学生就像一朵朵的满天星，虽然看起来花朵极小，如繁星点点，不张扬，也不绚丽，甚至很难引起别人的注意，永远在色彩缤纷的花朵后面充当着配角，但只要她们团结在一起，就能绽放最美的光芒。

在班级教室后面的墙上，贴着一张让同学们无比骄傲的奖状，那是她们用汗水和努力换来的成果，虽然看起来普通，但奖状是对同学们的莫大的肯定和鼓励。每当走进教室，看到这张奖状，想必同学们脑海里总会浮现当时的场景。

“清晨五点半，你还没睡热床单，我惺忪着睡眼，埋怨烫嘴的早餐……”这首歌注定会永远被同学们记在心里。在她们入校的第二学期，学校组织了歌咏比赛，同学们都对这场比赛充满了期待，当告诉她们这个消息的时候，她们脸上都露出了激动而又兴奋的表情，她们知道，在学院展现自己的时刻到来了。大家都积极地选歌、在网上搜索适合歌唱比赛的服装、去找歌唱比赛的技巧来练习。在选歌的过程中，大家各抒己见，有喜欢流行歌曲的，有喜欢阳刚一点的歌曲的，有喜欢中国风歌曲的；大家争论不休，解决方法就是让大家都试着去唱一遍，听一下效果。最后，在全体同学的试唱和投票之后，选择了这首《心愿》，因为这首歌用她们的视角道出了她们对父母的爱，唱出了他们对父母最真挚的感激之情。除此之外，班级里统一制作了歌唱比赛的服装，为了让衣服更有特色、有新意，班主任跟卖家联系沟通，把2017级护理八班全部同学和班主任的名字印在了衣服的背面。这样一来，这件衣服对于大家都有了更重要的意义，穿着它参加歌唱比赛，同学们更加有信心，也更加有动力在比赛中取得好成绩。

准备工作做好了，那就到了比赛的重头戏了，因为想取得好成绩，不仅仅只是穿漂亮的衣服、排好看的队形，最重要的是把歌唱好。班主任给她们下载歌曲演唱视频、歌曲伴奏、打印歌词这些幕后工作，让大家能有更充分的准备。大家为了比赛，在晚自习下课之后集合在操场，一遍又一遍地练习演唱，争取把每一句歌词、每一个节奏、每一个音符都表现得完美无缺。晚上操场虽然灯光很昏暗，但认真努力的她们身上好像都散发着柔柔的光，聚集在一起，汇成了一道光芒，把整个操场都照得暖暖的。每天练完歌曲，有很多学生的嗓子变得沙哑，但她们不怕苦不怕累，一心想把歌练好，为班级争得荣誉。

在这中间还有一个小插曲，班级里一位同学因为家里有事情需要回家两天，但她不想因为自己影响到整个班级的成绩，所以把家里的事情办完之后，马不停蹄地回到学校，积极参与到比赛的排练中，大家都为她的归队而感到开心，因为班级是一个整体，一个人都不能被落下。终于到了比赛的那一天，同学们早早来到教室，排练队形、排练歌曲，大家都斗志满满，希望能为班级争光。上场之前，大家相互整理衣服，相互加油打气，一起手牵手完美地完成了演唱曲目。最后宣布比赛成绩，当听到护理八班是第一名时，大家激动地相拥、欢呼，大家的努力有了收获，同学们都为自己而感到骄傲和自豪。

班级里的学生就像满天星一样，只有一朵花的时候，无论她开得多么美丽，也是孤单的、寂寞的，而一片花的海洋，就会让人找到春天，让人感受到欣欣向荣，所绽放的光芒也一定可以照亮人心，让大家心中充满希望，有努力向前的勇气。

（周海军）

爱心浇灌，笑容自来

新生报到时，我就看出李红与众不同。别人都叽叽喳喳，开开心心的，只有她，眉头紧锁，一声不吭。和她交流起来也很累、很压抑，似乎老师欠了她什么似的，感觉怪怪的。

从报到表来看，她比其他同学都大两三岁。渐渐地，不断有同学向我打小报告，说李红很古怪：睡觉不脱衣，独来独往，也不和任何同学说话，哑巴一样，所以同学都把她当隐形人，当面也对她指指点点。

针对这种情况，我找她谈了几次，问她是不是有什么压力，还给她举了很多的例子，甚至还现身说法，希望能拉近师生之间的距离。可是，每次都是有始无终，因为她对我的话根本就是充耳不闻，无论我说什么，她绝对不会有任何一点点回应，哪怕是点头和摇头。

在我看来，中职生最首要的是有一技之长，将来能自食其力，尤其是我们康复专业更是如此。但像李红这种女生，如果没有与人交往协作的能力，毕业了会很难立足于社会，更别说自我谋生了。但我发现，除了不说话，还真挑不出她有什么毛病。她不仅字写得漂亮，而且还很有文采、很有思想。基于此，我任命她为语文科代表，学校比赛，我指名让她参加，尽量多让她“抛头露面”，以此来锻炼她的能力。在班会上，我也总是有意无意地提到她、表扬她，希望她的这种情况能有所改变。

有一天，她和别的同学发生口角，突然情绪失控，在走廊上大哭大闹，然后冲向学校大门。我劝阻未果，只好与她父亲通了电话。他父亲犹豫好久才告诉我，李红本来就是一个很内向的女孩子，曾经读到高二，成绩很好，很有希望考上大学，因为和同学闹矛盾，退学回家，从此就变成这样。心理医生说可能是自闭症。

大概两个星期之后，另一件小事引发她又情绪失控了。无奈之下，我只好再次联系家长，打算嘱其将李红带回家休养。这次我了解到，该生家里并不富裕，还有个哥哥读大学，这一次读书可能是她最后一次机会了。听到这里，我的心里突然有点痛，因为我知道回家休养对这个女孩意味着什么。

带着一线希望，我去请教了心理学专家，专家也不主张让李红回家休养，他甚至说该生可能根本就没有什么大的心理问题，只是没有找到问题的症结所在。听后，我的眼前突然明亮起来。

不久学生家长来了，是那种典型的农民，嗓门大，见了李红就准备破口大骂，我劝住了他，还问了李红的情况，他只知道女儿在高中时有过谈恋爱经历，然后就变成了这样，其他的也并不了解。

有了这个发现，再和李红谈心时就容易多了。经过了长长的“导入”，小心翼翼地“试探”，我终于知道，原来在高中时，成绩出类拔萃的李红曾和同学谈恋爱，后来发现这样影响学习，于是她便申请转班，因为她是考大学的种子选手，所以原任班主任不同意，固执的她后来还是勉强转了班，但也因此闹得满城风雨。本以为这样可以安心学习，没想到转了班后很难和那个同学见面，于是李红的成绩一落千丈，后来自暴自弃，后来，她转了学……这一次来我们学校，她是鼓足了勇气，想有所为……

眼前的这个女生原来是一个敢爱敢恨的人。他的父亲在一边尴尬地看着我，似乎以有这样的女儿为奇耻大辱。而我了解了事情的起因后果后，反倒松了一口气。

开导了父亲之后，我当起了女孩的“恋爱军师”。我告诉她学生时代谈恋爱太早，同学之间的情谊因为很真诚、纯洁，所以很美、很动人。如果她的心灵深处也产生了对异性的崇拜、倾慕，那么她应该好好珍惜，并把这种压力化为动力，绝对不能有越轨行为；否则，就失去了它的美好和纯洁。看着李红脸上越来越多的笑容，我紧绷的神经松弛了下来。

经过这次谈心之后，李红很显然改变了很多，虽然走在校园里，她还是没能主动叫我一声，但至少她的脸上有了笑容，也开始与人交往……

李红的这些变化，让我感叹颇多，是啊，当初如果我没有请教心理学专家而是让其家长将她领回家，会有今天这个快乐而自信的李红吗？可见，每一个做班主任的都应该掌握有关心理健康的知识，了解学生的心理特点，以培养学生良好的心理素质，并能够及时捕捉到学生的异常，对症下药，帮助学生矫治，使学生走好人生的每一步。

（孙宏岩）

那个曾经叛逆的男孩

“嘀铃铃——”，手机响了，“许老师：你好！我是军训教官，请你来操场一趟吧。”我快步来到操场，看见操场中间站着一位歪着头、胳膊上带着黑色防晒冰丝袖的男孩，他漠然地看着五个做俯卧撑的男生。“许老师，别让他军训了，总迟到，屡教不改，影响恶劣，”教官一脸无奈地说。“老师，我们不想和他一个宿舍，光迟到，尽连累我们受罚，”男生们七嘴八舌地叫嚷着。

其实，这个男孩早就引起了我的注意。他长得白白净净，穿着一条露着膝盖的“破旧”牛仔裤，胳膊上整天带着恼人的黑色防晒冰丝袖，尤其是一头乌黑油亮的头发梳理得丝丝可见，如同蘑菇一样扣在头上，格外引人注目。他叫赵一铭，同学叫他“蘑菇头”。他每天起得很早，但上课依然迟到。因为他早晨起床就做三件事——洗头、梳头、照镜子，头发梳了一遍又一遍，镜子照了一回又一回，一通打扮就是个把小时。私底下我与他谈了好几次，他依旧我行我素。

观察，了解，想对策，我决定和他推心置腹地谈一谈。一天中午，我单独把他叫到办公室。问道：“赵一铭，你的梦想是什么？长大准备干什么？最佩服谁？”他不假思索地答道：“我最佩服我爸，我的梦想就是长大像他一样。”“为什么？”我反问道。“我爸特有本事，什么皮肤病都能治好，十里八村的人都找他看病，送了很多锦旗，他还研制中药，上海的药店都用他的药”，赵一铭骄傲地说。我赶紧说：“这么厉害，那他天天是怎么做的啊。”他答道：“他不到六点就起床，一个小时的锻炼，然后吃饭，八点之前去诊所，晚上九点回家。”“那你呢？”我反问道：他一听，羞愧地低下了头，我接着说：“孩子，你爸爸取得这些成就是他天天坚持的结果啊，有些事看起来很容易，但天天做，月月做，年年做是非常困难的，取得大成就的人都是坚持把小事做好的人！看似一个简单的上课，能坚持不迟到，是很困难的。你今后要成为你父亲那样的人，就必须向他学习，就必须克服困难，就必须从小事做起。从明天开始，咱俩比赛，每天早晨八点之前进班，坚持一个月，好吗？”他惊讶地看着我，使劲地点点头。

一天、二天、三天过去了，一周、二周、三周也过去了……他竟然再没有迟到过。2017 年的第一场大雪如期而至，鹅毛般的雪花纷纷扬扬下了一夜。这天，是我和赵一铭比赛的第二十六天，当我深一脚、浅一脚地踏入校门时，洁白的雪地上只有稀稀落落的几个脚印。“这么大的雪，他能进班吗？”我心里嘀咕着。快步爬上楼梯，当我推开教室门时，一股暖流涌上心头，空空荡荡的教室里干干净净，教室的一角静静地坐着赵一铭。他抬起头，惊喜地喊道：“老师，您也来了！”我会心地笑了，向他伸出了大拇指。

“嘀铃铃——”手机响了，“许老师，你好！我是赵一铭的爸爸，祝你春节快乐！谢谢你啊，我们家一铭回来后发生了天翻地覆的变化，我都不认识了，过年后，他还想加入学生会……”

放下电话，欣慰油然而生……

（许运东）

毕业寄语篇

来，听光阴诉说毕业季的故事

30年弹指一挥间，河南卫生干部学院桃李满天下，为中原大地各条战线培养了5万多人才。

一届届毕业生和河南卫生干部学院结下了不解之缘，在这里学习的日子令他们终生难忘。他们在这里遨游知识的海洋，学习做人的真谛，孕育远大的理想。他们从入校时的幼稚走向成熟，从懵懂走向智慧，自身的素质得到不断加强。踏上社会后的他们发扬艰苦创业、踏实肯干的优良传统，努力为实现理想而拼搏，在各行各业闪耀光芒，用他们骄人的成绩告诉所有人他们是母校的骄傲。

日月轮转情不断，天长地久永相伴。河南卫生干部学院一届届毕业生不忘母校的培养，永远感恩母校，无论他们身在何处，都将永远记住母校，都在心底默默地为母校祝福，祝河南卫生干部学院的未来越来越辉煌、灿烂！

幸福是奋斗出来的

1991年夏，21岁的我怀着炽热的青春，从河南计划生育干部学院（现河南卫生干部学院）毕业，回到家乡光山县。由于我当时是光山县计生委分配来的第一个计划生育管理专业毕业生，又是河南计划生育干部学院评选的优秀共青团员、优秀学生干部而有幸被组织分配到县计生委统计股工作，成为计生战线上的一名新兵。

情系计生，勤于钻研

20世纪90年代，计划生育作为一项基本国策，被称为“天下第一难事”，始终是党和政府的中心工作之一。在县计生委工作期间，我从负责计划生育统计，到统计股副股长，到任县计生委办公室主任，花大量的时间去乡村开展计划生育调查，撰写人口形势分析报告，设计全县计划生育调查方案、表格，撰写情况通报，发放生育指标，筹备召开全县计划生育工作会议，我始终是这一系列工作的主要承担者。功夫不负有心人，我先后5次获国家人口计生委先进荣誉，22次被省委宣传部、省人力资源和社会保障厅、省人口计生委评为先进工作者或获奖，32次被市委、市政府评为先进工作者。此外，我写了许多记录民意、反映时情的文章，多次获得各种新闻机构奖项。1991年，参加了省计生学院张振中教授《中国人口思想史》一书的编写工作，1994年参与省计生委主任罗书印主编的《基层计划生育统计规范》一书4个章节起草和全书统稿工作，多篇论文被收编到省计生学院院长郭光宇主编的《邓小平人口思想研究论文集》《全国党政干部学习与实践“三个代表”优秀论文集》等。在国家、省、市发表人口和计划生育、卫生健康论文30余篇，其中5篇获国家优秀论文奖。

无问西东，再次出发

由于工作成绩出色，2001年3月，刚过而立之年的我，被市委、市政府批准以“优秀人才”引进到信阳市人口计生委工作。十五年间，工作未敢倦怠，写作更是笔耕不辍、从未停歇。其间，撰写讲话稿260多篇和公文无数，在《中国人口报》《河南日报》《人口与计划生育》等10多家国家、省、市报纸、杂志、电台、网络发表论文、通讯、言论、散文、小说等文章3005篇，平均每年发表上百余篇。在担任市、县人口计生委办公室主任期间，办公室承担的政务信息、平安建设、目标完成等工作56次被市委、市政府或省人口计生委评为优秀或先进个人。在负责文秘工作期间，自1998年至2015年18年间，其中17年被政府评为政务信息先进单位，多次被市委和省人口计生委评为政务信息先进单位。

我本来根本没有写作天赋，也不是文凭比别人高，我高考时语文没有考及格，我只是比别人更加刻苦、更加勤奋，付出更多，风格更高，胸怀更宽而已。在单位里别人推来推去不干的工作，我没讲任何代价地干了；别人说干不了的工作，我还是没讲任何代价地干了；别人不愿加班干的活，我加班加点地干，别人下班走了，我关上办公室的门干，有时办公室太吵，我干脆躲到会议室写；别人周末忙着交际应酬，我依然埋头在写材料，很多假期，甚至春节我也仍然在加班写材料、反复改材料，在我看来，天赋就是实实在在做人，勤勤恳恳做事。

顽强拼搏，初心不改

长期的努力和辛勤的付出，赢得了领导和同志们的一致认可，2016 年 6 月，我被提拔为信阳市爱国卫生运动委员会办公室副主任（副处级）。上任不到半年，迎来了信阳市国家卫生城市第一次国家复审，工作任务十分艰巨。我继续发扬不怕吃苦、连续作战的精神，加班加点，任劳任怨，经常深入到基层背街小巷、城中村和城乡接合部等地，开展督察和指导，经常是“白 + 黑”“5+2”，夜晚和周末都很少休息。经过一年鏖战，信阳市成功通过国家和省的复审，我个人也因此被市政府记为二等功。为适应新的卫生健康事业，我继续坚持业余写作和研究，仅到市爱卫办三年以来，已有《国家卫生城市长效机制建设的实践与思考》《依法建立医疗纠纷预防和处理工作新机制的实践与思考》等多篇理论研究成果发表在《中国人口报》等上。

虽然在工作中取得了一些成绩，但我深知我还有很多不足和差距。亦深知，这些成绩的取得与在母校的学习分不开，没有学院领导和老师们的谆谆教导和精心栽培，就不可能取得今天这样的成绩。我至今记得学院的郭院长苦口婆心地教导，张振中、梁钟然、刘治旺、张原震、鲁同新、杜泌等老师加班加点地授课，他们不仅在教授人口和计划生育知识，更重要的是教会了我们很多做人的道理，学院老师们的敬业奉献、吃苦耐劳、勤奋钻研、担当负责的精神至今影响着我。我由衷地感谢母校的领导和所有老师，无数次在梦中回忆起在校时和老师、同学们在一起的学习生活，虽然只有短短两年的时间，但为造就我一生的人生观、价值观奠定了坚实的基础，铸造了我以后走上工作岗位的品格：爱岗敬业、尽职尽责、拼搏进取、吃苦耐劳、勇于担当……

再一次由衷地感谢母校、感谢老师！衷心地祝愿母校明天更加辉煌！

（熊林高）

自强不息，砥砺前行

曹军伟，高中时班里的一个佼佼者，1992 年高考失利，无缘一本院校，带着满腹的遗憾负笈求学，来到母校——河南计划生育干部学院（现河南卫生干部学院）。放眼望去，无苍松翠柏，无林荫大道，无高楼大厦、无鸟语花香，无须极目，便一览无余，不觉心似已灰之木，身如不系之舟。幸得班主任崔静华老师当头棒喝："周文王羑里演八卦，太史公不能学习？在哪里不能成就，人生是一场马拉松，不是百米赛道，何必执着于起点？体悟清华校训，你就是在清华；体悟北大校训，你就是在北大！"豁然醍醐灌顶，如梦初醒：梦若在心就在，哪里都能是成就自己的舞台！加之学院学风醇醇、同学淳朴，师资雄厚、师魂高洁，遂潜心修学，激情拼搏，开启人生中美好而重要的学习奋斗时光。

20 岁的年龄，怀揣梦想，斗志昂扬，先后担任班长、院学生会副主席等职务，积极参加各种社团活动，不断地充实自己、锤炼自己。尤其记得赵丽老师带领我们筹备建院以来第一届学生代表大会，本人积极参与制定《学生会章程》，架构设置、岗位职责、人员选拔、活动组织等工作，自己荣幸地当选为学生会副主席。热烈讨论的会场、严格军训的操场、友好竞技的赛场、精彩演讲的论坛、放松休闲的影院都留下了我和战友们精心策划、周密组织、认真实施的身影，这些经历锻炼了我的组织协调能力，增加了我的社会阅历，磨炼了心性。宝剑锋从磨砺出，梅花香自苦寒来。在学院期间，我多次被评为"优秀班干部""优秀学生干部"。1994 年 7 月毕业时光荣成为学院第一批中国共产党预备党员。

毕业回县上班一年，年轻气盛、心高气傲，不满现状，毅然在父母师长的惊诧中、在同学好友的不解中、在领导同事的惋惜中，放弃安逸舒适的单位工作，义无反顾地投身波诡云谲的商海中学泳。时刻铭记母校师长"不忘初心、自强不息、虚怀若谷、得意勿恣意奢侈、失意勿抑郁失措"的教诲，以"唯德动天，无远弗届""君子以厚德载物""德不孤，必有邻""君子有成人之美""中庸之为德也，甚至矣乎""诚者，天之道也；利者，义之和也""己所不欲勿施于人""辞让之心，礼之端也""敬人者，人恒敬之"等振聋发聩之语恪守君子之道，以敏锐的洞察力、独到的见解、准确的判断、得意失意的分寸获商海名家提携指导，一路游弋，虽波涛汹涌，暗流频现，终有惊无险。

后深感阅历颇浅、智慧不足，遂辞海上岸，游历名山大川，拜访贤达名士，求学问道、请教切磋，孜孜不倦地探寻中国文脉，体悟中华传统文化的博大精深。从诗经、楚辞到唐诗、宋词、元曲，从琴棋书画到礼乐射御，从孝悌忠信到礼义廉耻，不断感知每个国人流在心里的血，都澎湃着中华的声音。尤其是验证"以四书五经为核心的经学"，锤炼了中华民族的精神，塑造了国人的性格，建立了中华民族天人合一的宇宙观、协和万邦的世界观、自强不息的人生观、忠孝节义的价值观，代表着中华民族的价值理想。深感国学智慧光芒穿透历史，思想价值跨越时空，遂以推广中国传统文化为己任，为天地立心，为生民立命，为往圣继绝学，为万世开太平。2005 年有幸得国学名家张书杰先生和太极名家卢红伟先生青睐，亲自点拨、悉心教导、倾囊相授，穿越时空隧道，与"雍容的儒家、隐逸的道家、冷峻的法家、谋略的兵家、神秘的阴阳家、实用的墨家、灵奇的医家……"进行心灵交流，汲取各家思想精华，深度融合国学智慧与现代理念，研发特色实用培训课程。从生活点滴着手，化繁为简、化难为易，于平凡处诠释国学精髓。曾多次被企业和论坛组织邀请进行《国学与领导力》《国学与管理》《国学与沟通》《国学与青少年教育》《讲师特训》等课程培训。2016 年，入选《中华国学讲师资讯录》。2017 年应中华文化促进会传统文化委员会禅学导师盛艾女士邀请加盟《智慧中国》

项目组。

2014年，为中原农业保险股份有限公司“尚德聚智、惠农利民”的企业使命吸引，为“真诚、亲融、守正、敏行”的核心价值观激励，加盟中原农业保险股份有限公司，投身河南扶贫事业，致力解决“三农”和乡村振兴问题。4年来指导参与河南15个地市45个县区健康扶贫、生活扶贫项目。其中仅健康扶贫项目就为近300万贫困人次提供了5000亿元的风险保障，累计为100165人次赔付16835.52万元，全面提升了我省贫困人口的抗风险能力，最大可能地解决了贫困人口“不敢生病、不敢看病、不敢住院”的问题，协助政府有效化解因病致贫返贫难题，彰显功能类企业使命，做好河南人民美好生活的保护神。

回首过去，两年充实的学习时光和拼搏奋斗的丰富经历，已成为终身受益的财富源泉和领航灯塔，时刻指导、提醒、纠正自己的人生航线和方向。燃一盏心灯，重现千年韬略；借一方讲台，演绎亘古辉煌。路漫漫其修远兮，吾将牢记学校师长教诲，不忘初心，砥砺前行！

最后祝福我们的学院，借势腾飞，再创辉煌！祝福我们的老师，青春永驻，誉满神州！祝福我们的学弟学妹，青春激扬，放飞梦想！

（曹军伟）

母校授真知，扬帆去远航

近日，我受邀参加了我县一中建校80周年校庆，望着穿行在现场一张张意气风发、踌躇满志的笑脸，看着眼前一场场师生互诉衷肠、相互深情寄语的感人至深画面，心如潮水，思绪万千，不由自主地想起自己，想起母校——河南计划生育干部学院（现河南卫生干部学院）。斗转星移，岁月如梭，弹指一挥间，我从学院已毕业24年……

勤奋攻读下苦功，母校培养铭心中

我出生在内乡县偏远的农村山区，家里世代以务农为生，依靠种田维持生计，家贫寒苦，生计紧张。我懂事后的最大理想就是考上高校改变家庭状况，改变自己的命运。1992年9月我考入了母校——河南计划生育干部学院。入校伊始，我把努力学习作为改变人生的跳板，刻苦读书，发愤图强，当年10月，我入选学校学生会学习部，担任了学习部部长。协同学生处老师制定了学习、考勤、考核等规章制度，建立起以学习部为纽带的校方与学生无缝衔接管理制度。由于工作、学习突出，1994年7月毕业时，被学校党支部光荣地吸纳为中国共产党预备党员，然后走上工作岗位。回首这24年的工作、生活历程，角色几经转换，可以说是阅尽人世百态，经历世间万象，尝尽人生百味，不知不觉间已步入中年，从一个走出校门的学生逐步成长为基层干部中的中流砥柱，这些经历是自己人生积淀中不可比拟的宝贵财富，也是不可逾越的关键阶段。自己能够从容面对各种困苦，得益于学院两年的教育培养，得益于老师的言传身教，使我学到了立足社会的知识，增长了为人处世的本领，锻炼了组织协调、统筹谋划的能力，养成了永不服输、百折不挠的性格，塑成了敢挑重担、勇于担当的品质，拓展了质朴为民、回报社会的情怀。随着自己的成熟和成长，这些在学校养成的品德、素养和人生理念不断入骨、进髓、溶入血液，犹如一杆拄棍一路搀扶、一路相助，促使自己在潜移默化中走向人生新的高度。

立足专业显特长，临危受命挑重担

1994 年 10 月，我被分配到内乡县湍东镇计生办工作。当时的计划生育、宅基地、统筹提留俗称农村工作“三大难”。湍东镇的计生工作一度处于全县落后位次，多次被上级通报批评。我立足本乡本土人和所学专业是计生的优势，主动请缨，临危受命担任计生办主任。为寻求破解之法，我利用母校所学专业找对策，借助学院所养能力做撬杠，查“病灶”，出“良方”，对症下药，一举扭转了以前落后的工作局面，使全镇的计生工作逐步走向了正规化、法制化、规范化、服务化的轨道。1998 年至 2000 年，我连续三年被内乡县委、县政府授予“先进工作者”的称号；1999 年至 2005 年湍东镇的计生工作连续 7 年被市、县评定为“计划生育工作红旗乡镇”。

施展本领抓城建，打造旅游新名片

2005年，内乡县委、县政府为提升城市品位，唱响旅游品牌，决定扩建内乡县衙街区。作为内乡县城关镇分管城建的负责人，我又义不容辞地担任指挥长，利用在学院担任学习部部长期间养成的团结协作、统筹运作的管理能力，发挥在学习期间锻造的不畏艰险、勇于创新的精神 ，积极想办法、找对策，主动为群众排忧解难，解决后顾之忧，加速县衙广场建设进度，提升城市品位。目前，内乡县衙历史文化街区成功跻身全省十先进、一星级特色商业区行列，荣获“省级文化产业示范园区”称号产业集聚区，成为豫西南地区的旅游新地标。

抒发为民真情怀，唱响时代主旋律

2016 年 6 月，我担任内乡县余关镇党委副书记、镇长，正值内乡县扶贫工作进入攻坚阶段，余关镇被确定为内乡县扶贫样板乡镇。作为一项国字号工程、一项政治任务、一项惠民举措，如何唱响余关镇扶贫“样板戏”，打好脱贫攻坚战，是对我们全镇干部的一次政治考核和检验。两年的学院培养，老师的精心教导，向上向善向好的学风熏陶，使我认识到个人的命运与国家的发展休戚与共、息息相关，在学校我就言铭立志，走上社会后倾尽所能回报社会，务实为民。眼下的扶贫工作，正是我施展所学，回报社会的最佳途径。我们因地制宜，精准施策，找到了发展种植业、建立光伏发电站、筹建养牛合作社、探索5+扶贫模式、转移就业5个富民增收“金钥匙”，打响了余关镇扶贫在全县乃至全省的响亮品牌。

“绿野堂开占物华，路人指道令公家。令公桃李满天下，何用堂前更种花。”身边突然响起饱含深情的《奉和令公绿野堂种花》诗朗诵，唤回了自己漂浮久远的思绪，原来身边学子这是对老师的赞誉。“问渠哪得清如许，为有源头活水来”。是啊，抚今追昔，一路走来，自己走到今天，我不是更应该感恩老师，感恩母校吗？她不仅丰富了我的知识，拓宽了我的视野，更塑造我恪尽职守、克己奉公、乐于奉献的人生理念和信仰格条，随着岁月的更迭，更加历久弥新、醇厚悠远。这一切，都是我宝贵的精神财富，人生的指路明灯，助我扬帆远航，行健致远。

（李耀武）

砥砺奋进，不负芳华

光阴似箭，日月如梭，转瞬间，已经从河南计划生育干部学院（现河南卫生干部学院）毕业20多年了。还记得刚入学的时候，面对新的环境、新的师生，既有陌生感，更有新鲜感，对一段新的学习生活充满了美好的憧憬。在接下来的学院生活中，由刚开始的不完全适应，努力尝试着改变自己，渐渐地完全融入了这个集体大家庭，并且发现了学院生活的许多闪光点，体会了趣味多样的学院生活。

在学院，不会有每天做不完的习题和试卷；也不会天天为了分数、名次而焦急、苦恼……还记得进入学院的第一天，在学院的第一堂课上，有两个女生迟到了几分钟，按照中学惯例打报告进教室还要受批评。但后来老师说：“在学院中，如果你上课迟到或者有事想要早退的话，只需悄悄地从后门出入，不要影响大家就好……”所以，我总结出：在学院中学习，是一个完全靠自觉的过程。如果高中的我们还是一只雏鸟，那么学院学习的我们可以说已经长大，远离了父母的庇护，越来越成熟的我们要做自己的主人。学院的第二个特点就是有更多的时间和空间，学院很少会有从早上5点出宿舍上课直到晚上10点才回去休息的情况；也不会因为喜欢看《红楼梦》但怕被老师发现而东躲西藏的事情，更重要的是，在学院里有各种各样的活动等着你去参加和体验，其实，从这些事情中我们也能学到许多知识——课本里并没有的知识，汲取许多经验或是教训，体验到学院生活的丰富多彩……

五彩缤纷的花季，朝气蓬勃的青春，学生时代的我，先后担任班长、学生会文体部长等职务，并积极参加各种社团活动，不断地充实自己、锻炼自己。其中，最难忘的是在学生会文体部的工作。文体工作主要负责文化宣传和体育组织方面的工作，在院领导和学生处赵丽老师的亲切关怀和指导下，以及学生会骨干成员的积极配合下，我成功地组织了多次文体活动。健全了学生会班子的建设，为后续学生会各项工作奠定了组织基础；成功组织了6次文艺会演，积极组织其他文化娱乐活动，丰富同学们的课余生活。

利用院广播站、板报等各种宣传手段，积极宣传各项文体活动，活跃同学们的业余生活，引领同学们努力进取，传播校园正能量。我在组织这一系列的活动中，精心策划、认真实施、及时总结。这既锻炼了我的组织协调能力，又增加了我的社会阅历。

美丽的校园，给我们以极其优越的学习环境，也给我们奠定了人生的牢固基石。在那里，我们无忧无虑地求知，如饥似渴地理解老师们的悉心教诲，得到了我们终身敬重的老师们的毫无保留的言传身教，学会了许多宝贵的人生哲理。亲爱的老师们不仅仅教授了我们知识，激发了我们学习的兴趣，而且为我们编织了未来的梦想，鼓励我们坚定自我的理想和目标！听！校园里催人奋进的琅琅书声和课堂上老师的谆谆教诲，欢声笑语，炫歌一堂！看！同学情谊，堪比手足，操场之中，矫影如龙！

岁月匆匆，两年学院时光转瞬即逝。这两年，我们过得充实而美丽，我们虽流过汗水，却伴着欢笑。这两年的时光，弹指一挥间，但很多记忆将成为我们生命中最为珍重的收藏。在两年的学习生活中，我们进一步学会了分析与思考，学会了丰富与凝练，学会了合作与竞争，学会了继承与创新，更学会了如何不断超越，挖掘自身潜能，突破自己的极限而成长。两年的同窗友谊，让我们学会了彼此相信和团结互助。所有这一切都让我感到光荣和自豪。

毕业后，我顺利地参加了工作，在工作中，我踏踏实实地工作，简简单单地做人，清清白白地做事。我先后在开封市郊区土柏岗乡政府、开封市郊区汪屯乡政府、开封市金明区西郊乡政府、开封市城乡一体化示范区城管局、开封市城乡一体化示范区杏花营农场等单位工作。在工作中，坚持低调做人、高调做事的工作原则，在不同的工作岗位上做出了可喜的成绩。如：参加了卫生城市创建活动、文明城市创建活动、文明单位创建活动，参加各类演讲比赛活动 10 余次。多年来，我一步一个脚印，一步一个台阶，以踏石留印、抓铁有痕的工作作风，善始善终、善做善成对待自己的工作。曾荣获 2014 年度示范区“优秀党务工作者”荣誉，开封市 2014 年度“两改一建”先进个人荣誉，开封新区 2015 年度“五一劳动奖章”，2015 年度被授予创建国家卫生城市重大贡献三等功，2016 年度被示范区授予个人三等功，2016 年度被开封市政府授予创园工作二等功，2017 年全市优秀共产党员等荣誉称号。

回首往昔，我们骄傲；展望未来，我们向往；恩承荫庇，我们感激；承前启后，我们任重道远。往事如歌，未来如诗，如椽大笔写不完激情岁月，千言万语抒不尽满腔深情，长歌豪迈待我们挥斥方遒。愿我们学院能继续植桂培兰不仰千种绿，栽桃育李尤钦万顷材。成就是昨日的句号，开拓是永恒的主题。在新的岁月里，在新的征程中，紧紧把握时代的主旋律，向着更高更远的目标迈进。我坚信河南卫生干部学院的明天会更灿烂！祝愿老师永远年轻美丽，幸福安康！祝愿校友实现青春奋斗梦想！祝愿母校宏图更展！再谱华章！

（禹文杰）

永不毕业的毕业生

最养百花惟晓露，能生万物是春风。人生的学习与成长如果有学校老师一直不断的谆谆教导就如晓露滋养、春风沐浴，才能根深叶茂。我虽然从河南计划生育干部学院（现河南卫生干部学院）毕业有23年了，毕业后，一直未间断地得到学院老师的关心与帮助，有许多老师值得感恩，其中给我及家人帮助最大的是张振中老师和赵丽老师，张老师教给我做人和读书的道理，赵老师则传授给我生活和工作的能力与技巧，使我在人生的道路上越走越远，学院情长，师恩难忘。

1993年9月至1995年7月，我在学院学习生活了两年，时间虽短，但在两年的时间里我却从学院的老师身上学到了很多知识，他们指导我走好人生的每一步。1995年7月毕业后，我与学院仍保持紧密联系，学院的每一步发展都让我骄傲，老师们每一次的成就都使我激动不已。在众多的恩师当中列举其中两位和他们相处的点点滴滴来表达我对母校对恩师的感激之情……

师者仁心，博爱广远。学高为师，身正为范

自我1993年入学后，张振中老师一直是我们班的班主任，1995年我们班毕业时，当年张老师已60岁，正式退休，所以我们这一届是他的关门弟子。张老师知识渊博，为人正派，真正做到了学高为师，身正为范。当时大家在学习上认为高中毕业考上中专就是“铁饭碗”了，对待学习上态度不端正，有的学生甚至不再学习了，而张老师当时就经常给全班学生强调学习的重要性，要求班里学生要自考大专、本科，这样将来工作才能胜任。他对我们要求很严，他依然要求我们认真上早自习、晚自习。另外，张老师还经常教育我们“踏踏实实做事，端端正正做人”，为人处世，心胸坦荡，光明磊落。毕业后，由于在郑州工作和生活，与张老师的联系很紧密，他对我更是像对待自己的孩子一样，时常牵挂着，如果有一个月不给他打电话，张老师便会打给我问有什么事没有？时常关心我的工作、学习和生活，叮嘱我照顾好身体，少熬夜、少喝酒，他还时常关心我孩子的学习，经常以自己的人生经历来教育我、感染我。退休后，张老师每日都坚持锻炼、学习，笔耕不辍，写成了《张振中诗集》《一个清华学子的人生路》《抗癌益寿中药精选》。我从张老师身上不但学到了学习的窍门，更学到了他的人生态度。如今张老师已是85岁的高龄，仍然身体健康、思路清晰、记忆力很好，这都得益于他的渊博知识和无私胸怀。

香远益清，师者如兰。言传身教，桃李满园

在学院上学时，我们的“热心姐姐”赵丽老师在学生科做学生管理工作。由于年龄

差别不太大，工作时我们叫她赵老师，私下里我们都亲切地叫她姐姐。赵老师平常管理学生严肃有余，可生活中她就像知心姐姐一样帮助大家，同学们对她既敬又爱。由于学生工作使得我与她接触很多，向她请教问题较多，在工作、学习与生活中都得到她很大的帮助。毕业后，由于我在郑州工作与生活，使得与赵老师接触更加频繁，关系更加亲近。我与赵老师说是师生关系，实际上我们相处得像姐弟一样，毕业后我一直把她当作大姐看待。毕业后，赵老师给予我很大的帮助，从工作到生活，其中有两件事情最使我终生难忘：工作和结婚。由于我和妻子既是同乡又是校友，我先毕业在郑州工作，妻子毕业后也要留到郑州，我把这个困难讲给了赵老师，她二话没说就帮忙联系工作，在她的热心帮助下，终于解决了爱人在郑州工作的难题。赵老师当年的帮助，为我们现在的工作、学习、生活奠定了坚定的社会和物质基础。

1999 年 1 月 16 日是我结婚的日子，由于当时经济条件有限，赵老师积极主动帮忙策划，本着节约热闹的目的，她给我们出主意、想办法，我记得在结婚前的两周内赵老师每天都打电话询问事情进展，从酒席办理到婚车使用，从邀请参加人的范围到结婚主婚人的确定她都认真给予指导，在赵老师的精心安排下，我的婚礼办得既简单又热闹，郭光宇院长作为主婚人出席，班主任张振中老师作为证婚人参加，至今为止，我的婚礼是学院所有毕业生中为数不多的由院领导和老师主持的婚礼。时至今日，每当想起这件事，我都倍感温暖，终生难忘。

即使赵老师在沁阳市挂职任副市长期间（2009 年至 2012 年），虽然她工作十分繁忙，但仍然关心着我的学习和工作，教育我在新的工作岗位上要廉洁奉公、恪尽职守，在新的工作中取得更大的成绩。

时光荏苒，光阴似箭，转眼间毕业已经 23 年了，可是在学校的学习时光如同昨日，历历在目。我是幸运的，由于与学校的密切联系，毕业后学院和老师们仍然牵挂着我，我还经常能得到学院和老师们的教诲和帮助，他们春风化雨，润物无声，有他们才会有今天取得的小小成绩，才有我的幸福生活。我时常想，一个人一般只能在上学时受到学校的教育，而我不但在上学时受到学院和老师们的教育，在毕业后仍然源源不断地得到老师们的教诲，总觉得自己一直没有毕业，桃李不言，下自成蹊，我甘做永不毕业的毕业生，愿从母校和老师们的身上学到更多的知识，争取为社会做出更大的贡献。

祝福您，我的母校！感谢您，我的老师！

（王才昌）

不经风雨，何见彩虹

求学出山：1993 年 9 月 23 日，我，一个从鲁山出来的学子，经过高考的洗礼，进入到河南计划生育干部学院（现河南卫生干部学院）学习。第一次来到了省城郑州，宽阔的街道，摩天的高楼，大辫子电车……所有的景象在他看来无比新奇，好像是刘姥姥进了大观园。

人生低谷：1995 年，从河南计划生育干部学院毕业，被分配到让河乡政府工作，其间父母相继病故，只剩自己孑然一身。2000 年停薪留职，下海经商。先在县城开了一个电脑培训班，虽然投资方向没错，但由于资金不足，产生不了规模效应，不但没赚到钱，反而赔了十几万元，这对于一个深山里走出来的穷孩子来说打击太大了，无异于雪上加霜。

峰回路转：2003 年 10 月，我来到了临海城市——温州，进了一家生产销售超市防盗设备的电子公司工作。2004 年回到郑州，为公司做代理。那时候只有我一个人，接货、打款、谈合同、安装、售后、回款一肩挑。当时只经营一种产品——超市用的防盗器。我想去谈一个单子，差旅费、精力、时间耗费都差不多，如果能再加上一些产品就好了，于是我逐步又加上了监控系统、背景音乐系统、存包柜系统等商超设备。正是这个思路，使公司经营产品丰富了，一个单子业务成本没增加，营业额却翻了 4 番。经过两年的努力，我挣到了人生的第一桶金，开办了自己的公司。

梦想成真：每每出省做业务，我都会遇到代理权保护的问题，总是这样受制于人肯定不行，再加上上级代理产品质量不稳定，我就下决心发展自己的品牌。2008 年在北京注册了北京三润科技有限公司，自己注册产品商标，自己把控产品质量。这样天地更广阔了，公司的发展也进入了快速发展时期。2014 年建厂，生产存包柜、生鲜货架；2015 年建厂，生产购物袋；2017 年薛店镇尚美购物广场开业，进入零售业；2018 年尚美购物广场广武店开业。现在公司员工三百多名，产值过亿……展望未来，信心百倍，力争十年内成功上市！

成功感悟：母校两年的学习生活中，在郭光宇院长和赵丽老师的言传身教下，在崔瑞霞老师的热心帮助下，自己不但学习了知识，更开阔了视野，锻炼了意志，树立了正确的人生观，养成了吃苦耐劳、积极乐观的心态，为以后的成功打下了坚实的基础。

回馈社会：吃水不忘挖井人，成功不忘教育恩。自己有所成就，得益于父母的养育、老师的教育、社会的历练，懂得感恩方能走得更远。我回乡办工厂，解决村里劳动力外流、田地荒芜、留守儿童日益增多等问题。多次受到县、乡两级领导的肯定与表扬，两年内又解决了村里道路硬化、照明、吃水等问题，受到村民的爱戴。我深感自己无愧于乡亲养育，无愧于母校培养！

（王国营）

请守住你的人生梦想

时光荏苒，日月如梭。20 年前，怀揣着父母的希望和自己的人生梦想迈入河南计划生育干部学院（现河南卫生干部学院），开始了人生奠基的最重要时期，度过了人生中一段最美好的时光。回首往事，感慨万千，虽已毕业多年，但同学情、师生情依旧留存在心。感谢母校、感恩所有的老师，借此机会和大家分享一下我创业的一些心得体会。

我叫周翔，1976年出生于河南省信阳市淮滨县的一个农村。姐弟四人，因为父母都是普通的农民，也没啥文化，靠着早出晚归、面朝黄土背朝天的辛勤劳作，供养我们成长、求学。但因人多地少、生产水平低下、科学技术不发达、自然灾害频发等多方面因素的影响；尽管年年辛劳，家里还是很贫穷，勉强解决温饱问题。但随着“文化大革命”的结束，高考的恢复，思想的进步，社会的进步，只有走出农村，才能改变现状。所以，父母就把改变命运的希望全部寄托在了我们几个身上，其实他们的想法很简单：好好学习，考上大学，走出农村，才有前途！

从上学伊始，父母、老师经常教育我：知识改变命运！我也深知：唯有努力学习，练就过硬本领，才能改变家庭面貌。有自己的一份事业一直是我的梦想。历经十年酷暑寒窗，我如愿以偿考上了河南计划生育干部学院。那时的我，青春年少，满怀激情，积极向上，利用课余时间积极参加各种社团活动，不断地充实自己、锻炼自己。竞选并担任学生会副主席职务，在学生处老师的精心指导下，积极组织各项活动、服务大家让我受益匪浅，从而锻炼了我的沟通能力、交际能力、表达能力、谈判能力、组织协调能力等。正是因为这些，让我走出校门后面对很多事情时，对我来说从容不迫、游刃有余。穷人家的孩子早当家，因为出身农村，家庭并不富裕，为减轻父母的压力，我利用周末和假期时间，做了很多兼职。如：批发英语词典、皮鞋等一些小商品；做寒暑假的短期工，以此来赚取生活费和学费，反正大学期间我很少向父母要钱。

中专生活对个人来说，都是值得用一生来回味的：那是一段无忧无虑的时光，也是一个充满幻想的时期，更是一个能激起人雄心勃发、奋斗进取的岁月！那时我就暗暗告诫自己，以后一定要干出自己的事业，回报父母，回报母校，回馈社会！

毕业后的第一份工作是我通过自己的努力争取到的：淮滨县计生委，应当说还算满意。但时间一长，当每天都过着朝九晚五、两点一线、周末双休、到点回家的单调生活时，我扪心自问，这就是我想要的生活，这就是我终生为之期待、奋斗的事业吗？我才20多岁，风华正茂、血气方刚，正是奋斗的好年景，又怎能去选择享受、安逸呢？与其碌碌无为地感叹自己，不如现在就朝气蓬勃地行动起来！于是，我借了大姐卖猪仔的1000元钱，不顾父母的反对和别人异样的眼光，毅然决然地辞职，北上郑州，开始了我的追梦生活，也开始了我毕生为之奋斗的畜牧情缘……

接触畜牧行业，最先做的是饲料推销业务。隔行如隔山，初入此行，不懂技术、没有资源、没有背景、没有基本工资、没人带我和教我，很快身上所带的资金所剩无几；吃过泡面、啃过凉馒头、住过五六人的小出租房等，这些困难和苦楚只有自己知道，没有人可以诉说，因为亲朋好友都是不支持我出来的，走的时候他们还说“实在不行还回来吧”！我深知自己肩上的责任与义务，所以付出了比别人更多的努力和汗水，承受了比别人更大的压力与负担，更经历了超出常人的艰难和困苦。功夫不负有心人，通过3个月的努力学习和大学期间学生会的锻炼，入职半年之后，我几乎每月、每年都是公司的销售冠军，辛苦的付出让我拿到了丰厚的回报，也给家庭减轻了不少的负担。在我的支持和鼓励下，弟弟也顺利地完成学业，考入深圳海关，开启了他的美好生活。所有的这些实践使我切身体会到：时间就像一张网，撒在哪里，收获就在哪里！有了一定的积蓄后，一个更大胆的梦想在我内心悄然生成：选择畜牧行业，创办饲料公司！

初入饲料行业，竞争十分激烈，单单一个郑州就有几百家大大小小的饲料企业。金地饲料由于起步晚，技术不够成熟，市场定位有偏差，结果造成什么都想做，什么都没有做好的败局。铁的事实，严酷的教训，使金地公司步履维艰，但我除了坚持别无退路！金地团队通过对市场的充分调查，在实践中总结经验，最终摸索出了一条适合自己发展的道路：专心做高档蛋鸡饲料——做精、做专、做强！围绕着这个指导原则，公司逐步走上正轨。

人生道路上难免遇到挫折，做企业也不可能一帆风顺。金地公司经过几年的沉淀和积累，已经有了抗风险的能力。只要思想不滑坡，方法总比困难多，唯有勤勤恳恳、脚踏实地地去干，就能在五彩缤纷的世界中闯出一片属于自己的蓝天！果然不出所料，2017 年，金地团队终于闯过激流险滩，步入了迅猛发展的快车道，公司年销售额 8000 万以上；产品销往全国 13 个省市；团队来自五湖四海，员工达 100 多人（90% 以上为大专以上学历）。每年在淮滨县捐资助学 4 人，已坚持 8 年之久。

金地饲料从 2006 年成立至今，如同一个幼小的孩童，在各位同仁的精心呵护下，健康成长为一个 12 岁的小伙子，并且会越来越健壮！在新的历史时期金地饲料踏上了新的征程。未来孕育着机遇和希望，未来也潜伏着巨大的挑战，我们是不知疲倦的开拓者，永不停息的创造者，在孜孜以求地追求着自己独具特色的服务理念的同时，坚持从传统中汲取营养，在发展中不断创新，铸造“金地”一流的品牌。以充分挖掘技术创新、以产品开发为突破口，在产品的科技创新上下功夫，在提高产品质量、性价比及技术性上下功夫，在加强和改进公司的品质形象及精细化管理水平上下功夫，努力实现公司与客户、经济效益与社会效益的双赢、多赢的新局面，实现公司在经营发展上的新跨越！

海阔凭鱼跃，天高任鸟飞。每个人都应该怀揣着一个属于自己的梦想。记得有人说过这样一句话：梦想的代名词是：跌倒、挫折、希望与成功。而在追逐梦想的过程中，恰恰也需要这种动力。它会让人们感到只有付出才有收获；它更会让人们感到希望的种子不会自然去成长，只有用人们的双手去栽培它，它才会生根、发芽、开花、结果。

最后，感谢母校给我机会，在这里和大家分享我的奋斗创业经历；感谢曾经培育我的老师；感谢曾经和我一起并肩战斗经得起考验的学生干部。祝福母校越办越好！

（周　翔）

不忘初心，实现自我

在上海到洛阳的高铁上，我一路心潮澎湃。说实话，在上海工作的十五年间我去过无数的城市，这些城市大多在沿海，回河南出差的次数寥寥无几。当听到“郑州东站”这几个字时，我的思绪一下子就回到了十几年前，河南，郑州，河南计划生育干部学院（现河南卫生干部学院），九九大一班。

是的，我是九九级的学生，就读于九九大一班。1999 年的那个夏天，我背着行李坐着绿皮火车从驻马店老家到学校报到了。满眼陌生的环境，陌生的建筑，陌生的同学，还有陌生的方言。报名，分宿舍，班级报到，一切都在热情的校友们帮助下顺利走上正轨。这是我人生的转折点，在这短短的两年时间里，在这个学校铸造的平台上，我得到了充分的锻炼：在校期间我先后担任九九大一班班长，九九级学生会干部，九九级学生会副主席。在校期间，我不放弃任何一次的学习机会，积极参加各种团队活动锻炼自己。

忆往昔时光飞逝，两年的在校学习时间是那么的短暂，又是那么的丰富多彩。向老师学习解决问题的方法；向同学学习与人相处之道；迷茫时，总是会“赖到”赵丽老师家里蹭饭，听她给我“拎拎神”……我在学校担任班干部和学生会干部期间，组织班级同学积极参加学校举办的各种活动：如演讲比赛、运动会、歌咏比赛等，特别是在“唱支山歌给党听”班级歌咏比赛上，我们班同学老师齐心协力，荣获了全校第一名的好成绩！我还成功地组织班级学生去嵩山少林寺春游，这让我再一次感受到团队合作的重要。

付出就有收获，在校期间我曾多次获得优秀班干部、优秀学生会干部，并荣获2001年度省级优秀毕业生。同时，我还积极地提升自己的学习能力和自身素质，勤学、践行、慎独是我在校期间自我约束的信条，通过利用假日时间修完中央电大法律专业大专课程，并顺利通过考试拿到法律专业的大专毕业证。在毕业来临之际，我不仅以省级优秀毕业生的身份毕业，还被批准成为第一批的预备党员，这对我来说是我人生中的无上荣耀。每每思及这些荣誉，我都会在心里默默地感谢我的老师、同学和在校学习的经历。

我是何其幸运，在学校遇到了我的良师益友：赵丽老师和班主任王军老师；又是何其幸运在老师每次的传道、授业、解惑中找到人生真谛，认真思考人生方向。老师的教诲在我心中慢慢汇成涓涓细流，滋养着我的人生之路；它们也像灯塔为我的人生道路指明前进的方向。让我受益无穷的还有在学校生活中得到了各种锻炼：组织协调能力、团队管理能力、人与人之间沟通能力，还有自我约束能力和责任感、使命感。这些能力让我在以后的竞争中充满自信，这段虽然短暂的学习经历，成为我人生中最宝贵的财富，让我的人生充满了色彩。

毕业后，一个偶然的机会，我进入上海柯普乐自动化仪表有限公司工作，这是一家专业生产销售液位仪表的公司，总部在德国的茨威根堡。就这个毕业后的第一份工作，我坚持到今天，一晃就是15年的时间。其实，人生的挑战每个阶段都不同。虽然我的工作和我在校学习的人口管理专业相去甚远，但是我在学校学到的解决问题的方法，“己所不欲，勿施于人”的为人之道，以及在学校得到锻炼的管理能力、组织协调能力，勇于承担的责任感、使命感，让我面对工作挑战时总是能够从容对待。十几年的工作经历，我从普通的销售员成长为负责整个公司生产计划的生产计划员，2006年我出任采购部经理一职，开始对公司采购管理工作进行改革，协调多部门资源，建立了有竞争力、有责任心和高效的采购部门。将公司采购成本降到历史新低，将库存周转率提升到4.6，也将库存周转率写入采购部关键业绩指标考核中。2013年，出任销售和客户支持部门经理，服务于威卡集团销售团队，在此期间我负责的算价平台项目获得巨大成功，改变了销售团队依靠纸质版报价单核价出错率高、效率低的局面。让液位产品的价格计算、产品选型、图纸演示和报价单生产都能够一键生成，极大地降低了选型出错率，提高了报价及时率，90%的标准产品实现了销售员在线独立完成选型报价。2017年，“临危授命”生产运营和供应链经理一职，将公司的OTD（准时交货率）从原来的80%提升到92%，PPM（百万分之几，在质量管理中指百万个产品中有几个是不良的）降到近三年最低水平，员工积极主动提供CI（持续改进）提案达到近三年最高件次。一步步走来，我感激老师教诲和学校的锻炼平台，正是在学校里的积累和沉淀支撑我在工作中坚持不懈，勇于挑战自我，实现自我价值。

得益于从学校就养成的自我学习能力，让我有了更多收获：计算机辅助设计初级证、本科学历、注册采购师证、供应链管理证……一本本证书见证着我的成长过程。可喜的是2018年初，我获得了美国威斯康星州协和大学的工商管理硕士学位证，为我以后的工作再添一对“羽翼”。

而今将要迈进不惑之年，告别昨日的青葱岁月，一路走来有欢喜甜蜜的收获，有艰难前行的风雨路，伴我左右的始终是不改初心的坚持。人生不同的经历给了别样的人生认知和感悟。时间改变了容颜，却给了我丰富的灵魂，褪去青春的羞涩，理智稳重、干练大方、豁达开朗的我带着对工作和生活独特的视角和认知，即将展开新的人生篇章。雄关漫道真如铁，而今迈步从头越。下一个起点会在何时？何地？我已经学会了不畏惧，坦然面对，乐观处之。勤学，充实自己的灵魂，提升自己的修养；慎行，三思而动，戒骄戒躁；感恩，感恩我的家人、老师、同学、朋友，感谢我的人生过往和一切的挫折和挑战，让我学会关爱别人、豁达乐观地面对人生之路。

最后，祝福我的老师、同学、朋友们工作顺利，人生幸福美满，佳绩连连；祝福我的母校桃李满天下！

（刘　珍）

往事难忘，饮水思源

忆往昔，恰同学少年。19年前，还是懵懂少年的我，怀着对知识的渴望和对理想的追求，迈进了河南计划生育干部学院（现河南卫生干部学院），开始了人生奠基的最重要时期，度过了人生中一段最美好的时光。

时间飞逝，模糊了往事，但镌刻于心灵深处的岁月却清晰依旧。记得学院的春天，杨柳枝头鼓起芽苞，鹅黄中透着一丝浅绿，之后慢慢长出柳条，浅绿逐渐变为深绿，伴随着暖暖的春风柳树婀娜飘逸，我们把柳枝编成头环，拧成柳梢；学院的夏天，酷日炎炎，当时教室和宿舍没有空调，我们会时不时地找个理由在老师的办公室里多待一会儿，蹭点儿凉意，到了晚上，伴随着知了声，和同宿舍的八姐妹谈笑风生过后渐渐进入梦乡；学院的秋天，也是一个收获的季节，九月下旬学院迎来一批新生，我们老学员作为志愿者忙碌着迎接学弟、学妹前来报到，紧接着是半个月的军训，操场上统一着装的他们，迈着整齐划一的步伐、喊着嘹亮的口号；学院的冬天，不是特别的寒冷，印象最深的是千禧年跨年夜正好下了一场大雪，皑皑白雪把整个学院紧紧地“包裹”起来，院团委宣传部广播站播放着轻缓的音乐，我们在操场上肆意地狂欢……

那时的我，青春年少，满怀激情，积极向上，先后担任班级团支部书记、院团委组织干事、院团委组织部长等职务，并积极参加各种社团活动，不断地充实自己、锻炼自己。其中最难忘的是在院团委的工作，2000 年 5 月的院团代会上，我被选举为院团委组织部部长，负责院团委学生团委干部的组织协调工作。在院领导的关怀下，在院团委各位老师的指导下，在团委骨干成员的配合下，成功地组织了很多活动。印象最深的有：成功地进行了团委的换届选举工作，配合赵婕书记，健全了团委干部班子的建设，为后续团委各项工作奠定了组织基础；积极协调团委宣传部，利用院团委广播站、院团委记者站、院团委通讯社、院团委板报等各种宣传手段，宣传党的方针政策、宣传学院发生的各种先进事迹。发扬五四精神，组织院团委的“五月花”系列活动，铭记历史，继往开来；组织院团委“春风志愿大队”，并积极开展志愿活动，如：去柳林敬老院看望慰问老人，送去我们青年一代的关爱，培养社会担当与责任感……在这一系列活动中，做到精心策划、认真实施、及时总结。这既锻炼了我的组织协调能力，又增加了我的社会阅历。

努力就有收获，在学院期间，我多次被评为优秀班干部、优秀团干、优秀学生干部。我同时利用周末和假期时间，参加了中央电大法律专业培训班，两年内完成所有课程，顺利获得了法律专业大专毕业证，并获得一等奖奖学金。2001 年 5 月，毕业典礼上，我获得学院颁发的毕业证并光荣地成为一名中共预备党员。人生之理何处觅，母校教诲益于行。感谢学院给予我们一个圆梦的平台，让我们在这里启迪心窗、陶冶性情、采撷知识。

在白驹过隙的弹指一瞬间，两年里的点点滴滴、丝丝缕缕都已成为追忆，那是一段浸透了汗水与收获而又格外充实的美好时光。在学院我获取了一生中取之不尽、用之不竭的财富。我是幸运的，也是幸福的！毕业后，我来到了南乐县计生委，踏踏实实工作，简简单单做人，清清白白做事，从人口统计工作到人事工作，在校的专业知识真正落到了工作实践之中。工作之余，自学完成了郑州大学行政管理本科专业。2005 年 8 月到 2011 年 3 月，我被借调到濮阳市人口计生委，五年半的时间里，坚持低调做人、高调做事的工作原则，2011 年 3 月，我调入濮阳市人口计生委。机遇往往青睐于有准备的人，2012 年 4 月到 2013 年 12 月，参加单位组织的四次竞争上岗、演讲答辩，我获得了三次第一、一次第二的优异成绩，从副主任科员到副科再到主任科员最后接任科长，一步一个脚印，一步一个台阶，以踏石留印、抓铁有痕的工作作风，善始善终、善做善成对待自己的工作。2016 年 9 月，伴随着机构改革，我成为濮阳市卫计委最年轻的科室长。付出就有汇报，2003 年至今，多次被单位表彰为优秀党员、优秀公务员，被市妇联表彰为“濮阳市三八红旗手”，被省卫计委表彰为“全省计划生育先进工作者”，被国家卫计委表彰为“全国生育状况调查先进个人”。我负责的科室被单位表彰为“文明科室”，我负责的工作受到了省政府的表彰。勤奋是每个人的生命密码，奋斗的年华才是无悔的年华。我会时刻不忘母校教诲，在人生舞台上努力舞蹈，用奋斗践行自己的人生誓言！

念如今，即将 40 岁的我，经历过不同的事情，不同的挫败，不同的考验，坎坷与挫折，成功与失败，多了一份成熟与稳重，自信和干练，但依旧要迎接新的挑战。多听、多看、多思、多想，谨言慎行，遇事安然处之，静而思之，勤而行之，用平和的心态走好自己的人生路。不忘学习，学无止境，学习不仅可以丰富自己的视野，还会提升自己的内涵和修养。不忘感恩，感恩我的父母和老师，我的朋友和同学，我生命中往来的路人。不忘珍惜，珍惜生命的厚重，珍爱拥有的一切！

最后，请允许我为学院，为学院的恩师，为学弟学妹们送上祝福。祝福我们的老师，青春永驻，德馨相传；祝福我们的学弟学妹，拼搏奋斗，梦想花开；祝福我们的学院，桃李满天下，辉煌誉中原！

（闫晔红）

梦想从这里开始

2000年，我考入母校——河南计划生育干部学院（现河南卫生干部学院），走出农村进入了省会大都市，开始新的生活，实现了自己的第一个梦想。

踏入校园，一切都是新奇的，即将进入两年的学习，生活，自己最大的梦想是在完成学业的同时锻炼自己的能力。刚入校不久，上届学生会成员进班宣讲，认识了这个社团，自己通过申请、演讲、考核、选拔，成了学习部的一员。经过一年的锻炼，通过自己的努力和劳动，得到了校学生处老师和同学们的一致认可，经过学代会选举，被重用任职校学生会主席，实现了自己在校锻炼能力的梦想。

在校两年，时间是短暂的，但学生会的经历是深刻的。在学生会工作期间，学生处老师教会我怎么做好一个学生会干部，教会我怎么与人相处，教会我如何带好团队，教会我如何协调各部工作，等等，这些技能伴随一生，终身受益，这也是我后期逐步实现梦想的坚实基础。

2002年毕业后，我选择了营销，进入新能源行业一干就是11年，在这11年里，我的梦想就是逐步提升自己，走向自己职业的巅峰。在走向自己职业巅峰的道路上，由衷感谢学生会，感谢老师，是你们教会了我如何处理上下级之间的关系，教会了我接人待物，教会了我如何沟通、协调、组织、筹划，给了我锻炼的机会，使我在公众场合发挥自如。正是有了这些基础，我实现了个人营销职业生涯的巅峰，实现了自己的职业梦想。

职业梦想达到后，接下来就是自己的创业梦想，随着社会阅历的增加，创业梦想更加坚定。于是在2015年依然辞去自己干了11年热爱的事业，尝试了第一个创业项目——餐饮行业，实现了自己的创业梦想。

回顾毕业后一路走来，正是有了学校的经历，学生会的基础，才使自己信心十足，逐步实现自己的一个个梦想！母校两年，留给了我美好的回忆，也是助我成长的地方，在此向母校致以最诚挚的祝福，感恩有你，愿您蒸蒸日上，再谱华丽篇章。

（王向阳）

肯定自我，走向未来

时光荏苒，转眼间从河南计划生育干部学院（现河南卫生干部学院）毕业已经有16年。16年的时光有喜有怒，有哀有乐，有酸有甜，有苦有辣。人生中的成功与喜悦，每个人都会欣然接受，生活中的挫折和困难，相信所有人都极不情愿让这些事情发生，但生活中必不可少地会遇到各种困难，这就需要我们有一个正确的人生态度来面对，有良好的个人习惯做基础，有坚韧的毅力决心去破解。在此非常感谢学院，感谢三年学习生活中的锻炼与培养，为我以后的工作生活打下了良好的基础，使我能够不骄不躁、不畏不惧，满怀希望，直面未来。

肯定自我，相信自我，展示自我

1999年秋，我来到了河南计划生育干部学院，从内心来讲，这并不是一所我理想中的院校。但我没有消极对待，来到这里就是一个新的开始，之前成功也好，失败也罢，已经是过去式，你永远面对的都是明天和未来，新的开始要有新的希望。机会从来都是自己争取到的。入校后的第一次集合，我主动向班主任老师介绍了自己，并主动提出要求在军训期间愿意辅助老师为同学们义务服务，班主任郭老师鉴于我为班级和同学们服务积极性高，直接任命我为班级临时负责人，负责军训期间代为管理班级。有了这个好的开端，在这个全新的环境中，老师和同学们很快熟识、了解了我，我也向老师和同学们展示了自我能力，这样就为后期正式选定班委奠定了群众基础。军训结束后，有了前期的工作基础，我被大家全票推选为班长，一直连任到毕业。后期，随着同学们之间了解得加深，我也发现了同学们中有能力比我强，也有跟我能力相当的，但他们没有能够在入学初期先肯定自我、相信自我、推荐自我，错失了机遇。走入社会之后，我深切地感受到三年的班长生涯，让我在组织协调、统筹安排、人际沟通等方面得到了很好的锻炼，为后期步入社会开展工作奠定了良好的基础，使我能够很快地适应新的环境，在新环境中敢于展示自我、突出自我，能够为自己创造出一个良好的干事创业的平台和环境。

锻炼自我，充实自我，提升自我

2000年，在经过管理班级的初步锻炼后，我个人综合能力也得到了进一步提升。随后我加入了学院团委，3个月后，因个人表现较为突出，工作能力相对较强，被任命为组织部副部长，主要负责组织全院学生开展政治学习，帮助发掘培养团干等工作，这样我就进一步得到锻炼、能力得到提升，走向了全校这样一个更大的舞台，同时与周边院校也有了进一步的交流和联系，结交了不少外校优秀的学生干部，扩大了自己的交际范围。这使我在组织协调、个人写作、思想意识等方面得到了锻炼，为我下一步的进步与发展奠定了良好的基础。

塑造自我，成熟自我，鞭策自我

2001 年，我在思想和工作上又得到进一步的提升与发展。首先是接替老部长成为院团委组织部部长，角色和职责都有了转变，由之前的协助开展工作转变为独立自主思考如何开展工作，这种能力的锻炼和提升是我在后期事业上取得进步至关重要的因素，使我在以后工作中得到了组织的诸多认可和肯定。其次是在思想上又有了一次进步，在学院和组织的长期培养与自我的主动学习提升之下，我被院党委确定为入党积极分子发展对象。在这期间，我以身作则，严格要求自己，时刻以一名正式党员的要求和标准来规范自己的方方面面，这就帮助我进一步正确树立自己的人生观、世界观和价值观。经过党组织一年多的培养教育，我于 2002 年毕业前期，被院党委正式批准为预备党员。

师弟师妹们，你们目前正值青春年华，正处在人生观、世界观和价值观逐步形成的重要时期，之前的成功失败已经毫无意义，来到了这里，就是你们人生一个新的起点，新起点要有新的征程，在开始新征程前给你们几个建议：一是要确立好目标，目标是努力奋斗的源泉；二是要坚持好好学习，学习是改变人生的基础；三是要适应校园小社会生活，当前校园生活是步入社会生活的练兵场。

（赵子嘉）

忆母校，常感恩

想想自己奔波于一个个城市，走进一个个学校，站在几百人的讲台上，通过自己的演讲，帮助一个个家长走进家庭教育的课堂，影响一个个家庭从破碎到和睦，促使一个个孩子从厌学到找回目标，上进努力……都时常感恩，感恩自己的母校——河南卫生干部学院。因为在那里三年的学习、生活、工作的锻炼，自己才有今天的胆量和成就。

我是肖蒙蒙，今年 35 岁，现任湖北省爱有方教育咨询有限公司董事长，湖北省宜昌市爱自然生命力家庭教育辅导中心创办人，也是一名美国正面管教协会注册认证家长讲师，同时还是国际认证鼓励咨询师，湖北省唯一一位解密青春期养育讲师。从陌生城市中单打独斗创业的个体到湖北省最大的家庭教育机构，拥有 23 位专业家庭教育讲师师资团队……这一切的改变，都源于我一路走来，被恩师和学校培养的一个好学的品质和一颗笃定坚持的心，让我由衷地感到，知识虽不断更新迭代，习惯和能力却可以受用一生！

就像坐着时光穿梭机一样，回想起 18 年前，怀揣着激动的心情坐着绿皮火车，和父亲第一次去省会郑州的那个懵懂小妞儿，踏进校门盯着目标要好好学习的我，带着好奇、紧张、期望迈进了学院。从第一个学期就自荐班级团支书和申请成为学校团委干部宣传部部长一职以来的三年时间，真正开始了一段受益一生的自我成长与能力训练之旅。

记得第一个学期我拿到了奖学金，但这并没有让我为自己的成绩感到骄傲。让我至今都记忆犹新，又受益匪浅的是我主动在教室里自荐的团支书一职。对于一个农村出来上学，对未来并没有清晰目标和没有梦想追求的孩子而言，自卑的惶恐时常让我内心失落，自我否定。而通过担任班级团支书工作，让我逐渐找回自信，发现了自己的价值，可以为班级做贡献，又可以被班级同学和老师需要，实现了一次次自我突破。

记得有一次班级里办黑板报，每周五放学后检查，当时由于我自己的疏忽，忘记了评选时间，没有参与年级每个班级的集体评选，而导致班级倒数第一，让我们班荣誉受损，在同学们一片质疑眼神中，自责、内疚的情绪排山倒海般涌入心头，眼泪一阵一阵夺眶而出，后悔自己疏忽不把班级事情放心上，更自责自己担任班级职务给班级抹黑，还后悔自己为什么毛遂自荐、疏忽大意、自取其辱……把自己小小的自信淹没在一波波的负面中，无法自拔……

从小最怕犯错当众被批评的我，常常犯错后选择自我逃避，也许是不想逃避大家失望的评价，又或是想表明我并不是一个没有集体荣誉感的人，从没有胆量上台当众检讨的我，主动在第二天早上自习的时间上台给全班同学集体道歉，我内心惶恐地说着："同学们，对不起，我意识到自己犯了一个大错，给班级蒙羞，这个结果我自认为非常不适合再继续担任这个职务……我为自己犯的错误给班级带来的负面影响向全班同学道歉，请大家接受我的道歉……"我满含眼泪，惭愧地向全班同学认错的画面，犹如胶卷里的镜头定格在我的脑海里，我当时就保证做好和下任团支书班务交接的工作，内心的紧张和自我的批判直到话音全落都未曾有过一刻停止，没想到我真诚的道歉，却迎来全班同学共同的推举，建议老师我继续担任这个工作。惊讶的同时内心也深深感动同学的信任和支持，这件事在我的学生生涯中是唯一的一次，我被大家鼓励，也成为我的原动力，让我从中学习到，犯错不可怕，可怕的是不敢面对，失去从错误中学习的勇气！同时还让我学习到，别人对我们的接纳远远超过了自己对自己的接纳，所以我对全班同学由衷地深深感恩！

因为表现突出，我被班主任老师推荐到团委，在这里开始了我在学校最多的成长机会，并在团委竞聘上岗，担任宣传部部长一职。团委赵捷老师用自己特有的方式来指引我们如何处理问题，如何高效解决事情，如何一次进步一点点。在大家的努力下，团委的工作有条不紊地进行。十几年前的点滴生活，像电影般在脑海中盘旋，历历在目，那时的我们虽青涩却也幸福、充满阳光。

在团委工作的这三年，大家生活上互相关心，工作中互相配合，在这样的一个团队中，我懂得了爱出者爱返，大家的心凝聚在一起，总能碰撞出各种工作高效的火花。而关爱他人这个能力，如今成为我目前事业之所以比较顺利的基石。

在学校学习的这三年，还让我学会了努力和谨慎，只有做好每一件小事才能有足够的信心和勇气担当大事。认真对待每一项工作，因为这都是对自己的考验和对自己能力的训练。努力和谨慎认真的品质帮助了我，这都感恩学院老师的栽培。

在学院学习的这三年，还让我学会了不急于争一时的输赢，耐心踏实地做好分内工作。成绩只是对自己过去努力的肯定，不代表未来。在我现在的工作中，不会因为一点成绩就沾沾自喜，也不会因为自己没有什么收获而悲观失望，我不会着眼于眼前得失，记得一次学校会议，团委老师曾说：所有的荣誉都是对过去努力和付出的肯定，但不足以成为对未来的要求，凡事要看长远，我们还可以怎样做得更好？这些话现在想起来仍觉得温暖，因为这个语言的鼓励，让我现在的工作中常常觉察，如果事情不如我预想的那样发展，我是不是有些急功近利了？如果这个事情开始顺利半路搁置，是不是我没有着眼于长远，而只顾着眼前的蝇头小利？每每自问，都像能看到温柔的笑脸一般给我提示和警醒，不急不躁才能淡定决策，让自己关注未来，我怎样才能做得更好？我还可以找到哪些资源？我还可以做哪些努力？反思和考虑长远助我不贪念一时得失，所有这些都深深感恩学院老师的教导。

关爱他人、努力谨慎、不争输赢、关注长远，顺境时感恩，逆境时笃定修行，这些品质为我赢来了人生的一次次机遇，母校就是我人生的贵人！在我为学校老师、学生、为家长开设各种家庭教育成长类课程的同时，也修炼了自己的内心平和，滋养了心灵成长，造福了近万个家庭，传播了正能量，与正知正见的人同行，与好学肯干的人为伍，赢得了身心健康、人生和乐、家庭和谐、孩子和睦、财富和顺。

人生没有白走的路，每一步都算数，成长不在大事，而在日行一善的点滴之中，这个学校让我终身感念，相信未来可以造福更多的学弟学妹。在学院期间，我多次被评为优秀班干部、优秀团干、优秀学生干部。同时，利用周末和假期时间，参加了中央电大法律专业培训班，两年内完成所有课程，顺利获得了法律专业大专毕业证，并获得奖学金。人生之理何处觅，母校教诲益于行。感谢学院给予我们一个成长的桥梁，让我们在母校被滋养、被鼓励、被训练、被支持、被激励。

最后感恩母校和每一位辛勤的园丁，指引我们一代又一代的学弟学妹在成长的道路上被滋养、被鼓励、被温暖，我真心祝愿学院及恩师们，身体健康、心情和乐、教学工作顺遂。祝福学弟学妹，积极参与，努力把握每一次成长机会；祝福我们的学院，日新月异，培养出更多高精尖人才！

（肖蒙蒙）

后　记

改革开放40年来，在国家好的形势和好的政策下，我国中等职业教育蓬勃发展，培养了数以万计的技术技能人才，广大中等职业学校毕业生成为我国生产、管理和服务一线的中坚力量。经过40年的大变革、大发展，我国中等职业教育在国家发展经济、改善民生、促进社会和谐中发挥了重要影响，为决胜全面建成小康社会做出了巨大贡献。

随着中国特色社会主义进入新时代，中等职业教育要想抓住新机遇，必须基于新时代的新要求，才能搭上稳健发展的快车，才能迎接科学发展的美好未来。在中等职业教育学生管理方面，各类中职学校需转变观念，真正做到以生为本，才能适应新时代社会发展的需要，培养出高素质的技术人才。基于此，我们编写了《走向未来——中职教育读本》一书。

本书共十篇，包括德育养成篇、传统文化篇、法律实用篇、心理沟通篇、人际交流篇、文明礼仪篇、升学就业篇、教育管理篇、培育成长篇、毕业寄语篇。每篇都从中职学生发展需要出发，针对中职教育的学生处在特殊成长期的实际状况，介绍和论证了中职院校全面提高学生整体素质的基本途径和方法，强调找准德育教育的切入点，开展中华优秀传统文化教育，用礼仪规范学生的行为，加强学生精细化管理，引导中职学生培养高尚的道德情操，提高专业素养及人文素养，在实践中获得职业技能。

具体编写分工为：师生风貌部分由孙建党、肖茹、宋海燕、岳珍、解旺摄像并整理；德育养成篇由魏素琳、冯慧娟编写；传统文化篇由罗青编写；法律实用篇由梁巍编写；心理沟通篇由张铁良编写；人际交流篇由贾颖编写；文明礼仪篇由潘璐艳编写；升学就业篇由刘锦编写；教育管理篇由赵丽编写；培育成长篇由罗青、张铁良、邹慧、黄涛、贾颖、宁静、景香芝、朱苑睿、郭丽强、潘璐艳、付静、梁巍、岳珍、郅春辉、张敏、史全乐、李陶钧、解旺、刘锦、刘怡凡、周海军、孙宏岩、许运东编写；毕业寄语篇由熊林高、曹军伟、李耀武、禹文杰、王才昌、王国营、周翔、刘珍、闫晔红、王向阳、赵子嘉、肖蒙蒙编写。本书由赵丽担任主编，由魏素琳、罗青、李红担任副主编。全书由赵丽统稿。

本书的编者有从事多年学生教育工作的管理者，有教学一线的老师，有从事班级管理的班主任，还有部分优秀毕业生。大家出于对中职教育的无比热爱、对中职学生特点的熟悉把握，以及对中职教育规律的深刻思考，促使了这本书的诞生。本书坚持“贴近学生、贴近实践、贴近实际”的原则，注重理念形成，突出方法指导，做到知识性与趣味性相结合。本书可作为中职教育提高学生素质的培训教材，也可作为在校师生的课外读物，并可为中职院校学生管理工作提供参考借鉴。

本书的编写得到了院党委的高度重视，丁树德院长亲自为本书写序，主要领导提出了许多指导性意见，有关处室也给予了大力支持，为了博采众长，我们引用了国内外学者有关论著的某些观点和资料。在此，我们一并表示衷心的感谢！虽然编者为此书的出版做了很多努力，多次召开会议，反复讨论，几易其稿，但由于时间紧迫，加之我们的水平有限，书中疏误之处在所难免，我们真诚地希望广大读者和同行批评指正。

编　者

2018 年 12 月于郑州

图书在版编目（CIP）数据

走向未来：中职教育读本／赵丽主编. — 郑州：黄河水利出版社，2019.3

ISBN 978－7－5509－2292－1

Ⅰ.①走… Ⅱ.①赵… Ⅲ.①素质教育－中等专业学校－教材 Ⅳ.①G711

中国版本图书馆 CIP 数据核字（2019）第 041354 号

组稿编辑：张　倩　　电话：13837183135　　QQ：995858488

出 版 社：黄河水利出版社　　网址：www.yrcp.com

地址：河南省郑州市顺河路黄委会综合楼14层　　邮编：450003

发行单位：黄河水利出版社

发行部电话：0371-66026940、66020550、66028024、66022620（传真）

E-mail：hhslcbs@126.com

承印单位：河南瑞之光印刷股份有限公司

开本：787 mm × 1 092 mm　1／16

印张：15.25　　彩插：8 页

字数：360 千字　　印数：1—10 000

版次：2019 年 3 月第 1 版　　印次：2019 年 3 月第 1 次印刷

定价：60.00 元